L'ARGOT ANCIEN

(1455-1850)

SES ÉLÉMENTS CONSTITUTIFS

SES RAPPORTS

VEC LES LANGUES SECRÈTES DE L'EUROPE MÉRIDIONALE

ET L'ARGOT MODERNE

Avec un Appendice sur l'Argot jugé par Victor Hugo *et* Balzac

PAR

LAZARE SAINÉAN

PARIS

HONORÉ CHAMPION, ÉDITEUR

5, Quai Malaquais, 5

—

1907

AGNEL (Emile). **De l'influence du langage populaire sur la forme de certains mots de la langue française.** 1869, in-8°.   5 fr.

Atlas linguistique de la France, par MM. GILLIÉRON et EDMONT. 27 fascicules in-f° parus (sur 35 environ).   -   675 fr.

BOS (Dr). **Table des trente premiers volumes de Romania** (1872-1901). Fort vol. in-8° à 2 col.   20 fr.

DARMESTETER (Arsène). **De la création actuelle de mots nouveaux** dans la languefrançaise et des lois qui la régissent. 1877, in-8°   10 fr.

— **Traité de la formation des mots composés** dans la langue française comparée aux autres langues romanes et au latin, 2e édit. revue, corrigée et en partie refondue avec une préface par G. Paris. 1894, gr. in-8°.   12 fr.

DONCIEUX (G.). **Le Romancero populaire de la France,** choix de chansons populaires françaises. Textes critiques, avec un avant-propos et un index musical par J. Tiersot. 1904, gr. in-8°. Ouvrage couronné par l'Académie française (prix Saintour).   15 fr.

« L'objet de ce livre est double: offrir au public un choix de chansons populaires les plus répandues et les plus caractéristiques, en la forme rétablie de leur texte primitif; présenter, en même temps, l'étude de leur thème, de leur origine, de leurs développements, de leur degré de parenté et de leurs rapports avec les chants traditionnels des différents peuples de l'Europe. » Tel est le but de l'auteur. L'introduction comprend une dissertation philologique et rythmique sur la chanson populaire, sa rhétorique. sa langue, le choix de ses thèmes, ses fables romanesques. L'aire géographique comprend la France d'Oïl, d'O·, la Catalogne, le Piémont. La partie musicale et la notation des airs sont dues à M. Tiersot. « L'ouvrage de M. Doncieux n'est pas un simple recueil de chansons, une anthologie comme on en a fait déjà et comme on en fera encore : c'est une œuvre de critique philologique autant que de poésie. Ayant réuni, au prix d'un labeur qu'on peut apprécier en lisant la biographie des sources, toutes les variantes connues d'une chanson (variantes presque innombrables quand il s'agit de chansons célèbres), M. Doncieux restitue, dans la mesure du possible, le texte original et primitif tel qu'il a dû exister à l'époque de la floraison de nos chansons, c'est-à-dire aux XVe, XVIe siècles... le commentaire qui vient ensuite est historique et comparatif ; il expose les événements qui ont donné lieu à la chanson et les rapports de cette chanson avec celles d'autres langues bretonne, scandinave, etc.), qu'elle soit imitation ou prototype » H. GAIDOZ, *Bulletin critique.*

GILLIÉRON et MONGIN. **Etudes de géographie linguistique,** SCIER dans la Gaule romane du Sud et de l'Est. In-4°, 5 cartes en couleur.   5 fr.

GODEFROY (F.). **Dictionnaire de l'ancienne langue française et de tous ses dialectes du IXe au XVe siècle,** composé d'après le dépouillement de tous les plus importants documents manuscrits ou imprimés qui se trouvent dans les grandes bibliothèques de la France et de l'Europe, et dans les principales archives départementales, municipales, hospitalières ou privées. 10 vol. in-4° à 3 col. L'ouvrage compl.   505 fr.

JEANROY (Alfred). **Les origines de la poésie lyrique en France au moyen-âge.** Nouvelle édition avec *addenda* et appendice bibliographique. 1904, in-8°.   10 fr.

L'ARGOT ANCIEN

(1455-1850)

L'ARGOT ANCIEN

(1455-1850)

SES ÉLÉMENTS CONSTITUTIFS

SES RAPPORTS

AVEC LES LANGUES SECRÈTES DE L'EUROPE MÉRIDIONALE

ET L'ARGOT MODERNE

Avec un Appendice sur l'Argot jugé par Victor Hugo et Balzac

PAR

LAZARE SAINÉAN

PARIS

HONORÉ CHAMPION, ÉDITEUR

5, Quai Malaquais, 5

—

1907

PRÉFACE

La *Bibliographie raisonnée de l'Argot* d'Yve Plessis enregistre, jusqu'en 1901, trois cent soixante cinq publications dont la grande majorité appartient au XIX° siècle, et principalement à sa seconde moitié. Si l'on fait abstraction des documents relatifs à l'argot, il n'y a, dans cette stérile abondance, que deux travaux qui méritent d'arrêter le linguiste : les *Etudes de philologie comparée sur l'Argot* de Fr. Michel (1856) et l'*Etude sur l'Argot français* de Marcel Schwob et Georges Guieysse (1889).

Francisque Michel, érudit très versé dans l'ancienne langue, a traité les termes d'argot dérivant de cette source d'une manière qui laisse peu de chose à désirer. Il est même remarquable qu'à une époque où l'on ne disposait ni du Littré ni du Godefroy, les témoignages cités soient tellement abondants qu'encore aujourd'hui on peut en tirer parti. C'est que Fr. Michel avait « tout lu », comme il le dit lui même, « depuis les chansons de geste de l'époque la plus reculée jusqu'aux vaudevilles, aux chansons et aux *canards* de la nôtre. » Le point de vue comparatif est également très soigné et l'état actuel de nos connaissances en matière d'argots étrangers n'est pas sensiblement plus avancé aujourd'hui. Et pourtant, le livre ne répond plus aux exigences de la linguistique : à force d'érudition et d'ingéniosité, l'auteur complique trop souvent les choses les plus simples, en voyant des emprunts et des métaphores là où il ne s'agit que de termes dialectaux ou de procédés artificiels. Les deux éléments fondamentaux de l'argot, en dehors de l'ancien français, à savoir les patois français et provençaux, surtout ces derniers, y sont à peine représentés. Tel qu'il est, l'ouvrage de Fr. Michel est jusqu'ici le seul qui considère l'argot dans son ensemble et il reste le point de départ des études ultérieures.

La monographie de Marcel Schwob est surtout précieuse par l'esprit qui l'anime. Elle complète l'œuvre de Fr. Michel sur plus d'un point, tout particulièrement du côté imaginatif, en exposant avec précision les règles des procédés artificiels, familiers à l'argot moderne. Dans toute cette partie se révèle le fin connaisseur de Villon et le lettré délicat qu'était Marcel Schwob. Toutes ces qualités ne doivent pas nous dissimuler les hardiesses d'une analyse souvent aventureuse et surtout le péril qu'il y a à transporter dans le passé des tendances qui caractérisent exclusivement l'argot moderne. A ce travail (publié dans le 7ᵉ volume des *Mémoires de la Société de Linguistique* il faut ajouter les deux articles sur le jargon des Coquillards (parus dans le même volume), irréprochables comme documentation et comme méthode, mais restés à l'état de fragment.

La présente étude est la première qui traite de l'argot dans son développement chronologique. Chez Fr. Michel, le passé et le présent se confondent ; les remarques faites par Schwob s'appliquent exclusivement à la phase contemporaine de l'argot. Le *Dictionnaire d'Argot* de Lorédan Larchey porte, il est vrai, sur son titre, le mot *historique,* mais les sources citées par l'auteur ne remontent pas au delà du xixᵉ siècle. Cette lacune a eu pour résultat une fausse appréciation de l'argot, de son évolution et de ses éléments constitutifs.

Mon travail est purement linguistique ; j'ai délibérément laissé de côté les considérations historiques ou sociologiques. Ces deux ordres de recherches, la linguistique et l'histoire, tout en étant connexes, ne sauraient être traités avec une égale compétence par le même auteur.

Ni l'érudition ni l'ingéniosité n'ont manqué aux efforts tentés de notre temps pour élucider les obscurités des ballades argotiques de Villon. Comme c'était à prévoir, ils ont fatalement échoué. Il n'est que juste de citer à part parmi ces publications le beau livre de M. Lucien Schöne sur le Jargon de Villon (1888). Seul, un document contemporain, le dossier du Procès des Coquillards de 1455, a jeté un jour inattendu et parfois définitif sur certains côtés de l'œuvre jargonesque du grand poète. C'est uniquement de ces clartés que j'ai cru devoir tenir compte dans le présent travail.

Par contre, j'ai largement tiré parti de tous les autres documents de l'argot qui embrassent une période de quatre siècles (1455 1850), à commencer par le lexique des Coquillards dijonnais pour aller jusqu'aux *Voleurs* de Vidocq (1837) et au dernier remaniement du *Jargon de l'Argot réformé* par Halbert d'Angers (1849). Ces documents, nombreux et variés, m'ont fourni les éléments d'un tableau d'ensemble, qui diffère essentiellement de celui qu'on a tracé jusqu'ici.

Je suis redevable de plusieurs indications fort utiles à l'obligeance amicale de MM. Joseph Bédier, Mario Roques et Pierre Champion. Je les prie d'agréer ici l'expression de ma bien vive reconnaissance.

LAZARE SAINÉAN.

Paris, juillet 1907.

TABLE DES MATIÈRES

INTRODUCTION

I. — **Caractéristique de l'Argot.**

L'argot a subi, depuis plus d'un demi-siècle, une transformation profonde, qui l'a fait dévier de son point de départ. Le langage des malfaiteurs se trouve aujourd'hui submergé par toutes sortes d'ingrédients linguistiques. Ce qu'on appelle, chez d'autres peuples, langage familier, populaire ou populacier, s'est confondu en français avec l'argot des voleurs et y constitue une langue à part, greffée sur la langue littéraire qui en est de plus en plus pénétrée. Déjà, en 1837, Vidocq constatait cette pénétration (dans la préface de ses *Voleurs*) : « Argot est maintenant un terme générique destiné à exprimer tout jargon enté sur la langue nationale, qui est propre à une corporation, à une profession quelconque, à une certaine classe d'individus... La langue argotique n'est plus seulement celle des tavernes et des mauvais lieux, elle est aussi celle des théâtres ; encore quelques pas et l'entrée des salons lui sera permise. »

Et trente ans plus tard, Alfred Delvau d'ajouter : « En France, on parle peut-être français ; mais à Paris on parle argot[1] ;.. autant de professions, autant de jargons différents, incompréhensibles pour les profanes. »

Ce n'est pas cette mosaïque qui importe à notre travail. Son objet exclusif est l'argot des malfaiteurs et, nous en tenant à ce parler, nous tâcherons de marquer, d'après les documents, les phases successives de son développement. Dès le premier coup d'œil, on y remarque un double trait distinctif.

Tout d'abord, son caractère foncièrement indigène. Tandis que le *rotwelsch*, par exemple, est imprégné d'hébreu, l'argot ignore absolument toute influence de cette nature. Il se confond tantôt avec l'ancien français et tantôt avec les patois du Nord et du Sud de la France. Il a successivement influencé les autres argots romans, qui ont également ment laissé des traces dans son vocabulaire : la *germania* de l'Espagne, le *fourbesque* de l'Italie, et surtout le *calâo* du Portugal, ont tour à tour subi son action.

Ensuite, l'argot a exercé une influence plus

---

1. Ce paradoxe a été repris et amplifié par Louis Botzon, *Sur le langage actuel de Paris*, Programme, Francfort-sur-Oder, 1873. — Cf. Charles Nisard, *Etude sur le langage populaire*, 1872, p. 124 : « L'argot n'est pas, et n'a jamais été, si ce n'est à de très rares exceptions près, le vrai patois parisien, encore qu'il tende de jour en jour à le devenir tout à fait. »

importante encore sur le français littéraire, en y faisant pénétrer, à partir du xvᵉ siècle, nombre de termes caractéristiques.

Cette double action, extérieure et intérieure, temoigne à la fois de son expansion et de sa valeur linguistique.

II. — Argot ancien et moderne.

En dehors de la transformation radicale qu'a subic l'argot dans la seconde moitié du xixᵉ siècle et qui l'a rendu en quelque sorte étranger à lui-même, il avait déjà essayé, à la fin du xviᵉ siècle, une série de changements dans son lexique. Cet argot ancien du xvᵉ au xviᵉ siècle diffère, en effet, de l'aspect qu'il a revêtu pendant les deux siècles suivants. L'œuvre capitale de l'argot, le *Jargon ou Langage de l'Argot reformé*, contient à cet égard un passage très instructif que nous reproduisons (éd. de 1628, p. 20 : « Pour oster les scrupules que quelques uns pourroient avoir de ce qu'on n'use plus de beaucoup de mots qui estoient en usage en l'ancien jargon, c'est que les archisupposts, qui sont des escoliers desbauchez, mouchaillant que trop de marpaux entervoient (c'est à-dire considérant que beaucoup d'individus comprenaient), retrancherent les mots suivants :

« Premierement, la teste on la nommoit *culle*, à present c'est la *tronche* ; un chapeau on le nommoit *plant*, à present on l'appelle un *comble* ; les pieds on les nommoit *trottins*, à present sont des *pasturons*. Un manteau c'étoit un *volant*, à present c'est un *tabar* ou *tabarin*. Du potage s'appelloit de la *jaffe*, à present c'est de la *menestre*. Une chambrière se nommoit *limogere*, à present on l'appelle une *cambrouse*. Un chemin on l'appelloit *pellé*, à present c'est un *trimard*. Manger c'estoit *briffer* ou *gousser*, à present c'est *morfier*. Une escuelle se nommoit *crolle*, à present une *saliverne* [1]... »

Les *archisupposts* dont on fait mention dans ce passage sont présentés comme les inspirateurs et les auteurs de ces changements. Anciens *escoliers*, parfois hommes de génie (comme Villon, ils étaient les représentants intellectuels de la corporation : « les plus sçavans, les plus habiles marpaux de toutime l'Argot, qui enseignent le jargon à rouscailler bigorne, qui ostent, retranchent et

---

1. Cf. H. Estienne, *Apologie pour Hérodote,* éd. Le Duchat (La Haye, 1735), t. II, p. 206 : « Le jergon par le moyen duquel ils (les couppeurs de bourses) s'entretiennent et leurs banques s'entrerespondent, ne fut jamais en si grande perfection... *Ils ont tellement enrichi depuis quelque temps leur langage jergonesque, et l'ont si bien estudié,* que sans avoir peur d'estre decouvers par autres que ceux de leur profession, sçavent negotier fort dextrement ensemble. »

reforment l'Argot ainsi qu'ils veulent. › Et l'auteur du *Jargon*, qui nous donne ces détails, ne tarit pas sur leur compte ; il les compare aux philosophes grecs, aux scribes hébreux, aux sages latins, aux prophètes égyptiens, aux druides gaulois, aux mages perses, aux docteurs français...

Le juge poitevin Guillaume Bouchet, dont les *Serees* abondent en détails sur les mœurs et les usages de la province à la fin du xvi° siècle, ne parle pas avec moins d'enthousiasme de ce langage des voleurs qu'il compare éd. Roybet, III, 129) « à l'hebraïque, grecque et latine » : « Je voudrois bien entendre leur jargon et sçavoir leur langage, car j'entendrois ce que disent les Mattois, les Blesches, les Contre-porteurs et les Gueux de l'hostiere, qui s'en aident usans entr'eux d'un mesme langage. »

Cette dernière remarque est utile à retenir ; elle nous montre les rapports intimes qui unissaient, au xv° siècle. ces trois classes également dangereuses : merciers, mendiants et voleurs[1]. Ils se

---

1. Cf. *Jargon,* 1628, p. 33 : « Une autre chose qui a beaucoup gasté et presque renversé toute la monarchie (argotique), c'est que tous ceux du doublage... voulurent lier le Doublage avec l'Argot, c'est en un mot joindre les larrons avec ceux qui mendient... tellement que pour estre parfait Argotier, il faut sçavoir le jergon des Blesche ou Merciers, la truche comme les Gueux et la subtilité des Coupeurs de bourse. »

confondaient en réalité en une seule corporation appelée *Argot* dès le xvi° siècle, possédant une hiérarchie rigoureusement établie et dont les échelons sont ainsi marqués par le *Jargon* (p. 9) : « Premierement ordonnerent et etablirent un Chef ou General qu'ils nommerent Grand Coesre ; quelques uns le nommerent Roy de Thunes... Et après ordonnerent en chacune Province un Lieutenant qu'ils nommerent Cagou, les Archisupposts de l'Argot, et les Narquois, les Orphelins, les Millards, les Marcandiers, les Rifodez, les Malingreux, les Capons, les Piettres, les Polissons, les Francs-Mitoux, les Callos, les Sabouleux, les Hubins, les Coquillars, les Courtauds de boutanche, et les Convertis, tous subjects du Grand Coesre, excepté les Narquois qui ont secoué le joug de l'obeyssance. »

Cette association des merciers et des voleurs rend compte des termes argotiques tels que : angl. *pedlar's french*, autre nom du *cant* ou argot, propr. français des merciers, ou esp. *mercaderia*, vol, litt. marchandise (cf. argot milanais *balla*, « roba furata, furto », propr. balle de mercier).

Le vocabulaire argot-français de Vidocq (dans ses *Voleurs*, 1837) est à la fois le dernier aboutissant de l'ancien argot et le point de départ d'une nouvelle évolution : le langage des malfaiteurs cède de plus en plus la place à celui des classes vulgaires ou des professions spéciales. Ce vocabulaire lui-même devint bientôt archaïque et quelques années plus tard, en 1841, un ancien détenu[1] en parlait dans ces termes : « Le glossaire publié par Vidocq est presque à l'argot moderne ce que la langue de Froissart est à celle du xix° siècle. »

III. — Chronologie et Documents.

L'argot se distingue par le nombre et la valeur de ses documents. Le plus ancien est fourni par le Procès des Coquillards dijonnais, de 1455, qui contient un lexique des Compagnons de la Coquille, dressé par le greffier lui-même sur les indications d'un des accusés. C'est le plus ancien recueil que possède aucun argot européen. Utilisé d'abord par Jos. Garnier[2], d'après le manuscrit conservé dans les Archives départementales de la Côte d'Or, son importance fut méconnue par Fr. Michel et par Vitu. et c'est à Marcel Schwob que revient le mérite de l'avoir mis en pleine lumière (dans l'étude déjà citée). En mentionnant

1. [Pierre Joigneaux], *Les Prisons de Paris*, par un ancien détenu, Paris, 1841, p. 159.

2. *Les Compagnons de la Coquille*, Chronique dijonnaise du xvi° siècle, Dijon, 1842 (le lexique occupe les pages 7 et 8).

rapidement les Mystères du xv° siècle (*Viel Testament, Passion Jesucrist* et *Actes des Apostres*, à côté de la *Vie de St. Christophe* de 1527 et les Farces contemporaines [1], on arrive aux six [2] ballades en jargon de Villon (éd. princeps, 1489), dont une portion minime a été pleinement éclaircie par le lexique du Procès des Coquillards, mais dont la plus grande partie, en dépit des investigations réitérées [3], reste encore indéchiffrable [4].

Le xvi° siècle voit paraître un autre document de l'argot, la *Vie genereuse des Mercelots* (Lyon, 1596), accompagné d'un dictionnaire en langage

1. Nous citons les fragments des Mystères d'après Lucien Schöne (*Le Jargon et Jobelin de Fr. Villon suivi du Jargon au théâtre*, 1888) et les Farces d'après l'*Ancien Théâtre français*, publié par Viollet Le Duc, Paris, 1854-1857.

2. L'édition Longnon (1892), que nous utilisons, a admis une septième ballade tirée du ms. de Stockholm, qui en contient quatre autres d'une authenticité douteuse.

3. Cf. Aug. Vitu, *Le Jargon du* xv° *siècle*, 1884, et l'ouvrage cité de Lucien Schöne.

4. Les termes interpolés (dans les mss. de Tite-Live, Froissart, etc.) par le copiste breton Raoul Taingui, au début du xv° siècle, n'appartiennent pas à l'argot (comme l'ont pensé nos devanciers), mais aux patois. Voici un spécimen d'interpolation dans Froissart (cité par Siméon Luce, dans sa notice sur Taingui, *Œuvres d'Eust. Deschamps*, t. II, avant-propos) : « Si commenciérent aussi à decouper ces meschans villains, tuffes, guieliers, bomules, termulons, tacriers, craffeurs, marrados et cratimas, petaux et gars loubaz ; et les tuoient et occioient sans pitié et sans nulle merci. » (Ms. de Leyde, fol. 229 v°, éd. Scheler). C'est aux patois du Centre et du Sud qu'il faut demander l'explication de ces termes bizarres.

blesquien. Cette édition a été soigneusement reproduite par Ed. Fournier (dans le 8° volume de ses *Variétés historiques et littéraires*, Paris, 1858), tandis que la réimpression faite plus anciennement par Techener (dans le 8° volume de ses *Joyeusetez*, Paris, 1831), d'après l'édition de 1618, fourmille d'erreurs et de non sens.

Vers la même époque parut le second livre des *Serees* de Bouchet (1597), qui fournit des renseignements précieux sur l'argot contemporain.

Au xvii° siècle appartient le *Jargon ou Langage de l'Argot reformé*, dont on ne connaît que la deuxième édition parue à Paris vers 1628. C'est la principale source qui a alimenté pendant deux siècles toutes les publications analogues [1]. Nicolas Ragot, dit Granval, y a puisé son lexique argot-français, inséré à la suite de son poème *Le Vice puni ou Cartouche* (1725) ; et un siècle plus tard, Vidocq s'en est servi pour son vocabulaire argotique (1837).

---

1. Le petit dictionnaire français argot, de 216 mots, des brigands chauffeurs de 1800 (dans P. Leclair, *Histoire des brigands chauffeurs et assassins d'Orgères,* an VIII), tout en ayant subi l'influence de l'argot, a un caractère à part. Cet opuscule étant extrêmement rare (il manque à la Bibliothèque Nationale), signalons la réimpression exacte que M. Eugène Rolland a donnée du vocabulaire des Chauffeurs (chez Leclair, p. 129 140) dans ses *Variétés bibliographiques,* vol. I (1888), p. 99 101. La reproduction du même vocabulaire, qui se trouve à la fin du *Nouveau Supplément du Dictionnaire d'Argot* de Lorédan Larchey (1889), est un remaniement plein de lacunes.

Les diverses éditions de cet opuscule représentent les vicissitudes même de l'argot : elles nous font connaître de singulières méprises d'une édition à l'autre (sources d'erreurs et de non sens sur lesquels on reviendra dans le chapitre suivant), et avant tout les enrichissements successifs de l'ouvrage. Tandis que la deuxième édition (vers 1628), la seule connue, ne contient que 216 mots, celle de Lyon (1634) en ajoute une douzaine, celle de Troyes (1660) en fournit 238, et la dernière, celle d'Epinal, 1836 (qui fut utilisée par Vidocq), enregistre 685 mots. L'édition de Troyes (1660) a été réimprimée en 1690, en 1700 (édition utilisée par Granval) et en 1728, cette dernière, s'enrichissant des additions contenues dans le lexique de Granval (1725), devint « le moule définitif où seront coulées les éditions de colportage anciennes » (Yve-Plessis, p. 66). L'édition d'Epinal (1836), type des éditions de colportage moderne, reproduite par Techener (dans le 8ᵉ volume des *Joyeusetez*) et par Charles Nisard (dans le 2ᵉ tome de son *Histoire des livres populaires*, Paris, 1854), a été également réimprimée à Rouen (1840), à Montbéliard (1848) et à Paris (1849). Cette dernière, donnée par Halbert d'Angers, fourmille de transcriptions erronées et de confusions, parfois monstrueuses, qui ont induit en erreur tous les lexicographes de l'argot du xixᵉ siècle.

Nous avons collationné la plus ancienne édition connue, celle de 1628, avec les réimpressions de 1634, 1660, 1690, 1700, 1728, 1836 et 1849, et ce relevé contribuera à fixer la chronologie, la forme et le sens des termes argotiques.

IV. — Coup d'œil comparatif.

Aucun argot européen ne remonte au-delà du xv° siècle. Le *Liber Vagatorum* (« Der Betler Orden »), le plus ancien document du *rotwelsch*, date de 1510[1], et le premier ouvrage sur le *cant*, ou argot anglais, est de 1566[2]. Comme notre argot n'a aucune attache avec ces deux langages, ni avec les argots slaves[3]. nous passons immédiatement aux argots romans de l'Europe méridionale qui

1. Voir sa rédaction, en haut allemand et en bas allemand, dans Fr. Kluge, *Rotwelsch, Quellen und Wortschatz der Gaunersprachen und der verwandten Geheimsprachen. I. Rotwelsches Quellenbuch* (Strasbourg, 1901). Cf. l'édition qu'en a donnée Ristelhuber (Strasbourg, 1862) et la traduction de Rœsch (dans la *Revue d'Alsace* de 1880). La rédaction bas rhénane du *Liber Vagatorum* (1510) contient un terme français : *barlen*, sprechen (— *parler; v.* Kluge, p. 79).

2. Thomas Harman, *Caveat or Warening for common Cursetors vulgarly called Vagabones*, Londres, 1566 (réimprimé en 1869). Le *cant* contient une demi-douzaine de termes pris au français (et non pas à l'argot), tels que : *bean*, argent (— *bien*), *vile*, ville, etc.

3. Voir sur ces derniers, l'étude de Jagic (« Die Geheimsprachen bei den Slaven ») dans les *Sitzungsberichte der Wiener Akademie der Wissenschaften,* vol. CXXXIII (1895), p. 1 à 80.

sont tout autrement intéressants par leurs relations mutuelles.

La plus ancienne trace du fourbesque se trouve dans une lettre que Luigi Pulci, l'auteur de *Il Morgante Maggiore*, avait adressée en 1472 à Laurent le Magnifique ; cette lettre est accompagnée d'une courte liste de mots argotiques [1]. Le premier document linguistique est un petit vocabulaire fourbesque du xvᵉ siècle, récemment publié (d'après une copie du Codex Magliabecchi) par Gugl. Volpi [2]. En 1549 parut à Venise *Il Modo Novo da intendere la lingua zerga cioè parlar furbesco* [3], qui fut plus tard entièrement fondu dans le vocabulaire de la langue littéraire ; et en 1627, Raf. Frianoro (pseudonyme du Père romain Giacinto de' Nobili) publia son ouvrage *Il Vagabondo, overo Sferza de birbanti e vagabondi*, qui fut traduit en français en 1644. Ces deux publications sont les pendants italiens de la *Vie genereuse* 1596) et du *Jargon* (1628).

Ajoutons les argots provinciaux, à savoir : celui du Piémont ou de Val Soana, étudié par

1. La lettre a été reproduite dans l'*Archivio delle tradizioni popolare*, vol. I (1882), p. 295 296, et tout récemment dans les *Lettere di Luigi Pulci*, éd. Bongi, Lucques, 1886, p. 58 et 170.

2. Dans les *Miscellanea Nuziale Rossi-Teiss*, Trento, 1897, p. 49 à 63.

3. Editions ultérieures : 1582, 1584, 1628, 1700, etc. V. G. Pitrè, *Bibliografia delle tradizioni popolare d'Italia*, Torino, 1894, p. 172 173.

Nigra[1], les jargons milanais, vénitien, abruzzois et sicilien[2], ce dernier décrit par Giuseppe Pitré[3].

La *germania* est représentée par le recueil que Juan Hidalgo fit imprimer, en 1609, à Barcelone : *Romances de germania de varios autores, con el vocabulario por la orden del a. b. c. para declaracion de sus términos y lengua.* On y trouve, outre le vocabulaire argotique, diverses romances jargonesques, la germania, en opposition avec le fourbesque, ayant servi de bonne heure à des compositions poétiques. Les romans, à commencer par *Don Quichotte*, et surtout les nouvelles picaresques, contiennent souvent de l'argot[4], à l'instar des œuvres analogues de Victor Hugo (*Les Misérables*), de Balzac (*La dernière incarnation de Vautrin*) et d'Eugène Sue (*Les Mystères de*

1. *Archivio glottologico italiano*, vol. III (1878), p. 53-60 : « Il Gergo dei Valsoanini. »

2. Fr. Cherubini, *Vocabolario milanese italiano*, Milan, 1839 1843, au mot *zerga* (lingua), t. IV, p. 545 548 ; *Archivio di psichiatria*, vol. II, 1881, p. 204 215 (argot vénitien), vol. III, 448 450 (argot sicilien) et vol. VIII, 125 130 (argot piémontais) ; G. Finamore, *Vocabolario dell' uso abruzzese*, Citta di Castello, 1893 (passim).

3. Dans ses *Usi e costumi siciliani*, vol. II, p. 319 336.

4. Rafael Salillas, *El delincuente español* (v. ci-dessous), le chapitre : « La jerga en la literatura » ; l'auteur y fait le relevé des termes argotiques contenus dans *Guzman d'Alfarache* de Mateo Aleman, dans *Rinconete y Cortadillo* de Cervantes (« obra picaresco-jergal por excellencia »), dans la *Picara Justina* (« de cepa genuinamente picaresca »), etc.

Paris). Le vocabulaire de Hidalgo a passé tout entier dans le Dictionnaire de l'Académie espagnole, où l'on rencontre fréquemment des acceptions argotiques.

La germania a subi, à partir du XVII° siècle, une influence profonde de la part du gitano qui l'a transformé en *calò*, ou argot bohémien espagnol, tel qu'il est encore usité de nos jours. Ce dernier n'a gardé que peu de chose de l'ancienne germania, a admis des éléments patois en grand nombre, mais l'ingrédient gitano y est prépondérant.

C'est également le cas pour le *calão* ou argot portugais, dont le Père Raphael Bluteau a fourni un premier lexique, dans son *Vocabulario* (1712-1727).

Quant à l'argot roumain, Baronzi en avait donné une courte liste [1] sous le titre de *limba cârâitorilor* (langage des voleurs , et tout récemment, un publiciste roumain, M. V. Scîntee, en a fait connaître un petit lexique recueilli dans le Pénitencier central de Jassy) sous le nom de *Smechereasca* ou langage des roués [2]. Ce recueil intéressant, que l'auteur a bien voulu mettre à notre disposition, est précédé de la notice suivante : « Cet argot

1. *Limba romăna si tradițiunile ci,* Braila, 1873, p. 149-151.
2. Dans le feuilleton d'un journal de Bucarest, *Dimineatsa* (du 21 novembre 1906).

paraît remonter à une quarantaine d'années, à l'époque même de l'introduction d'une police organisée dans le pays. Un vieux voleur m'a affirmé qu'il est l'œuvre des détenus des *Ocnele-Mari* [1]. Ceux-ci avaient nommé à cet effet une commission, dans laquelle se trouvaient, paraît-il, des voleurs juifs, russes, bohémiens et hongrois. De là, l'apport de chacun d'eux dans le vocabulaire de ce langage conventionnel : les termes des coupeurs de bourse, par exemple, y dérivent du judéo-allemand ; ceux des contrebandiers, du russe ou du magyar ; ceux des voleurs, du bohémien. »

Il manque encore une étude d'ensemble sur le fourbesque, le petit livre de Biondelli [2] n'étant au fond qu'une reproduction du *Modo Novo*. Excepté les pages toujours instructives qu'Ascoli [3] a con sacrées à l'opuscule de Biondelli (et où, c'est le cas de le dire, la sauce vaut mieux que le poisson), on sait peu de chose jusqu'ici sur les éléments constitutifs du fourbesque, de son action sur la langue littéraire et de son rôle dans la littérature.

Ce n'est que tout récemment que M. Rodolfo

---

1. Nom du plus grand bagne du pays, à Bacau, en Moldavie.
2. *Studi sulle lingue furbesche*, Milan, 1846.
3. *Studi critici*, Milan, 1861, vol. I, p. 101 à 142.

Renier [1] a donné quelques indications sur l'usage du fourbesque dans la langue littéraire italienne des xv° et xvi° siècles. Pulci s'est servi du jargon vénitien dans ses sonnets et dans quelques-unes de ses octaves, ainsi que dans le XVIII° chant de son *Morgante* (voir l'édition récente de G. Volpi). On a déjà relevé ses contributions purement argotiques, qui sont restées à peu près inconnues à ses contemporains. Ceux-ci considéraient Antonio Brocardo, qui vécut un demi-siècle après Pulci, comme le premier poète jargonesque, et Niccolò Villani l'appelle même *l'inventeur* du fourbesque. M. Renier est tout disposé à voir en lui un Villon italien ; malheureusement, on n'a que des conjectures sur sa production poétique en fourbesque.

Nos connaissances ne sont pas plus avancées sur les diverses variétés argotiques de la Haute-Italie, du centre et du sud de la Péninsule.

On est en revanche très bien renseigné sur la germania et sur le calâo, grâce aux ouvrages de Rafael Salillas [2] et d'Adolphe Coelho [3]. Le pre-

---

1. Dans les *Miscellanea di studi critici edita in onore di Arturo Graf*, Bergamo, 1903, p. 123 à 142.

2. *El delincuente español, el Lenguage (estudio filologico, psicologico y sociologico con dos vocabularios gergales)*, Madrid, 1896. Le premier, *Vocabulario de Germania*, p. 265 à 310, est reproduit d'après Juan Hidalgo ; le deuxième, *Vocabulario de calo gergal*, p. 313 à 335, est un essai d'argot moderne, d'après les matériaux recueillis par l'auteur.

3. *Os Ciganos de Portugal com un estudo sobre o caldo*, Lis-

mier a étudié le sujet sous tous ses aspects : linguistique, littéraire, sociologique ; quant au
travail de Coelho, il est digne du savant roma-
niste auquel l'histoire du portugais doit tant
d'éclaircissements.

En dehors des éléments de comparaison fournis
par les argots romans du sud de l'Europe, nous
avons également tiré parti des rapprochements
que présentaient certains langages spéciaux usités
dans diverses parties de la France. Tout d'abord,
l'Argot des nomades en Basse-Bretagne, étudié
par M. N. Quellien 1886), argot parlé par les
chiffonniers et les couvreurs de la Roche-Der-
rien [1], et les recherches complémentaires de
M. E. Ernault sur le *Tunodo* ou argot de la Roche [2].
Ce dernier a également étudié le *Langaj Kemenér*
ou argot des tailleurs vannetais [3]. Ensuite, le
Bellau, argot des peigneurs de chanvre du Haut
Jura. analysé par Charles Toubin [4] ; le *Mourmé* ou

bonne, 1892. L'étude sur l'argot portugais y occupe les pages
55 à 162.

  1. Cf. E. Ernault, dans la *Revue celtique*, vol. VII, p. 45 51 et
250 252.

  2. *Ibidem*, vol. XIV à XVI (1893-1895).

  3. *Ibidem*, vol. XXVI (1905), p. 82 94 et 112 124. Ces travaux de
l'éminent celtisant se recommandent par la valeur des matériaux
et par l'abondance du commentaire.

  4. Dans les *Mémoires de la Société d'Emulation du Doubs*, 1867,
p. 47 57.

Ménédigne, argot (aujourd'hui éteint) dont se ser
vaient les tailleurs de pierre et les maçons de la
commune de Samoens [1], de la Haute Savoie ; et
finalement le *Terratsu*, parler analogue usité dans
la Tarentaise [2]. Ajoutons que ces divers langages
accusent des traces nombreuses de l'argot propre
ment dit. Ils offrent ainsi un double intérêt : ana
logie des procédés conventionnels et nouveau
témoignage de la pénétration de l'argot.

V. — Critique des sources.

L'étymologie argotique, difficile en elle même,
devient inextricable, si l'on opère sur des formes
mal transcrites et sur des sens imaginaires. Il
importe donc, avant d'aborder l'étude étymolo
gique de l'argot, de montrer par quelques
exemples combien d'erreurs ont été accumulées
tantôt par les éditeurs et tantôt par les lexicographes eux-mêmes.

Voici tout d'abord ce que deviennent les termes

1. Th. Buffet a publié un vocabulaire mourmé-français dans la
Revue Savoisienne de 1900.

2. Abbé Pont, *Vocabulaire du Terratsu de la Tarentaise*, Cham
béry, 1869. Cf. A. Constantin et J. Desormaux, *Dictionnaire
Savoyard*, 1902, p. 394-395 (tableau comparatif du ménédigne,
du mourmé et du terratsu) : des trois cents mots du terratsu que
contient Pont, quatre-vingts sont communs avec le mourmé.

argotiques de la *Vie Genereuse*, de 1596 ou 1618, d'après la réimpression qu'en a donnée Techener (dans le 8ᵉ volume de ses *Joyeusetez*, Paris, 1831) :

1831   **1596 (1618)**

1831		1596 (1618)
P. 6	de l'*aubet* huré	de l'*aubert* huré
»	sur le *pilard*	sur le *pelard*
8	sans *zeuer*	sans *zerver*
10	ont *souque* la *morse*	ont *fouqué* la *morfe*
21	sur la *toutine*	sur la *toutime*
42	*hau* rivage	*haut* rivage
»	gourt à *hiart*	gourt à *biart*
45	bonnet, *ambrou*	bonnet, *aubion*
»	chien, *haniu*	chien, *habin*
»	chemin, *pere*	chemin, *pelé*
»	cidre, *pien hauroche*	*pie hantoche*
46	eboilles sic), *loucheter*	etoilles, *louchettes*
»	escuelle, *crosse*	escuelle, *grosle*
47	garou, *vaiguelier*	garou, *un guelier*
»	gueux, *assuré*	gueux, *affur*
»	lieutenant, *gagou*	lieutenant, *cagou*
»	manger, *cousser*	manger, *gousser*
48	maréchal, *iouflard, brussart*	maréchal, *soufflard, bruslard*
»	mariage, *d'aulnage*	mariage, *daulvage*
»	marié, *d'aulné*	marié, *daulvé*
»	minois, *mez !*	nez, *minois*
»	oreilles, *auces*	oreilles, *ances*
49	sergent, *affutard*	sergent, *affurard*

Voici maintenant l'aspect de certains mots dans le *Jargon* de 1628, et celui qu'ils prennent dans la reproduction faite par Techener en 1831 (reproduction qui a servi de base au travail de Fr. Michel), et qui n'a d'archaïque que l'ortho-graphe :

1831	1628 (1684)
angluce ou *angoisse*, une oye	*angluche*, une oye
boucher, mocquer	*baucher*, mocquer.
carme, un *chanoine*	*carme*, un *choyne* ou miche
embauder [1], prendre de force	[*embander*, prendre de force : 1728]
frumion, marché	*fremion*, le marché
harper le taillis, s'enfuir habilement	*haper* le taillis, id.
perouse, une pistole	*petouze*, une pistolle
P. 6o *Sigrisse*, bouesse.	*Le gris* bouesse
» la *muraille* enterue	la *maraille* enterve
» un chapeau on le nommoit *place*	un chapeau on le nommoit *plant*
6a manger, c'estoit briffer ou *gouffier*	manger c'estoit briffer ou *gousser*
» *manneau*, c'est à dire moi	*monnant*, c'est à dire moy
69 marquises et *mignons*	marquises et *mions*
70 devant les *palors*	devant les *pallots*
80 à quoy s'opposent les *bons rables* Archisuppostz	... les *honorables* Archisuppostz

Le meilleur dictionnaire d'argot. celui de
Delesalle, n'est pas exempt de leçons erronées :
Anticle, la messe (*Vie*, 1596), y est remplacé par
ancicle; sourdante santoche, grande justice (1596 ,
y est transcrit *fourdante fantoche ; sourdu*, pendu,
et *sourdolle*, potence, y deviennent *fourdu*,
pendu, et *fourdolle*, potence, à côté de *sourde*,
prison (!), et *sourdelle*, potence. Dans la partie
française-argot il y a de singulières méprises,

1. Cette leçon fautive, *embauder* pour *embander*, qu'on retrouve
chez Halbert (1849), figure dans tous les dictionnaires d'argot. On
lit dans le *Supplément* de Larchey : « *Embauder*, prendre de force.
Argot de voleur, pour *emblauder*, de *embler*, voler (vieux français) ».

telles que : Bouge, *franc-garou, vain guelier ;* drap de lit : *limans, linceul...,* où les équivalents français *garou, linceul* sont confondus avec les termes argotiques (cf. *Vie,* 1596 : *Vain guelier,* Garou. *Limans,* Linceulx). Ces méprises se rencontrent aussi dans le *Dictionnaire français-argot* d'Aristide Bruant (1901).

Delesalle a également admis, comme des faits acquis, les interprétations conjecturales que Vitu a données des ballades (authentiques et con testées) de Villon ; et de Delesalle, ces explications douteuses ont passé dans le *Dictionnaire* de Bruant.

Ce sont principalement les diverses éditions du *Jargon* qui fournissent le plus grand nombre de méprises et de non-sens. Voici quelques spécimens :

BALLADER, aller demander l'aumône (*Jargon,* 1628), devient *bellauder* et *bellander*[1], dans les éditions de 1634, 1600, 1700 et 1728 ; celle de 1836 a *balauder,* mendier, et *bellander,* aller demander l'aumône. Les vicissitudes ultérieures à travers la lexicographie argotique sont encore plus étranges : Vidocq enregistre *balader,* choisir, chercher, et *bettander,* mendier (cette dernière

---

1. Cf. *Jargon,* 1628, p. 31 : quand ils sont en quelque vergne à *ballader... :* éd. 1634 : ... à *bellander.*

adoptée par Fr. Michel et Delvau) ; Larchey fait remarquer (*Suppl.*) : « *Battender*, mendier (Delvau), sans doute pour *battander* : les *battandiers* (sic !) formaient une tribu de la Cour de miracles. » Delesalle connaît quatre formes : *balader*, choisir, chercher ; *balander,* mendier, porter la besace, *battander* et *bettander*, mendier, formes qu'on retrouve en partie chez Bruant : (mendier) *balander* et *battender*.

BROQUANTE, bague (*Jargon*, 1628), devient *brobuante* dans les éditions ultérieures jusqu'en 1728 ; celle de 1836 a *brebuante* (Halbert : *berbuante*). Vidocq a seulement *brobuante*, mais Delesalle donne à la fois : *brobuante*, anneau, bague, et *brocante*, bague, c'est-à-dire le mot fictif et le mot réel.

COSNE, la mort (*Jargon,* 1628), transcrit plus tard *cône* (1728), réapparaît dans l'éd. de 1836 : *cosne*, la mort, à côté de *coste*, auberge (forme argotique de *castel*). Halbert donne à la fois l'ortographe ancienne et moderne, mais renverse l'ordre des sens : la *cône,* la mort, *coste*, la mort, *cosne*, auberge. Cette interversion a passé chez les lexicographes modernes. Delesalle : *cosne*, auberge, et *coste*, la mort ; Bruant : (auberge) *cosne, coste*, et (la mort *cosne, coste !* Et *cosny*, mort, est transcrit chez ce dernier : (défunt) *coni, couni, crouni.*

Une interversion analogue a également sa

source dans Halbert chez lequel on lit : EMBARRAS, drap de lit, et *empave*, carrefour, tandis que l'édition du *Jargon* de 1836 enregistre *Embarras*, carrefour, et *empave*, drap de lit (ce dernier sens déjà dans l'édition de 1628). De là, chez Delesalle : *empavé*, carrefour Larchey, *Suppl.* ; Bruant), et Delvau remarque à ce propos : « *Empave*, carrefour, *pavimentum*, dans l'argot des voleurs. Quelques Gilles Ménage de Clairvaux veulent que ce mot, au pluriel, signifie aussi draps de lit. Dont acte. »

DURESME, du fromage (*Jargon*, 1628), devient *rême*, dans l'édition de 1728, c'est-à-dire *du rême*, tandis que l'édition de 1836 enregistre à la fois *duresme* et *rême*. Fr. Michel donne une troisième variante : *blème* (autre transcription erronée de *durême*) et, ignorant la chronologie du mot, prend *rême* pour la forme primitive, qu'il identifie avec l'anc. fr. *raine*, ramée (« C'était sur des rameaux entrelacés... qu'on plaçait le fromage frais pour le faire sécher »). Par suite, on lit dans Bruant : fromage) *blème*, *rème*, à côté de *durème*, c'est-à-dire deux formes imaginaires, à côté d'une troisième, seule réelle.

GOURPLINE, une pinte (*Jargon*, 1628), transcrit *goupline*, une pinte, dans le lexique de Granval (1725) ; l'édition de 1836 enregistre les deux formes : *goupline*, pinte, et *gourpline*, plainte.

Cette erreur d'impression (*plainte* au lieu de *pinte*) a passé chez Halbert (1849) et de là, chez Delvau : « *Griblage*, plainte, cri, reproche, dans l'argot des voleurs ; ils disent aussi *gourpline*. »

SOLIR, vendre (*Jargon*, 1628), garde cette forme dans les éditions ultérieures ; Vidocq transcrit fautivement *salir*, vendre des objets volés, à côté de *sollir*, vendre un objet le prix qu'il vaut. Fr.-Michel prend comme point de départ *salir*, dans lequel il voit une « altération de *saler*, qui se disait autrefois pour vendre cher. » — Le même verbe *solir* a également subi un change ment de sens plus qu'étrange ; chez Granval (1725) et dans l'édition de 1728, on lit : *solir*, ventre. Cette erreur d'impression a passé dans l'édition de 1836, qui distingue : *solir*, vendre, de *soly*, ventre ; dans le *Dictionnaire d'argot* de 1829, qui donne uniquement *solir*, ventre, et chez Fr.-Michel : *solir*, ventre, qui ajoute : « Ce terme est le fruit de la ressemblance matérielle que présente *ventre* avec le verbe *vendre*, qui se dit aussi *sollir* en argot. »

Des formes et des sens imaginaires sont souvent produits par des procédés analogues moins compliqués encore. Les erreurs, une fois commises, deviennent fécondes et se perpétuent indéfiniment. Voici une deuxième série :

ASTIC, épée (*Jargon*, 1728), se perpétue jusqu'à Halbert (1849) ; Fr. Michel l'enregistre, à son tour, mais en le faisant précéder par : *artie*, épée, qui n'en est que l'impression fautive. Et pourtant on la retrouve chez Bruant : (épée) *artie*...

BAUDE, la maladie de Naples (*Jargon*, 1628), devient *bonde,* dans l'édition de 1836 ; Halbert (1849) enregistre les deux formes : *bonde*. mal de Naples, et *baude*, mal vénérien. Le mot fictif prend place à côté du mot réel chez Delesalle et chez Bruant : (syphilis), *baude, bonde*...

La dernière édition du *Jargon*, celle de 1836. enregistre : BRINGEANTS, cheveux. et BRINGEANTE, perruque ; ces termes figurent comme *brigante*, *brigands*, *brigeants*, chez Delvau et Delesalle, le premier en donnant ainsi la raison : « On dit aussi *brigands* pour cheveux, à cause de la phy sionomie rébarbative que vous donnent des cheveux ébouriffés. »

CAGETON, banneton (*Jargon*, 1836), c'est à-dire petit panier, devient chez Halbert (1849) : *cageton*, hanneton, et de là, l'erreur fait le tour de la lexi cographie argotique. Delvau : « *Cageton*, han-neton, dans l'argot des voleurs, qui savent qu'il est impossible de mettre ce scarabée en *cage*, et qui voudraient bien jouir du même privilège » ; Delesalle : *cageton*, hanneton, et Bruant : (hanne ton) *cageton*.

Les capons, ou filous de la compagnie argo
tique, sont définis par le *Jargon* de 1628 comme
« eschevins de la triperie » : ces *eschevins*
deviennent *écrivains* dans Granval (1725) :
capons, les écrivains des autres, d'où l'éditeur
du *Jargon* de 1836 a tiré : *cape*, écriture, *capine*,
écritoire, *capir*, écrir, termes fictifs qui manquent
chez Vidocq, mais qui ont passé de Halbert (1849)
dans tous les dictionnaires d'argot. Fr. Michel,
qui n'a utilisé que l'édition moderne du *Jargon*,
d'après la réimpression fautive de Techener, cite
également : « *Capons*, dit le *Jargon*, sont les
écrivains de la triperie... »

CART DE CHARRUE, un quart d'écu (*Jargon*, 1628),
devient *caste de charrue*, dans l'édition de 1836, et
dans celle de 1849 ; cette leçon fautive revient chez
Delvau, chez Delesalle et chez Bruant : (quart
d'écu) *caste de charrue*.

COUCOU, montre (« terme des *floueurs* », Vidocq),
devient *couesu*, par une erreur d'impression, et
se trouve improvisé terme d'argot : Delesalle
enregistre l'un et l'autre, et Bruant le suit fidè-
lement.

CROSLE, écuelle (*Vie*, 1596), deviennent *crône*
(*Jargon*, 1836) et *crone* (1849) : de là, chez Bruant :
(écuelle) *crolle, crone, crosle*.

FRETILLANTE, queue (*Jargon*, 1728), et *fertillante*,
dans Vidocq (II, 332), à côté de la forme erronée

festillante [1]. Fr.-Michel distingue : *fertillante*, plume, et *festillante*, queue (« C'est en remuant la queue que les chiens font fête à ceux qu'ils affectionnent »). Cette explication a été fort goûtée, on la retrouve chez Delvau (« *Festillante*, queue d'animal, p. ex. du chien, qui fait *fête* à son maître en remuant la sienne ») et chez Rigaud (« *Festillante*, queue, allusion à la queue du chien qui fait fête à son maître »), ce dernier d'habitude prudent et consciencieux. Delesalle connaît *fertillante*, paille, *festillante*, queue, et *frétillante*, queue, plume d'oiseau ; Bruant : (queue) *festillante, fretillante*.

GITRE, j'ai (*Jargon*, 1690), déformation argotique du verbe français, et *itrer*, avoir (*Ibid.*, 1836), *gitrer*, posséder (Vidocq), à côté de *litrer*, qui en est la transcription erronée. Fr. Michel ne connaît que *litrer*, avoir, posséder, et Lorédan Larchey en donne l'explication : « *Litrer*, contenir, posséder ; vient de *litre* comme *cuber* vient de cube ».

LOUSTAUD, domicile, diable (Halbert, 1849), et *hosteau*, prison (= *hostel*) : le sens de « diable » résulte de la phrase *envoyer à loustaud* (c. à-d. *à l'housteau*), envoyer à la prison, et, par extension, au diable. Chez Delesalle, *loustaud* désigne

---

1. M. E. Ernault (*Revue celtique*, XIV, 284) rapproche de la forme fictive *festiller* (induite de *festillante*), le breton *fistilha*, babiller : le point de départ et l'interprétation (babiller fretiller de la langue) sont également sujets à caution. Cette étymologie a passé dans le *Lexique étymologique du breton* de V. Henry.

expressément le diable : *loustaud, lousteau, lousto*,
le diable (*envoyer à loustaud*, envoyer au diable ;
aller à loustaud, aller en prison), à côté de *austo*,
salle de police, prison, *hosto, ostio, ostot*, prison ;
de même, dans la partie française argot : Diable,
... *loustaud, ousteau, lousteau.*

MARON, du sel (*Jargon*, 1628), devient *muron*
(*Ibid.*, 1728 et 1836) ; Halbert enregistre les deux
formes : *maron* et *muron*. Vidocq ne connaît que
maron, et Fr.-Michel, ayant avec raison rattaché
maron à (sel) *marin*, s'efforce de faire venir *muron*,
du mot *murette*, « qui désignait et qui désigne
encore, dans de certaines provinces, une sauce
avec laquelle on accommode surtout le poisson ».

SACRE, est traduit par Halbert d'abord par
argent, ensuite par *sergent* : ce dernier sens se
trouve seul dans l'édition du *Jargon* de 1836,
comme dans celle de 1628, tandis que le premier
est une simple méprise. Et pourtant Delesalle
traduit : *sacre*, 1. argent ; 2. agent de police...

SAPIN, gendarme, lit-on dans un *Nouveau Dic
tionnaire d'argot* de 1829 ; Vidocq connaît égale
ment *sapin*, soldat, mais Fr.-Michel enregistre
supin, soldat, et l'explique ainsi : « Il y a tout
lieu de croire que ce mot a été formé par allusion
à la soupe et au pain dont est nourri le soldat » ;
de là, chez Bruant : (soldat) *supin*. Or, *supin* est
simplement une transcription fautive de *sapin*,

qui est encore familier, à Marseille et à Aix, pour soudard, troupier, garde national (Mistral), et Vidocq dit expressément que *sapin* est un terme des voleurs provençaux.

TROMBILLE est rendu par *bête*, chez Vidocq, et cette explication passa dans les dictionnaires de Delvau, de Delesalle et de Bruant ; or, la simple comparaison avec *trombolle*, tête, donné par le même Vidocq, montre que *bête* est une erreur d'impression pour *tête* (cf. Rigaud : *trombine*, figure).

VI. — Le terme « Argot » et ses synonymes.

C'est un fait curieux que le terme qui désigne aujourd'hui le langage des malfaiteurs, est absoment inconnu avec ce sens à l'argot lui-même, dans lequel il a toujours signifié : corporation ou profession des voleurs. Le *Jargon de l'Argot reformé*, de 1628, veut dire le Langage de la Corporation réformée des voleurs. *Argot*, pour arriver au sens de langage, a parcouru la même évolution que l'espagnol *germania*, qui commença par signifier confrérie des voleurs et finit par désigner leur langage. Le terme *argot* est d'ailleurs moderne en français et il a été précédé par une série de synonymes que nous examinerons dans leur ordre chronologique.

1. Jargon

Ce mot a, en ancien français, un sens très général, s'appliquant également au gazouillement des oiseaux et au bavardage des hommes ; mais dès le XIII° siècle, on le trouve, en ancien provençal, désigner le langage des voleurs : « *Gergons*, vulgare trutannorum », dit le *Donat Proensal*. De là, l'anc. esp. *girgonz*, mod. *geri gonza*, port. *giringonza* (xvi° siècle), abrégé en *gira* (xviii° siècle), *giria*. La variante ancien-pro vençale *gergou* (à côté de *girgou*, *girgo*) est également la source de l'esp. *jerga* et de l'it. *gergo*, dial. *zergo*, jargon : *Gergone* se trouve dans Sacchetti (xiv° siècle) et *gergo* dans Salvini (xvii° siècle).

En français, *jargon*, au sens d'argot[1], ne remonte pas au-delà du xv° siècle. Voici quelques témoignages :

1426. Lettre de rémission de Rouen (Ducange, s. v. *dupli-citas*) : « Lequel Nobis dit au suppliant... que il avoit trouvé son homme ou la duppe, qui est leur maniere de parler et que ilz nomment *iargon,* quand ilz trouvent aucun fol ou innocent qu'ilz veullent decevoir par jeu ou jeux et avoir son argent. »

1455. Procès des Coquillards de Dijon : « Et est vray que lesdits compaignons ont entreulx certain langaige de

---

1. C'est avec ce sens que le mot a passé en allemand.

jargon et autres signes a quoy ilz s'entrecongnoissent... Chacune tromperie dont ilz usent a son nom en leur *jargon*. »

> 146o. *Actes des Apostres* (dialogue de deux « tyrans ») :
> AGRIPPART. — Ravault broucra sur son endosse.
>   Entendez vous bien, mon gougeon ?
> GRIFFON. — Qu'est ce cy ? Vous parlez *iargon*,
>   Maistre Agrippart ?

L'éditeur de Villon applique le même nom à ses ballades argotiques (1489 : « Le grant Testament Villon et le petit, son Codicille, le *Jargon* et ses Ballades ») et l'auteur de la *Vie genereuse des Mercelots* (1596) en parle un siècle plus tard (« ... contenant leur façon de vivre, subtilitez et *gergon* »), à peu près contemporain du « *Jargon* ou Langage de l'Argot reformé », du début du xviiᵉ siècle.

La forme argotique abrégée *jar, jars* (à l'exemple du port. *gira, giria*), dans la locution « entendre le *jars* » (être rusé), se rencontre en français au xviᵉ siècle (v. Godefroy : 1526) et au siècle suivant : « Il entend le *jars*, il a mené les oies[1], c'est un homme expert » (Oudin).

L'argot moderne désigne la Normandie par *jar golle* (Vidocq ; et *jargollier*, Normand). c'est à-dire pays du jargon (en anc. fr., *jargouiller* et synonyme de *jargonner*), la Normandie ayant été un

---

1. Rapprochement amené par le sens de l'homonyme *jars*, le mâle de l'oie. Cf. en allemand *Kauderwelsch*, synonyme de *Rotwelsch*, rapproché du verbe *kaudern*, glouglouter.

des principaux foyers de la corporation des voleurs.

2. BARAGOUIN

Ce terme désigne l'argot en français, au
xvi° siècle, et Cotgrave accompagne de cet appel
latif les mots de pareille origine (p. ex. *entrever*,
to understand. Barrag.). Du français, ou plutôt
de la forme dialectale *bargouin*, dérive le hollandais *bargoensch*, argot des merciers.

En français, on rencontre le mot dans une lettre
de grâce de 1391 (v. Littré), où il paraît avoir le
même sens que *baragouineux* dans Molière (*Fourb.
de Scapin*, III, 2 : Ah ! peste soit du *baragoui
neux !*) ou que *baragouin* du patois de l'Yonne :
celui qui parle entre ses dents, d'une manière
inintelligible et en contrefaisant sa voix [1]. La con-
fusion a passé de la personne qui parle à ce qu'elle
dit, d'où l'acception de langage inintelligible,
familière au français à partir du xvi° siècle.

3. BLESQUIN

La *Vie Genereuse*, de 1596, est accompagnée
d'un dictionnaire en langage *blesquin* ou *blesquien*

---

1. Ce sens se trouve également indiqué chez d'Hautel (*Dictionnaire du bas-langage*, 1810) : « On dit aussi *baragouin* par sobriquet
d'un homme qui se hâte trop en parlant, ou dont les idées et les
paroles sont confuses et obscures : c'est un vrai *baragouin*. »

avec l'explication en vulgaire. Cette épithète dérive de *blesque*, forme normanno-picarde de
blesche, mercier, propr. sot, niais, ou qui se prétend tel pour mieux attraper les autres. C'est
ainsi que *arguche* signifie à la fois argot et niais
(Milan *zergon*, scaltrito, furbo), répondant à
mourmé, l'argot savoyard, rapproché du genevois
mourme, stupide.

Blesquin répond d'ailleurs exactement à *jobelin*,
son synonyme : le *Jargon* ou *Jobelin* du Maistre
François Villon (1489), et dans une farce contemporaine (*Ancien Théâtre*, II, 399) :

> Je n'entens point son *jobelin* ;
> Parle il françoys ou latin ?

Le sens primordial en est également niais (anc.
fr. *jobe*, *jobelin*, niais, dupe), comme c'est aussi le
sens probable de son autre synonyme *bigorne* :
« Les Archisupposts de l'Argot qui enseignent le
jargon à rouscailler *bigorne* », lit-on dans le
Jargon de 1628 (p. 24). Le provençal *bigorno*
signifie de même : sot, stupide.

4. NARQUOIS

Autre nom de l'argot au xviiᵉ siècle (Oudin,
1640 : Parler *narquois*, parler le langage des
gueux), ce terme désigne spécialement le parler

de la soldatesque argotique, appelée *narquois*, ou drille. Parmi les poésies gaillardes du capitaine Lasphrise (1597), figure un « Sonnet en authentique langage *soudardant* », l'équivalent français de *narquois*.

Une appellation contemporaine, plutôt bizarre, pour argot, est ARTIS (Trippault, *Celthellenisme*, 1581, p. 27 : *Artis*, langage des matois et jargon, pour ἄρτος) ou *arty*, id. (*Les Avantures d'Italie de M. d'Assoucy*, 1677, p. 255 : Ce langage de l'*Arty*, qui n'est commun qu'à ceux qui entriment sur le Ligourt et le passe Ligourt). Le mot signifie « pain » et il désigne le parler des gens qui appellent le pain *artie*.

5. ARGOT

C'est un des termes que le langage des voleurs a fourni au français littéraire, où il a acquis un sens nouveau. En effet, *argot* signifie originairement métier ou ordre des voleurs, d'où *argotier*, voleur, et *argoter*, mendier. Les gueux étaient les compagnons de l'argot (Oudin). Voici quelques exemples caractéristiques de ce sens primordial :

Jargon, 1628, p. 9 : Ordre ou hierarchie de l'*Argot* ;

Ibid., p. 35 : Les Cagous emmenent leurs apprentifs pour les apprendre et exercer en l'*Argot*, et premierement leur enseignent à aquiger de l'amadoüe de plusieurs sortes..., à faire dix mille tours... ;

Ibid., p. 34 : Pour estre parfait *argotier*, il faut sçavoir le jargon des Blesches ou Merciers, la truche comme les Gueux et la subtilité des Coupeurs de bourse ;

Ibid., p. 4 : Lequel mestier s'appelle trucher ou *argoter* le plus franc, le plus aizé à apprendre...

En français, *argot* a désigné dès le début le langage des voleurs, ce qu'eux-mêmes appelaient le plus souvent *jargon*. La plus ancienne trace de cette acception purement française se trouve dans le *Dictionnaire* de Furetière (1690 : *Argot,* le jargon des coupeurs de bourse et des bohémiens) et dans la préface de la comédie des *Empiriques* (1698) : « Je me garderai bien, dit l'auteur, en parlant du provençal, de me donner le ridicule de prôner au milieu de Paris les charmes d'un langage qu'on traite d'un jargon aussi méprisable que *l'argot* », qu'il explique en note : « Jargon des gueux. On n'a pas tant de tort, presque tous les Gascons le sont. » Le *Dictionnaire de l'Académie* enregistre, à partir de 1740 : *Argot,* langage des gueux ; et Leroux le définit ainsi, dans son *Dictionnaire comique* (1718) : « Espèce de baragouin que parlent à Paris les gueux, les laquais, les polissons, les décrotteurs entre eux [1]. »

1. Ajoutons la définition qu'en donne d'Hautel (*Dictionnaire du bas langage,* 1810) : « *Argot,* langage des porte balles entr'eux, et qui se compose en partie de termes burlesques, de néologismes baroques et de mots anciens que l'usage a rejetés ; on donne aussi ce nom au patois des vauriens, des filous, qui est inintelligible aux honnêtes gens. »

Le sens originaire du mot était complètement oublié. Dans le Supplément du *Lexique* (1820) de Roquefort, on lit cette remarque, au mot *argot* : « Oudin s'est trompé en expliquant ce mot par *gueuserie... Argot* ne signifie pas gueuserie, mais jargon des bohémiens. »

Faute d'avoir tenu compte de ce sens primitif, les nombreuses étymologies [1] émises sur l'origine du mot sont tombées dans le néant. Depuis la constatation de son état sémantique réel (et c'est à Vitu qu'en revient le mérite), une seule hypothèse a été proposée, celle de Schwob. La voici : « La Cour de Miracles a été divisée en quatre sections : Egypte, Bohème, Argot, Galilée. Le rapprochement de ces noms de pays orientaux suggère l'explication d'*Argot* par *Arabie* ; le mot n'est pas autrement fait que *Italgo* pour *Italien* [2]. » Une double difficulté, chronologique et de fait, rend cette hypothèse illusoire : l'ancien argot ignore absolument ces suffixes déformatifs, et l'argot moderne dit *Arbico*, diminutif d'*Arbi*, Arabe d'Algérie. D'ailleurs, nous n'avons pas trouvé trace de cette prétendue division de la Cour de Miracles ; Sauval, dans sa minutieuse description (*Antiquités de la Ville de Paris*, 1724, tome I, p. 510-517), l'ignore complètement.

1. En voir le relevé dans l'*Introduction* du livre de Fr.-Michel.
2. *Mémoires de la Société de Linguistique*, vol. VII, p. 46.

C'est au français, croyons-nous, qu'il faut demander l'explication de l'origine du mot, en par-
tant de son sens primordial : métier ou confrérie
des voleurs. Et alors, c'est le même mot que le
français *argot ergot* , ongle pointu des gallinacés
« crochet cornu qui est par derrière la jambe du
coq », Nicot), terme attesté dès le xii° siècle, pris
au sens figuré de vol ou brigandage. Cette interprétation répond assez bien aux procédés méta
phoriques de l'argot, dans lequel la notion *griffe*
ou *croc* se trouve à la base d'une grande partie
de sa nomenclature : *griffer, agriffer*, au sens de
voler, répondent à *harper*, de *harpe*, griffe, patte
(d'ou *harpaille*, au xv° s., troupe de voleurs) ; le
provençal *arpion* et le béarnais *gahoualho*, voleur,
à l'exemple du breton argot *scraper, id.* (du breton
scrapa, gratter, égratigner avec les ongles) et du
fourbesque *carpione*, voleur (de *carpire*, voler,
propr. griffer), accusent la même image de la
griffe :

> Enfans qui sont de la matte,
> Savent tous jouer de la patte,

nous dit un vieux proverbe [1] ; et « c'est lors qu'on
est nanty qu'il faut craindre la *harpe* [2]. »

Clément Marot, dans la préface aux *OEuvres de
Villon*, 1532 : « Touchant le jargon, je le laisse à

1. Leroux de Lincy, *Le Livre des Proverbes,* vol. I, p. 140.
2. *Ancien Théâtre français,* t. IX, p. 76.

corriger et exposer aux successeurs de Villon en *l'art de la pinse et du croc.* »

L'image ressort encore plus vivement de ce passage de la *Comédie des Proverbes* (acte III, sc. iv) : « Où ces gueux-là ont mis les pattes, ils n'ont laissé que frire. Ils ont mis au net un pauvre prêtre qui n'avoit pas grand argent caché, mais si peu qu'il avoit, ils l'ont escamotté et *agriffé avec leurs argots de chapon.* »

En somme, *argot,* c'est le métier de la griffe [1], l'instrument et la ressource du voleur ; et *argotier*, c'est le compagnon de la pince et du croc.

Il resterait encore, pour être complet, à mentionner deux derniers synonymes du mot argot, à savoir :

LATIN, à l'exemple du galicien *Latin dos cegos* (argot des aveugles, c.-à-d. des voleurs) et du calâo *latim*, argot ; *Latein* est, de même, un autre nom du *rotwelsch*, en anglais *thieve's latin*. Un petit dictionnaire d'argot (Paris, 1827), porte le soustitre de *latin-français*, c'est-à-dire argot-français.

---

1. Vitu (*ouvrage cité*, p. 55), qui rapproche *argot* du latin *argutus*, pointu et subtil, pense un moment à *argot,* ongle, et il ajoute : « Quel rapport pourrions-nous découvrir entre la profession de gueux et l'argot ou éperon du coq ? J'en aperçois un tout naturel, c'est que les gueux vivent sur la richesse sociale comme le coq qui, sur son fumier, en extrait sa nourriture en grattant avec ses ongles. »

LANGUE VERTE, désigne spécialement l'argot des tricheurs, des amateurs du tapis vert. C'est Delvau qui lui a donné abusivément le sens de « bas-langage », dans son *Dictionnaire de la langue verte* (1866). Delesalle en donne une définition inexacte, quant à son origine : « *Langue verte*, langage qui tient le milieu entre le langage des voleurs et le langage populaire : c'est l'argot du peuple, langage vert, âpre comme le fruit qui n'est pas mûr. »

VII. — Documentation.

Voici la liste des documents cités, dans leur ordre chronologique, avec les abréviations correspondantes :

1. Procès des Coquillards.	Coquill., 1455.
2. Mystères : *Viel Testament, Actes des Apostres, Passion Jesucrist, Vie de St. Christophe.*	*Viel Testament,* vers 1458 ; *Apôtres,* vers 1460 ; *Passion,* 1486 ; *St. Christophe,* 1527.
3. *Ballades en jargon,* de Villon.	Villon, 1489.
4. *Vie Genereuse des mercelots.*	*Vie,* 1596.
5. *Serées* (second livre).	Bouchet, 1597.
6. *Le Jargon ou Langage de l'Argot reformé,* Paris, vers 1628 ; Lyon, 1634 ; Troyes, 1660, vers 1690, vers 1700, 1728 ; Epinal, 1836 ; Paris, 1849 (Halbert d'Angers).	*Jargon,* 1628, 1634, 1660, 1690, 1700, 1728, 1836, 1849.
7. Oudin, *Curiositez et Recherches.*	Oudin, 1640, 1653.
8. Le Roux, *Dictionnaire comique.*	Leroux, 1718.

9. *Le Vice puni, ou Cartouche.*   Granval, 1725.
10. *Les Voleurs.*   Vidocq, 1837.

Citations : *Rat*, 1790, est extrait de l'opuscule *Le Rat du Châtelet*, Paris, 1790, qui contient des termes argotiques intéressants sous le rapport chronologique ; *Chauffeurs*, 1800, se réfèrent au lexique des brigands d'Orgères de l'an VIII ; et Tarbé, *Recherches*, etc. se rapporte au court glossaire d'argot recueilli dans la maison de détention de Reims, en 1851, et publié par P. Tarbé, *Recherches sur l'histoire du langage et du patois de Champagne*, Reims, 1851, tome II, p. 226—228 (« Comme les pègres jaspinent à Reims quand ils ont la traque d'être entravés par la musique »).

Rappelons les explications : fourb. (= fourbesque), germ. (= germania), calò (argot espagnol moderne) et calâo (argot portugais), bellau (argot jurassien), mourmé (argot savoyard) et terratsu (argot de la Tarentaise).

L'ARGOT ANCIEN

SES ÉLÉMENTS CONSTITUTIFS

Il y a lieu de discerner, dans l'analyse linguis
tique de l'argot, deux éléments essentiellement
distincts : d'une part, les emprunts qu'il a faits à
la langue générale, aux idiomes populaires ou
étrangers ; et, d'autre part, son contingent original, ses procédés imaginatifs ou simplement artificiels, en un mot la forme de l'argot. C'est cette
partie que nous aborderons tout d'abord.

PREMIÈRE PARTIE

ELÉMENTS ORIGINAUX

Il s'agit ici d'une originalité toute relative. L'argot n'a rien inventé de toutes pièces : son vocabulaire ne possède pas un seul mot qui soit entièrement de son cru ; sa syntaxe est celle du français. Ce n'est que dans le domaine métaphorique qu'il a montré une certaine originalité. Partout ailleurs, en phonétique comme en morphologie, il n'a fait que déformer les termes de la langue générale, son but étant avant tout de les rendre inintelligibles aux profanes. Ajoutons néanmoins que cette tendance déformatrice, encore faible dans l'argot ancien, s'accuse de plus en plus dans l'argot moderne et y atteint parfois des proportions monstrueuses.

Sous tous ces rapports, l'argot diffère essentiellement du parler populaire. Au lieu d'être, comme les patois, le produit d'une évolution naturelle et spontanée, l'argot est, à son point de départ, une excroissance de la langue générale et, quant à ses procédés d'invention verbale, ils représentent une déviation de l'esprit populaire. Certes, on remarque parfois une certaine analogie de procédés, sous le rapport formel ou sémantique ; mais d'abord, ces coïncidences sont rares ; et puis, qui nous dit que l'argot n'en est pas redevable aux parlers populaires ?

On a d'ailleurs exagéré l'originalité de l'argot. C'est ainsi, par exemple, qu'on considère l'onomatopée comme un trait caractéristique de ce langage et on l'a rapproché à cet égard des créations imitatives des langues vulgaires. Or, l'onomatopée est inconnue à l'ancien argot [1], et son rôle dans l'argot moderne est tout à fait insignifiant [2]. C'est le même cas pour le fourbesque et la germania [3].

A peine une demi-douzaine d'onomatopées immédiates, telles que :

DIG-DIG (*digue digne*), attaque d'épilepsie (Vidocq).

FAFFE, *fafiot*, papier (*Id.*) ; cf. pourtant Morvan

---

1. A moins de considérer comme telles les deux locutions : *cric croc !* je boy à toy (*Jargon*, 1628), et *hustmust !* grand mercy (*Ibid.*).

2. Adrien Timmermans a développé jusqu'au paradoxe cette théorie de l'onomatopée (dans *Etymologies comparées de mots français et d'argot parisien*, Paris, 1896) et ses étymologies argotiques déparent le *Dictionnaire* de Delesalle.

3. Voir les réflexions judicieuses de Salillas, *ouvrage cité*, p. 15.

fafion, chiffon de peu de valeur (Berry *fafiot,* tatillon, *fafioter,* fureter).

FLIC *(flique, fligue),* sergent (Vidocq), exprime proprement le claquement du fouet et de la main (cf. en fr. *flic flac*), et traduit à peu près la même notion que son synonyme *cogne.*

FROU-FROU, passe-partout (cf. *rigolo* et *rossignol*).

PAFFES, souliers (Vidocq), d'après le bruit qu'ils font (cf. picard *paffe,* soufflet).

Quelques autres sont formées d'onomatopées populaires, telles que :

FANFOUINER, priser (Vidocq), et *fonfe, fonfière,* tabatière *(Id.)* ; cf. argot milanais *fanfirla,* tabatière (Cherubini).

PROUTE, plainte (Vidocq, de *prout,* pet), et *prouter,* gronder, se fâcher, se plaindre (= *péter,* se plaindre à la justice) ; cf. par ex. St.-Pol *proute,* pet, et *prouter,* péter (« familier mais peu usité », Edmont).

TOCCANTE, montre *(Jargon,* 1728 ; l'édition de 1836 a *toquante,* heure, et *toque,* montre) ; cf. provençal *toucanto,* montre en or, montre à répétition (terme tiré de l'argot), et haut-breton (Ille-et-Vilaine) *tocante,* montre (« dans tout le département », Orain).

Un certain nombre est emprunté aux patois (comme *dinguer,* tomber, Vidocq ; cf. Vosges *dinguer,* rebondir avec un bruit sonore) et d'autres n'ont rien de commun avec l'onomatopée. « Humble et doux, dit Larchey dans son Introduction, est le bruit de la larme qui *dégouline* le long de la joue ; *dégouline*... on croit presque l'entendre tomber ». Ce verbe est également pris aux patois (Berry *dégouliner*, couler lentement, goutte à goutte, le long de quelque chose, par ex. dans le dos) : c'est un fréquentatif de l'ancien fr. *dégouler* au même sens (Mayenne *dégouliner*, descendre doucement, couler goutte à goutte, glisser sur une pente).

I. — **Procédés phonétiques.**

Les deux principaux procédés de cette nature sont : l'anagramme et l'abréviation.

Le premier est connu sous le nom de *loucherbème*, soi-disant anagramme de *boucher*, ce procédé étant surtout familier à la corporation des garçons bouchers, d'où il a passé dans l'argot moderne. On l'appelle encore *largonji*, anagramme de *jargon* : ses règles assez compliquées ont été exposées par Bruant (au mot *jargon*) et son vocabulaire se trouve à la fin du *Supplément* de Larchey.

L'argot ancien l'ignore, et nous l'aurions passé sous silence, si Marcel Schwob ne lui avait pas attribué une portée absolument exagérée sous le rapport chronologique et n'en avait pas abusé comme moyen d'interprétation étymologique.

C'est ainsi que Schwob fait remonter au *Jargon* les termes *Lorcefé* (pour *La Force*, nom de prison) et *linspré* (pour *prince*). Or, pas une édition de ce livre, même la plus récente, ne contient ces mots. On trouve *Lorcefé* pour la première fois dans les *Mémoires* de Vidocq de 1828[1], et *linspré* pour la première fois dans son vocabulaire de 1837. De même, *lanterne* (pour *vanterne*, fenêtre) ne se rencontre pas avant 1829, et c'est à tort qu'on le fait remonter à Granval (1725) ; *largue* ou *larque* (pour *marque*, prostituée) est dans Vidocq (1837), et *lousse* (pour *pousse*, gendarme), qui manque dans ce dernier, figure dans le *Nouveau Dictionnaire d'argot* de 1829[2].

C'est à tort que Schwob voit dans *lorgne* l'anagramme de *borgne* ; dans *milogère*, chambrière (*Jargon*, 1628), celui de *limogère*, id. (*Vie*, 1596) ; dans *zerver*, pleurer (*Vie*, 1596), celui de *verser* (des larmes), qu'on ne rencontre nulle part. Dans

---

1. Cf. vol. II, p. 286 : « Tu sais bien qu'à la *Lorcefé* les murs ont des oreilles » ; vol. III, p. 185 : « Je lui portai la pagne à la *Lorcefé*. »

2. Ajoutons : *laumir*, perdre (*Jargon*, 1836), en rapport avec *chaumir*, id. (Vidocq), à l'exemple du mod. *laune*, agent de police, déformé de *jaune*, id. (d'après la couleur de ses buffleteries) ; *loupel*, pouilleux (« termes de floueurs parisiens, » Vidocq), etc.

tous ces cas, il s'agit de mots d'origine différe-
rente. « Il est facile de voir, ajoute-t-il, que *tabar*
est l'anagramme complet du mot *rabat*, qui s'em
ployait également pour manteau au xvᵉ siècle. »
La chronologie nous enseigne le contraire : tandis
que *tabar* se trouve dans l'édition du *Jargon* de
1628, *rabat* ne paraît que dans celle de 1690 ; d'ail
leurs, *tabar* est un mot ancien français qui remonte
au xiiᵉ siècle. Remarquons encore que *loffe* [1],
imbécile (d'où *loffitude*, bêtise, Vidocq) et son
dérivé ultérieur *loufoque* (Delesalle) n'ont aucun
rapport avec *fol* (dont ils seraient la transpo-
sition) : *loffe* est inséparable de *louffe*, vesse,
louffiat, grossier, goujat (Larchey : crapuleux,
propr. péteur) — ce sont des emprunts faits au
provençal [2]. De même, *nibergue*, rien, n'est pas
l'anagramme de *bernique* (comme le pense Lar
chey), mais une amplification de *nibe*, id., répondant au fourbesque *niba*, *niberta*, non, rien
du tout.

Est-ce à dire que le procédé transpositif [3] est
étranger à l'argot en général ? Nullement, mais

---

1. Cf. *Rat*, 1790 : « Crois-tu que je suis si *loffe* que de débiner...? »
Mémoires d'un forban philosophe, Paris, 1829, p. 92 : « Faut-il que
les hommes soient *loffes* de se faire emballer... »

2. L'argot vénitien a *loffio*, pauvre (cf. it. *loffia*, vesse, terme
originaire de la Haute Italie).

3. Dans le cant, ce procédé s'appelle *back slang* (p. ex. *yennep*
pour *penny*) et il est surtout employé par les revendeurs.

il y joue un rôle tout à fait secondaire. Dans la germania, il est un peu plus fréquent (*chepo* = esp. *pecho*, poitrine ; *greno* = esp. *negro*, nègre ; *grito* = esp. *trigo*, blé ; *toba* = esp. *bota*, botte), ainsi que dans l'argot savoyard connu sous le nom de *mourmé* ou *ménédigne*. Voici quelques exemples de ce dernier : *brachanna* (chambre), *ceplanna* (planche), *chiclò* (clocher), *goflin* (flingot, « fusil »), *tessan* (santé), *tiebé* (bête), *treca* (quatre), *trevan* (ventre), etc.

Quoi qu'il en soit, le procédé en question est complètement étranger aux parlers populaires, comme d'ailleurs à l'ancien argot.

Le deuxième procédé, l'abréviation, est également familier au seul argot moderne. Fr.-Michel allègue (Introd., p. xxix) que « l'apocope est de toutes les figures de grammaire celle que l'argot affectionne le plus ». L'argot ancien l'ignore[1] et, chez Vidocq, on ne trouve que les exemples sui vants : *Achar* (acharnement), *affe* (affaire). *autor* (autorité), *cabe* (cabot, « chien », à côté de *cleb*, cla baud), *come* (commerce), *couillé* (couillon), *dauffe*, pince (dauphin, déjà *Rat*, 1790, p. 14 : un *dauffe*

---

1. On lit dans la *Vie Genereuse* le mot *vironne,* province (*ripau dier de la vironne*, gouverneur de la province), propr. environs, alentours ; mais cette forme abrégée remonte à l'ancien français (cf. auj., Mayenne, *viron*, environ).

sous son frusque ; cf. Chauffeurs, 1800 : *doffe*, cou-
tre), *dégui* (déguisement), *délige* (diligence), *es*
(escroc), *mac* (maquereau ; fém. *maqua*), *maqui*
(maquillage), *méchi* (= *meschief*, malheur), *per-
pète* (perpétuité), *rata* (ratatouille), *redam* (= ré-
demption*, grâce).

Passons sur l'accident de l'article agglutiné
(également familier à la langue littéraire), dans
des mots tels que *lance* (= *l'ance*, eau , *larton*
(= *l'arton*, pain , etc., pour nous arrêter un ins
tant sur l'alternance des finales *gne* et *gue*. Le
plus ancien exemple est *sorgue*, nuit (*Jargon*,
1628 , qui figure comme *sorgne* (dans l'édition de
1728 , de l'anc. fr. *sorne*. nuit [1] ; de même, *signe*[2],
louis (Chauffeurs, 1800 , devenu *signe*, *cigue* Vidocq , amplifié en *cigale*, pièce d'or ;. et *lorgue*,
as, pour *lorgne* (cf. *borgne*, as , etc.

II. — Procédés morphologiques.

La plupart des suffixes argotiques sont étrangers à la langue littéraire, mais ils sont familiers
aux patois. Tels sont :

AFFE à côté de *afle*) : *grenaffe*, ferme Chauf

---

1. Halbert enregistre à la fois : *sorgue*, la rue (pour : la nuit),
sorge, la nuit, et *sorne*, noir.

2. Delesalle transcrit erronément : *cygne*, pièce de vingt francs.

feurs, 1800), et *grenafle*, grange (*Jargon*, 1628 ; Vidocq : *garnafle*, ferme), dérivé de *grenue*, farine (*Jargon*, 1628) ; — IF : *batif*, neuf (Vidocq), propr. battant (cf. *Jargon*, 1628 : *battouse toute battante*, de la toile neuve), abrégé dans l'argot moderne en *bath*, beau (= neuf) ; — OFFE : *aristoffe*, maladie vénérienne (Fr.-Michel), de *aristo*, aristocrate[1].

AQUE : *momaque*, enfant (Vidocq), de *môme*, id. (*Id.*) ; — EQUE : *altèque*, beau (*Id.* ; propr. altier) ; — IQUE : *mouchique*[2], laid, vilain (*Id.*), de *mouche*, id. (Halbert) ; — OQUE : *boutoque*, boutique (Vidocq); de même UCHE : *arguche*, sot (de *argot*), *dabuche*, roi (*Jargon*, 1628), de *dabe*, id. ; *baluchon*, paquet (Vidocq), de *balle*, id.[3].

ANCHE (à côté de *ange*) : *boutanche*, boutique (*Jargon*, 1628), *molanche*, laine (*Ibid.* ; cf. en français, *molleton*), *portanche*, portier (Vidocq , à côté de *cocange*, coquille (*Id.* ; *tocange*, chez Halbert), *fertange*. paille (*Id.* ; *Jargon*, 1628 : *fertille*) ; et les verbes : *brodancher*, broder (Vidocq), *pictancher*, boire (*Jargon*, 1628, et *picter*. id.), à côté de

---

1. Fr.-Michel voit dans *aristoffe* l'italien *arista*, épine.

2. L'homonyme *mouchique*, chandelle (Chauffeurs, 1800) est tiré de *mouche*, action de moucher les chandelles.

3. Terme passé dans le langage populaire et dans les patois : Poitou *baluchon*, mobilier de peu de valeur; Pas-de-Calais *baluchon*, paquet d'effets ou de linge (« n'est usité que depuis la construction du chemin de fer, » Edmont).

pitancher, id. (*Jargon*, 1728 : de là, bourguignon *pitainche*, boisson, La Monnoie), *trimancher*, cheminer (*Jargon*, 1728), de *trimer*, id. (*Ibid.*).

Ajoutons le suffixe ois, fréquent dans l'argot ancien : *comtois* de *comte*) et *syrois* (de *sire*), à côté de *matois* (de *mathe*) et *narquois* (parallèle à *narquin*) ; *pilois*, conseiller, juge (*Vie*, 1596), pour *pilier* ; et ime (cf. anc. fr. *grandime*), dans *toutime*, tout (*Vie*, 1596 : bier sur le *toutime*, c'est aller à toutes intentions ; *Jargon*, 1628, p. 21 : pour fouquer la morphe à *toutime* les argotiers).

Les patois affectionnent également *anche* (cf. en français, *avalanche*, terme d'origine suisse) et plus souvent *ange* : lorrain *coutange* (coût, dépense) ; poitevin *mollange* (boue liquide), *parlange* (langage), *sounange* (sonnerie) ; lyonnais *tiranchi* (tirailler). Ce suffixe est fréquent dans le *mourmé* ou argot savoyard : *frottianchi* (frotter), *fremianchi* (fermer), *vendianchi* vendre). Le langage populaire parisien lui préfère *ance* (cf. *aidance*, service, Vidocq): *accueillance* (accueil), *doutance* doute), etc [1].

On rencontre également dans les patois les suffixes *aque* (cf. picard *boulaque*, petit amas de filasse = petite boule), *ique* cf. fr. *bourrique*, d'origine dialectale, à côté de *pouliche*), *oque* (cf.

---

1. Le suffixe argotique *anche* répond à *uncha* de la germania et du calão, par exemple dans ce dernier : *cabruncha* (cabra), *linguncha* (lingua), *testuncha* (testa).

fr. *effiloque*, à côte de *effiloche*). et principalement *uche* (cf. fr. *crapuche, guenuche, merluche, per ruche*).

D'autres suffixes de l'argot ont été obtenus par voie analogique. Les suivants ont été abstraits des noms propres :

ÈME (cf. Angoulême, Bohême, etc.) : *durême*, fromage (*Jargon*, 1628 : *duresme*), propr. le dur, comme le fourb. *durengo* (Val Soana *dürenc*), id. [1] ; *rougême*, écu (Bouchet, III, 130 : ils appellent un escu un *rougesme*), propr. rouge, d'après la couleur.

GO (cf. *Pélago*, Sainte-Pélagie, d'où *Saint Lago*, Saint-Lazare, *Parigo*, Paris, *Versigo*, Versailles : *labago* (là-bas), *lago* (ici), *Italgo* (Italien), *mendigot* (mendiant,, etc.. suffixe familier à l'argot moderne.

MAR (cf. Frémard, Guiremard, Jacquemard, etc.) : *bossemar* (bossu), *guichemar* (guichetier, déjà Chauffeurs, 1800), etc., suffixe très familier à l'argot moderne[2]. Il était à la mode à Paris, vers 1830, de se servir de cette désinence, en disant *épicemar* (épicier), *boulangemar* (boulanger), *café-mar* (café), etc. « C'était de l'esprit dans ce temps-là [3]. »

---

1. Cf. mourmé *drame,* fromage (terme emprunté à l'argot).

2. Rigaud : « La plupart des mots de la langue régulière, qui n'ont pas d'équivalents en argot, se forment au moyen de la dési nence *mar...* »

3. Privat d'Anglemont, *Paris anecdote,* Paris, 1854, p. 190.

MONT (cf. Bouchet, III, 130 : *Le courrier de Haultmont*, c'est Dieu ; pivois du *rougemont*, du vin rouge ; pivois du *blanchemont*, du vin blanc) : *billemont* (billet), *briquemont* (briquet , *cabermont* (cabaret), *gilmont* gilet, déjà Chauffeurs, 1800), *promont* (procès), tous ces exemples se trouvent chez Vidocq.

D'autres, enfin, ont été influencés par des termes de la langue courante, tel :

QUIN cf. brodequin, mannequin, ramequin : *frusquin*, habillement (*Jargon*, 1628), et la forme abrégée *frusque*, habit (*Rat*, 1790 ; Chauffeurs, 1800 : et *s'enfrusquiner*, s'habiller ; Vidocq), de *frusse quin*, propr. habit froissé (anc. fr. *fruissier*, froisser ; *lansquiner*, pleurer (Vidocq , de *lance* c'est-à dire l'*ance*, eau [1]); *lusquin*. charbon *Jargon*, 1836), et *lusquines*, cendres (*Id.*), rapproché de l'anc. fr. *lus*, lumière = charbon brûlant? ; *rusquin*, écu (*Vie*, 1596 ; *Jargon*, 1628), c'est-à-dire *russe quin* (de *russe*, dialectal pour *rousse*), propr. rouge, répondant à son synonyme *rougême* (v. ci dessus . L'argot moderne possède *rouquin*, roux, rouge, individu aux cheveux rouges Delesalle). Ce suffixe était d'ailleurs familier à l'ancien français : *boulquin*, petite boule, *musequin*,

---

1. Cf. mourmé *enskina*, uriner, et fourb. *lenzare*, mouiller (*lenzire*, uriner).

petit museau, *verquin*, petit verre (cf. normand de Bray *noirquin*, noirâtre).

On voit donc que les suffixes familiers à l'argot n'ont rien d'anormal, étant à la fois communs à l'ancien français et aux patois. Mais il ne faut pas pousser trop loin ces analogies. Marcel Schwob voit, par exemple, dans *tronche*, tête (*Vie*, 1596), qu'il dissèque en *tr onche* (ce suffixe *onche* serait le pendant de *anche*), un doublet artificiel de *trogne* ; et dans *moche*, mauvais (d'où *mouchique*, id.), le mot *mal* affublé du suffixe *oche* ; il analyse également *frusquin* (*Jargon*, 1628) en *fr us quin*, c'est-à-dire en un thème *fr* pourvu d'un double suffixe. Il est superflu d'ajouter que de pareilles dissections ne sont rien moins qu'arbitraires.

Le suffixe MAN, tout à fait isolé en argot (le *Dictionnaire* de 1829 a *brigman*, sabre, de *briquet*, id.), est d'origine germanique (cf. Berry *rocman* [1], redingote) et très fréquent dans le rotwelsch et dans le cant (par exemple, dans ce dernier : *lightman*, jour, *darkeman*, nuit, déjà en 1566).

On rencontre des suffixes analogiques dans le plus ancien document du fourbesque. Le petit vocabulaire du xv° siècle enregistre : *andrimolo*, père (*andrimola*, mère`, à côté de *arghimolo*, argent (cf. *argi*, monnaie), et *padrinbaldo*, père (*padrin-*

---

1. On trouve *rokman*, pour *Rock*, dans l'argot slovène (v. l'étude citée de Jagic, p. 30).

balda, mère), à côté de *artinbaldo,* pain (cf. *artone,* id.).

Il est intéressant, à cet égard, de montrer les aspects qu'ont revêtus les pronoms personnels aux diverses époques du vocabulaire argotique. La *Vie Genereuse* (1596) enregistre : *mezis* (moi), *tezis* (toi , *sezis* (lui), *nozis* (nous) ; le *Jargon* de 1628 remarque (p. 20 : « *Monnan*[1] c'estoit à dire moy, à present *meziere* ou *mezinguand* ; *tonnant,* c'estoit à dire toy, à present faut dire *teziere* ou *tezinguand* » ; le vocabulaire du *Jargon* (1628) fournit : *mezière*[2] (moi), *tezière* ou *tezingard* (toi), *sezière* ou *sezingard* (lui), *nouzaille* (nous), *vouzaille* (vous). L'argot moderne les rend de la manière suivante :

Mon gniasse, moi (c'est à dire *moniasse*) ;

Mon gnière, moi (c'est-à-dire *monière*) ;

Mon orgue, moi (c'est à dire *monorgue,* répondant au fourbesque *monarca,* moi), etc.

Les graphies *mon gniasse, mon gnière, mon orgue,* au lieu de *moniasse, monière, monorgue,* ont donné le change aux lexicographes modernes qui

---

1. Conservé dans l'argot moderne : *monant,* ami (Vidocq), c'est-à dire un autre moi-même.

2. Cf. dans l'argot piémontais de Val Soana : *mogeri, togeri, sogeri (mezière,* etc.), *nosülji, vosülji (— nouzaille,* etc.). Dans le bellau ou argot jurassien : *monzi, tonzi,* etc. Dans le fourbesque : *monello,* moi, *vostriso, vostrodeno,* vous (anciennes formes de l'argot vénitien rapportées par Pulci).

ont envisagé comme des mots isolés dès l'origine les finales de ces pronoms argotiques. De là :

NIASSE (*mon*), moi, mot à mot, mon individu (Larchey) ; *gniasse* (*mon*), moi, pour mon nez, ma tête, ma personne (Delesalle).

NIÈRE, individu ; de là, les expressions *mon nière*, moi, c'est-à-dire mon propre individu (Larchey).

ORGUE, pronom personnel de l'argot des voleurs : *mon orgue*, moi, etc. (Delvau) ; « *orgue*, homme (Colombey, dans Larchey), et *orgue*, dos (Macé, *Ibid.*) : prendre tout sur son *orgue*, prendre toute la responsabilité, mot à mot prendre tout sur son dos. Le sens de *dos* n'est pas ici absolument vrai, comme on voit ci-dessus » (Larchey, *Suppl.*) « *Orgue*, personnalité : *monorgue*, moi ; *manger sur l'orgue*[1], dénoncer (mot à mot causer sur lui) ; *orgue* est un suffixe très employé en argot comme *aille*, *oche*, etc. » (Delesalle).

NIERT (abstrait de *moniert*) se trouve dans Vidocq : homme, personne, individu (argot provençal *nierto*, mioche, bambin), individu, parti-

---

culier, complice (« un complice est un autre soi-même », Rigaud) et maladroit (*Id.*), ce dernier sens répondant à *mezière*, dupe (chez Granval), propr. moi.

Cette tendance à déformer la finale des mots, tendance à peine ébauchée dans l'ancien argot, prend, dans l'argot moderne, une extension considérable. Le *Jargon* connaît : *icicaille*, ici (1690), *lanscailler*, uriner (1628 ; 1700 : *lascailler*), à côté de *lancer*, id. (1836) ; et *rouscailler* [1], parler (1628), à côté de *rosser*, grommeler (Oudin). Vidocq enregistre, en outre, *passacailler*, passer subtilement, prendre le tour de quelqu'un, ravir un avantage [2].
Voici une première pousse dans le vocabu laire des Chauffeurs de 1800 : *boulin* (bourgeois), *boulrolle* (boutique), *culbute* (culotte), *darioles par les* : par derrière), *gibler* (juger), *prophète* (pro fonde = cave), *reconobler* (reconnaître), *villois* (village).
Ensuite, une moisson plus abondante chez Vidocq : *boulerne* (boîte), *brisant* (brise), *burlin* (bureau), *chifferton* (chiffonnier), *cognac* (cogne =

---

1. **Cf.** pour le sens moderne (*rouscailler*, coïter), le primitif *rosse*, paillard, dans l'argot des Flandres ; les deux acceptions du verbe se retrouvent dans le patois de la Mayenne : *rouscailler*, faire du bruit, et caresser grossièrement.

2. **Fr.** Michel rattache le verbe à *passecaille*, ancienne danse, de l'esp. *passacalle*, air de guitare.

gendarme), *comberger* (compter ; *Jargon*, 1836[1] :
confesser), *conobrer* (connaître), *cribler* (crier),
foresque (forain), *galuche* (galon), *habitongue*
(habitude), *jarnaffe* (jarretière), *madrin* (madré),
(*orphelin* orfèvre), *papelard* (papier), *pastiquer*
(passer), *patraque* (patrouille), *pivase* (pif = nez),
ramastiquer (ramasser), *serrante* (serrure), *taffetas*
(taffe = peur), *valtreuse* (valise), *venterne* (vent[2]
= fenêtre)[3].

Et les noms propres : *Arnelle* (Renelle[4] =
Rouen), *Auverpin* (Auvergnat), *Biscaye* (Bicêtre).
Canelle (Caen), *Denaille* (Saint-Denis), *Jiberne*
(Guibray), *Toulabre* (Toulon).

Les altérations se compliquent de plus en plus :
filou devient tour à tour *philanthrope*, *philibert* et
philosophe (ce dernier, tricheur au jeu) ; *Allemand*
devient *Alboche*, et fantassin, *fantabosse* ; *laisée*
prostituée (= l'aisée), *lesbombe*, et navet, *nava-
rin*, etc.

Le procédé n'est pas complètement étranger au

---

1. Cf. mourmé *combarda*, confesser (terme emprunté à l'argot).

2. Cf. fourb. et germ. *ventosa*, fenêtre, en rapport avec l'esp.
ventana, id.

3. Le *Jargon* de 1836 connaît, en outre : *calabre* (calot = teigne),
cartaude (carte = imprimerie ; cf. fourb. *cartoso*, livre, xv⁰ siècle),
maltouse (maltôte = contrebande), *quoquante* (coque = armoire),
vermois (vermeil = sang); et les noms propres : *Brutus* (Bretagne),
Turquie (Touraine).

4. Nom du petit cours d'eau qui traverse Rouen.

parler populaire : « Le patois parisien tantôt garde tels qu'ils sont les mots qu'il dérobe aux patois, tantôt il les dénature, comme il fait aussi de mots français, mais ceux-ci plus brutalement et à la manière des voleurs qui dénaturent les objets qu'ils se sont appropriés[1]. »

On perdrait son temps, si l'on voulait chercher dans ces déformations argotiques des allusions humoristiques ou autres. Le hasard seul les régit et le caprice les guide. C'est cet élément fantaisiste et arbitraire qui forme la véritable démarcation entre l'argot ancien, conscient et systématique, et l'argot moderne aux allures aventureuses qui se prêtent mal à un classement méthodique.

III. — Procédés sémantiques.

La métaphore offre ici, comme partout ailleurs, une source inépuisable de rapprochements. Les qualités et les choses sont désignées par des épithètes plus ou moins frappantes, par des appellatifs plus ou moins adéquats, ou bien elles sont traduites par des images tirées de la nature vivante et inanimée.

L'argot est le langage métaphorique par excel-

1. Ch. Nisard, *ouvr. cité*, p. 128.

lence [1] ; il n'est en réalité que cela, la métaphore lui offrant la meilleure ressource pour atteindre son but immédiat : ne pas être compris par les profanes. Sous ce rapport, la meilleure définition qu'on ait jamais donnée de l'argot est celle de Monet (*Parallele*, Rouen, 1632) : « *Narquois* — c'était le nom de l'argot au XVII° siècle — langage composé de mots communs, mais tous pris allegoriquement, enigmatiquement. » C'est ce que le patois sarde rend à peu près par un seul mot : *cobertanza*, argot, c'est à-dire couverture, ce qui sert à cacher le sens des mots.

Nous avons déjà fait allusion à la mentalité particulière des auteurs de l'argot, mentalité foncièrement différente de celle qui a présidé à la formation des langues vulgaires. Le processus initial peut être le même, mais ses résultats diffèrent essentiellement. Les parlers populaires, comme les langues conventionnelles ou secrètes, ont également recours à des épithètes ou à des appellatifs pour caractériser les êtres et les choses. Mais là s'arrête toute analogie, tandis qu'un abîme sépare les images employées par les uns et par les autres. Des métaphores argotiques courantes telles que : *aile* pour bras, *comble* pour chapeau, *dur* pour fromage, *grain* pour monnaie,

---

1. « Aucun idiome n'est plus métaphorique que l'argot », Victor Hugo, *Les Misérables*, V, 220. Voir l'Appendice.

etc., sont absolument étrangères aux patois. En revanche, elles répondent si bien à la mentalité argotique qu'on les retrouve dans deux ou plusieurs argots d'origine différente.

Voici les analogies sémantiques communes à l'argot, au fourbesque, à la germania et au calâo : *aile* (bras), *chanter* (parler), *cornant* (bœuf), *grain* (monnaie), *grognant* (porc), *lanterne* (œil), *ras* (prêtre), *tirantes* (chausses), *venteuse* (fenêtre).

Les suivantes sont propres à l'argot et au fourbesque : *allumer* (regarder), *blanchir* (couvrir), *brune* (nuit), *dur* (fromage), *épouvantail* (enfant), *longue* (année), *tortue* (corde).

Ou bien, à l'argot et à la germania ou au calâo : *ance* (oreille), *bêlant* (mouton), *blanc* (niais), *comble* (chapeau), *creux* (maison), *serre* (main), *travailler* (voler).

Certaines de ces analogies, par ex. *bêlant*, pour mouton, ou *grognant*, pour porc, peuvent tirer leur origine du langage populaire ou enfantin ; mais, en général, la source d'où dérivent les métaphores argotiques est plus ou moins trouble, en raison même du but que poursuit un langage spécial comme l'argot.

« La langue de l'argot est pauvre d'idées et riche de synonymes. Les files de mots sont, pour ainsi dire, parallèles et procèdent d'une *dérivation synonymique.* La méthode de recherche, en argot, au point de vue sémantique, sera donc la *filiation synonymique*[1]. »

La remarque est juste, à condition d'en restreindre la portée et d'y voir simplement un des procédés familiers à l'argot moderne, le phénomène étant de beaucoup plus rare dans l'ancien argot. Voici quelques exemples.

La notion de « nettoyer », qui avait déjà au XVII° siècle le sens familier de « voler » (La Fontaine, VII, 7 : C'est un passe-temps de leur voir *nettoyer* un monceau de pistoles), sert également de base aux termes argotiques suivants :

FOURBE, voleur (XV° s.), répondant au fourbesque *furbo*, voleur (*furbesco*, argot). Voici deux témoignages contemporains :

1455. Procès des Coquillards : « Un *fourbe* c'est celluy qui baille les faulx lingots ou aultres faulses marchandises, et feint estre un pouvre serviteur marchant ou aultre. »

1489. Villon, 192 : *Fourbe,* ioncheur, chaucun de vous se saulve.

C'est un dérivé de l'anc. fr. *fourbir*, nettoyer, qu'on rencontre déjà dans la *Chanson de Roland* (v. 1925 : Des espees *furbies*).

POLISSE, vol (*Jargon*, 1628, p. 38 : la *polisse* y est-elle chenastre ?), et *polisson*, voleur, spécia-

---

1. Schwob et Guieysse, *étude citée*, p. 49.

lement gueux qui allait presque nu, répondant aux termes de la germania : *poleo, polinche*, recéleur (« el que encubre ladrones », Hidalgo), *polidor*, voleur (« ladron que vende lo que ha hurtado otros »), et *polir*, voler (« hurtar o vender »).

1628. *Jargon*, p. 29 : « *Polissons* sont ceux qui ont des frusquins qui ne valent que froutière en hyver » ; cf. *Liber Vagatorum* (éd. Ristelhuber), chap. XII : « Des *Polissons...* mendiants qui, en arrivant dans une ville, laissent leurs habits à l'auberge et se mettent devant l'église presque nus et tremblent pour faire croire qu'ils ont le frisson (alors qu'ils se sont frottés avec des orties). »

1633. *Comédie des Proverbes* Acte II, sc. v) : « Je vous veux premierement apprendre cinq ou six mots d'un langage que j'ay appris à la Cour du grand Coesre, du temps que j'étais parmy les Mattois, Cagous, *Polissons...* »

1724. Sauval, *Antiquités de Paris*, I, 525 : « *Les Polissons* allaient quatre de bande, avec un pourpoint sans chemise, un chapeau sans fonds, le bissac et la bouteille sur le côté. »

Le terme dérive de *polisse*, vol, et celui-ci du verbe français *polir*, dont le sens se confond avec *fourbir* et *nettoyer*.

La notion de *piper*, c'est-à dire imiter le cri de certains oiseaux pour les attirer et les prendre, a développé celle de tromper, duper, qu'on trouve d'abord dans l'argot du xv° siècle : *pipeur*, tricheur, et *piperie*, tricherie.

1455. Procès des Coquillards : « Un *pipeur*, c'est ung joueur de dez et autres jeux où il y a advantaige. »

1489. Villon, 52 : Gailleurs bien faitz en *piperie...*

Le terme argotique qui désigne le château, *pipet* (*Jargon*, 1628, p. 39 : alla demander la thune à un *pipet*, découle de la même source : la demeure seigneuriale est envisagée comme une attrape ou un piège, sens de son synonyme *piget* (*Jargon*, 1690, propr. piège (Berry *piger*, attraper, tromper, picard : dépouiller de son argent) ; cf. rotwelsch « Dorf, *Gefahr* », 1724 (Kluge, p. 186 .

La même notion sert de base au synonyme *frouer* (on *froue* avant de *piper*), propr. faire frou-frou ou siffler[1] à la manière de la chouette, puis, dans l'argot, tricher (Villon, 132 : Pour doubte de *frouer* aux arques, ainsi qu'à sa variante plus récente *flouer*, filouter au jeu Granval, 1725 : *floueur*, voleur au jeu) ; cf. sous le rapport phonétique, *flancher*, jouer franchement.

Le verbe *baver* a encore dans Marot le sens de « bavarder » (Quelque chose qu'on *bave*... , propr. jeter de la bave, image grossière commune aux termes argotiques :

CRACHER, parler, faire des aveux Vidocq), sens qui remonte peut-être au XVe siècle.

1455. Procès des Coquillards : « ... quand ilz parlent en leur dit jargon et un d'eulx parle un peu trop là où il

---

1. Cf. anc. fr. *flageoler*, tromper, propr. chanter du flageolet (anc. fr. *flageol*), et champennois *affistoler*, tromper (*affistoleur*, oiseleur), de l'anc. fr. *fistule*, flûte, *fistuler*, jouer sur la flûte.

semble qu'il ait gens qui leur peussent nuyre ou qui les peussent encuser, le premier d'eulx qui s'en donne garde commence à *crachier* à la maniere d'un homme enrumey qui ne peut avoir sa salive ; et tantost cela oy, chacun des compaignons de la Coquille se tait et change propos en parlant d'aultre chose. »

De nos jours, le signe de reconnaissance entre les voleurs — ce qu'ils appellent *accent* ou *arçon* — s'execute en crachant avec bruit et en décrivant avec le pouce droit sur la joue droite un demi cercle ou *arçon* (anc. fr., petit arc). Cf. les expressions vulgaires : *tenir le crachoir*, pérorer, et *bien jouer du crachoir*, bien parler (Rigaud).

ESCRACHE, passeport (Vidocq), propr. interrogatoire, répondant au *crachoir*, réquisitoire (Delesalle).

GRAILLONNER, converser à haute voix, en prison, d'une fenêtre, d'une cour à l'autre (Vidocq), propr. cracher continuellement et bruyamment, sens populaire du mot (d'Hautel).

L'ancien argot rendait la même notion par CHANTER, parler, répondant au fourbesque *cantare*, parler, *canzonare*, dire (*canzonamento*, langage), et germ. *cantar*, avouer « descubrir alcuna cosa » ; esp. *cantar en el ansia*, avouer dans la torture).

1489. Villon, 151 : *Chantez* leur trois, sans point songer...

1597. Bouchet (III, 131) : *Chanter*, c'est parler, *j'ay chanté à son han*, j'ay parlé à luy.

De même, *guimbarde*, voix, parole, et *guitare*, redite, rabâchage (*jouer de la guitare*, rabâcher, Rigaud), à côté de *musicien*, délateur (*Id.*), et *musique*, dénonciation : la *musique* est une réunion de *musiciens*, dénonciateurs qui ne révèlent que leurs complices (Canler). Cf. Aleman, *Guzman de Alfarache*, p. 353 : « Dicenme que Soto, tu camarada, esta malo, de que se burlò mucho el verdugo con él, hasta hacerlo *musico* » (= délateur).

Le nom de l'argot anglais, *cant* (= langage), propr. chant, se rapporte au même ordre d'idées (cf. 1566 : *to cante*, to speake, et *canter*, mendiant).

Ajoutons encore les termes de l'ancien argot : BALLADE, escroquerie (Coquill., 1455 : confermeur de la *ballade*, celluy qui vient après le balladeur), et *balladeur*, escroc qui soutire de l'argent à l'aide d'une histoire, ce qu'on appelle aujourd'hui *tirer une dent* (*Ibid.* : ung *balladeur*, celluy qui va devant parler à quelque homme d'église ou aultre, à qui ilz vueilent bailler quelque faulx lingot, chainne ou pierre contrefaite), propr. chanteur de ballades, répondant au fourb. *fare canzone* (« parlare o intendersi insieme di qualche ordine di giuramento », Pulci, xvᵉ siècle) et *rimbeccare la ballata* (« respondere a proposito », *Id.*).

Dans l'argot moderne, ces associations d'idées sont à la fois plus fréquentes et plus compliquées. Nous en citerons quelques exemples.

La notion de « médire » est rendue par des verbes qui expriment des travaux agricoles, tels que :

BÊCHER, injurier, calomnier (Vidocq), ou *passer à la bêche*, propr. travailler quelqu'un comme on travaille la terre, à coups de bêche ; cf. Yonne *bécher*, donner des coups de bêche et décrier, dire du mal de quelqu'un.

BINER, d'où *débiner*, médire. calomnier (*Rat*, 1790) ; popul. et dial. (normand, wallon), user, ruiner (cf. *saper*, condamner), d'où *débine*, ruine, synonyme de *binelle*, banqueroute (Vidocq), à côté de *surbine*, recherche et surveillance de la haute police (*Id.*), rapproché du berrichon *contrebine*, second binage de la vigne et du Bas-Maine *surbiner*, tromper, voler.

JARDINER, se moquer, médire (ou *faire du jardin sur quelqu'un*), et *jardinage*, moquerie, médisance.

De même, *cotret*, *fagot* et *falourde* sont les équivalents argotiques de « forçat », ceux-ci étant accouplés comme des fagots ou cotrets ; tandis que *faucher*, c'est couper (Vidocq ; Rigaud : guillotiner), *gerber*, juger, condamner (= mettre en tas, mod. *gerbe*, année, propr. année de prison), *pré*, le nom du bagne, et *ravignole*, récidive

La notion de « manger » fournit celle de « dénoncer » ou de « avouer ». Cf. d'une part, *manger le morceau*), *faire du ragoût, se mettre à table* et *servir* ; et d'autre part, *casser*, propr. manger (d'où *casserole*, dénonciateur), *gamelle*, dénonciateur (d'où *gameler*, dénoncer, ou *tremper une gamelle*), *tortiller*, avouer = manger).

Enfin, la notion de « jambe » ou « gigot » se confond avec celle de camarade ou bon garçon : Ainsi :

GIGOLO (= *gigole*, diminutif de *gigue*), jeune homme (et amant qu'on paie), d'où *gigolette*, amante ; cf. *gigue*, jambe et femme grande et maigre.

POTEAU, camarade dévoué (et chef de bande), propr. grosse jambe.

ZIG, camarade (Vidocq), répondant au suisse *zigua, gigua,* gigot[1] et grande fille dégingandée (Berry *zigue*, cheval qui marche l'amble), picard *un bon zigue*, un bon luron, un bon garçon (ce dernier sens emprunté à l'argot).

Passons maintenant aux diverses catégories de la métaphore argotique.

---

1. Cf. Larchey (*Suppl.*) : « *Zigue* est un vieux mot, probablement abrégé de l'allem. *Zingueur* (sic!) qui est le *zingaro* italien, c'est-à-dire le roumain. *Zig* a donc signifié d'abord *roumain*. Dans son *Jargon du* xve *siècle*, M. Vitu donne à ce sujet un exemple concluant de la *Chronique de Roumanie.* »

I. — Epithètes

Elles désignent les objets d'après des critères différents de ceux qui frappent l'imagination populaire. La plupart du temps elles font ressortir la forme (cf. *rond*, sou). rarement la couleur (cf. *brune*, nuit) ; ou bien elles s'attachent à une circonstance plus ou moins secondaire (cf. *lourde*, porte). Les épithètes concernant les animaux tirent leurs noms tantôt de leur voix (cf. *bêlant*, mouton), tantôt de quelque caractère extérieure (cf. *mouillante*, morue). Enfin, les épithètes d'ordre moral dérivent comme d'habitude des qualités matérielles (cf. *blanc*, naïf).

Voici celles qui appartiennent à l'ancien argot :

BARBOTTE, canard (Chauffeurs, 1800), et *barbot*, id. (Vidocq), propr. celui qui fouille avec le bec dans l'eau.

BATOUSE, toile (*Jargon*, 1628), d'après l'opération qu'on lui faisait subir pour la blanchir (cf. *batif*, p. 50).

BATTANT, cœur (Vidocq) ; cf. ci-desssous, *palpitant*.

BÊLANT, mouton (Bouchet, III, 131 : un *beelant*, un mouton), germ. *balante*, id. ; cf. anc. fr. et dial. *belin*, mouton.

BISARD, soufflet de cheminée (Vidocq), d'après le courant de la bise.

BLANC, niais (Coquill., 1455 : Un homme simple qui ne se congnoit en leurs sciences, c'est un sirc ou une duppe ou un *blanc* ; Villon, 12 : Advisez moy bien tost le *blanc*) ; germ. *blanco*, id. (« bobo o nescio »), calâo *branco*, id. (provençal *blanc*, innocent) ; cf. *blanchir* (*la marine*), échapper, propr. tromper la justice (Coquill., 1455 : Quant ilz sont prinz et interrogez par la justice et ilz eschappent, ilz disent l'un à l'aultre qu'ilz ont *blanchi* la marine ; Villon, 153), répondant au fourb. *bianchire*, couvrir une fourberie (= blanchir).

BLEU, manteau (Vidocq), d'après la couleur.

BOUANT, cochon (Fr.-Michel), propr. qui se vautre dans la boue.

BOUFFARDE, pipe (*Jargon*, 1836), tiré de *bouffer*, souffler.

BRUANT, tonnerre (*Vie*, 1596), c'est-à-dire bruyant.

BRULÉ, double liard (Bouchet, III, 130 : ils appellent un double un *bruslé*), d'après son aspect rouillé.

BRUNE, nuit (Bouchet, III, 130 : la nuit, c'est la *brune*), comme dans le fourbesque *bruna*, nuit (Val Soana *brüna*, id.) ; en fr., *brune*, c'est le commencement de la nuit (provençal *a la bruno*, au crépuscule) ; cf. poitevin *faire brun*, faire nuit ; lorrain *brune du jour*, à la chute du jour.

CAFARDE, lune (Vidocq), celle qui se cache derrière un nuage.

CAILLÉ, poisson (*Id.*) ; cf. fourb. *scaglioso*, id. (xv° siècle : *liscoso*, id.).

CAMUSE. carpe (*Jargon*, 1628), au nez camus.

CARANTE, table (Vidocq ; Chauffeurs, 1800 : *charante*), propr. carrée ; cf. Val Soana *carantola*, chaise.

CARDINALE, lune (Vidocq), propr. la rouge : *cardinal* désignait jadis les menstrues (les cardinaux étant vêtus de rouge) qui reviennent avec la lune nouvelle.

CASSANTE, noix (*Jargon*, 1628); cf. germ. *sonante* et argot vénitien *cantarela*, id.

CAVÉE, église (*Jargon*, 1836), propr. enfoncée.

CERCLÉ, tonneau (Vidocq), pourvu de cercles ; cf. fourb. *cerchiosa*, tonneau.

CHENU, bon, et *chenastre*, id. (*Jargon*, 1628), propr. blanc, blanchâtre, image prise du *vin chenu*, ou gris, dont l'excellence réside en la vieillesse et en la couleur blanchâtre ; le terme devint familier avec ce sens dans le langage populaire (Leroux, 1718 : « *Chenu*, mot fort usité à Paris, en la place de bon, délicat, exquis, de bon goût, délicieux, admirable »), et dans les patois : Picardie *du chenu*, quelque chose de très beau, de très bon, de très solide, etc. (« Mot populaire d'un usage très répandu », Corblet) ; Mayenne *ch'nu*, qui est bon, exquis ; Berry *chenu*, fort, solide, riche, cossu ; Champagne *chenu*, très bon, et *chenâtre*, excellent.

CHER, rude et haut, élevé (Vidocq), sens généralisé.

CORNANT, bœuf, et *cornante*, vache (*Vie*, 1596), à côté de *cornière*, étable (*Jargon*, 1836), et de *cornichon*, veau (Vidocq). propr. bête à cornes ; cf. fourb. *cornante*, bœuf, *cornuta*, vache, calâo *cornante*, bœuf, et argot roumain *cornisor*, id. (rotwelsch *Hornickel*, id.).

COUCHANT, soleil (*Vie*, 1596 : *huré couchant*, le soleil ; éd. 1627 : *la vaine couchante*, la nuit), qui descend et va disparaître à l'horizon.

COULANT, lait (*Jargon*. 1628), et *coulante*, laitue (*Ibid.*, 1836).

COURBE, jambe (Bouchet, III, 131 : les *courbes* sont les jambes), et épaule (*Vie*, 1596 , à côté de *courbière* (*Ibid.*, p. 19 : tirent de leurs bissacs et *courbières* un beau petit trépied).

CREUX, maison (*Viel Testament*, 1458 : Entonne ce rond au *creux* ; *Jargon*, 1628,, répondant à la germ. *caverna*, id. ; cf. normand d'Eure *creux*, pièce, chambre (terme pris à l'argot) et argot vannetais *croés*, maison (= creux; id.).

CUIT, condamné (Vidocq), et *frit*, id. ; cf. *être*

sur le gril, attendre le prononcé de son jugement (*Id.* , images tirées des opérations culinaires.

DARDANT, amour, terme inventé par Granval (1725 , mais qui a passé dans les éditions ultérieures du *Jargon*.

DOUCE, soierie, et *doucette*, lime Vidocq) ; le *Jargon* de 1836 a *dousse*, fièvre (= douce) et *doussin*, plomb (= doux au touche).

DOUILLETS, crins, et *douilles*, cheveux (Vidocq), propr. mou, délicat (sens ancien et dialectal de *douille*).

DUR, fer (Vidocq), et *durin*, id. *Jargon*, 1836), à côté de *durs*, fers d'un condamné Chauffeurs, 1800 ; cf. fourb. *duroso*, id.

DURE, terre (Villon, 148 : La *dure* bien tost n'en verrez ; *St. Christophe*, 1527 : De dormir vestu sur la *dure* , sens qui pénétra en français d'Anthon, *Annales de Louis XII*, dans Lacurne : A deux ou trois charges que leur firent les Français, plus de 150 furent estendus sur la *dure*), et dans les patois (provençal *duro*, terre nue, par ex. : *coucha sus la duro* .

DURE, pierre *Jargon*, 1836, ; cf. bellau *durette*, id.

FONDANT, beurre (*Jargon*, 1628 ; cf. argot vannetais *funden*, id. (terme pris à l'argot).

FORTIN, poivre (*Jargon*, 1836 ; Vidocq : *fretin*), propr. un peu fort au palais).

FRETILLANTE, queue (v. p. 27), à côté de *fretil-lante*, assemblée (*Jargon*, 1836).

FRISÉ, juif (Vidocq), et *friser*, voler (Larchey, *Suppl.*).

FUMÉ, sans ressources (Vidocq), répondant au synonyme fr. *flambé* ; cf. ci-dessus *cuit*.

GOULU, poêle (Vidocq), et puits (*Jargon*, 1628) ; v. ci-dessous *gueulard*.

GRATANTE, main (*Vie*, 1596 ; éd. 1627 : *garante !*)

GRATOUSE, dentelle (*Jargon*, 1628) : elle gratte légèrement la peau.

GRENU, blé (*Jargon*, 1628 ; Vidocq : *grelu* et *grenu*), *grenue*, farine (*Jargon*, 1628), à côté de *grenuche Jargon*, 1690) ; cf. bellau *granet*, blé.

GRIS[1], froid (*Jargon*, 1628), pénétré en français populaire ancien (Oudin, 1640 : il fait *gris*, il fait grand froid) et moderne (Nisard, *Parisianismes*, p. 128 : *gris*, vent de la bise, froid) ; en anc. fr., *gris* signifie sombre (il fait *gris*).

GROHANT, pourceau (*Vie*, 1596), et *grondin*, porc (Bouchet, III, 129 : un porc c'est un *grondin*) ; fourb. *grugnante*, germ. *gruñente* et calâo *grunhi dor*, id.

GUEULARD, besace (*Jargon*, 1628 : *guellard* ; 1728 : *gueullard* ; 1836 : *guelard*, bissac), et poêle (Vidocq : cf. *goulu*), à côté de *gueularde*, poche

---

1. La graphie *grie* (f. *grielle*), froid, que contient la dernière édition du *Jargon* (1836), est erronée.

(Rigaud), d'après l'ouverture ; cf. Berry *gueulard*, ouverture supérieure d'un haut fourneau (Pas-de-Calais : grand pot à large ouverture). et anc. fr. *goulière*, poche, bourse.

JUSTE (*la*), la Cour d'Assises (Vidocq) ; cf. argot vénitien *giusta,* police (ironiquement ?)

LAINÉ, mouton (*Id.*) ; cf. germ. *velloso,* id.

LIANS, bras (*Vie*, 1596).

LIGNANTE, la vie (*Vie*, 1596), qui dépend de la ligne vitale de la main, suivant la croyance des diseurs de bonne aventure.

LONG, habile (Coquill., 1455 : Ung *long* est un homme qui est bien subtil en toutes les sciences ou aulcunes d'icelles ; Villon, 75 : Pour les sires qui sont si *longs*) ; cf. germ. *luengo,* riche, puissant.

LONGUE, année (*Jargon*, 1728), à côté de *longe*, id. (Vidocq), forme dialectale (Poitou *longe*, longue) ; le bellau *londzan,* année, répond au fourb. *longano,* id.

LOUCHANT, œil (*Vie*, 1596 : *louschant*), à côté de *louchante,* lune (*Ibid.* : *la vaine louschante*), et *louchettes,* étoiles *Ibid.* .

LOURDE, porte (*Jargon*, 1628), *lourdaud,* portier (*Ibid.*) ; cf. Genève *lourde*, porte d'entrée d'une maison, porte-cochère (terme pris à l'argot).

LUANS, yeux (*Vie*, 1627), répondant au mod. *reluit,* œil et jour (Vidocq) ; cf. anc. fr. *luance,* lueur, lumière.

LUISANT, jour, et *luisante*, fenêtre (*Jargon*, 1628 , à côté de *luisard*, soleil, et *luisarde*, lune (*Jargon*, 1690) ; cf. Chauffeurs, 1800 : *éclairante*, lune.

MINCE, denier (Bouchet, III, 130 : ils appellent un denier un *mince* : *Rat*, 1790, p. 15 : donne moi du *mince* .

MONTANT, pantalon (Vidocq , et *montante*, échelle *Id*. .

MOUCHARDE, lune (Vidocq) : elle paraît espionner les voleurs ; cf. *mouchard à becs*, réverbère *(Id.)*, appelé aussi *pendu glacé (Id.* .

MOUILLANTE, morue (*Jargon*, 1628) : elle mouille tout ce qu'elle touche, quand l'atmosphère devient humide (Fr.-Michel), auj. soupe (Vidocq).

MOULUE, farine (*Vie*, 1596, p. 23 : sur la *moluë*, c'est la farine) ; cf. Val Soana *molüa*, id.

MOUSSU, riche (*Passion*, 1486 : Estoffés, *moussus*, sains, drus...), comparé à un arbre moussu.

MOUSSUE, châtaigne (*Jargon*, 1836); cf. en fr., rose *moussue*.

NIAIS, dupe (Villon, 66 : Desbousez les poures *nyais* , le plus ancien exemple de cette application figurée appartenant à l'argot (de là, chez Guillaume Coquillart : Coquins, *nyais*. sots).

PALPITANT, cœur (*Jargon*, 1728); cf. argot vénitien *palpitante*, id.

PASSANT, soulier (Bouchet, III, 129 : des souliers sont des *passans* ; *Vie*, 1596, et *Jargon*, 1628;

1690 : *passides*, 1728 : *passiffes*) ; cf. mourmé *passanche*, jambe.

PELÉ, chemin (*Vie*, 1596), et *pelard*, foin, *pelardier*, pré (*Ibid.* : *pelladier*; *Jargon*, 1700 : *palladier*, 1728 : *paillardier*) ; cf. anc. fr. *pelé*, fourré, Poitou *pelin*, pré, et fr. mod. *pelouse* ; bellau *pelvé*, foin.

PICANT, pou (*Jargon*, 1690 : gaux ou *picanti*), et *piquantine*, puce (*Jargon*, 1836) ; cf. germ. *picon*, pou, et fr. pop. Oudin, 1640) : « des *picards*, des pouils, parce qu'ils piquent ».

PICOURE, haie épineuse (*Jargon*, 1628, p. 19 : *Deflorir la picoure*, c'est oster le linge de dessus les hayes ; *la picoure est florie*, c'est la buće ou linge est estendu sur la haye), à côté de *pigouse*, id. Chauffeurs, 1800), propr. piquante (cf. *piquante*, épingle, Vidocq).

PLATUE, langue (*Vie*. 1596), et galette (*Jargon*, 1836 .

PORTANT, pied (*Vie*, 1596 : les *portans*, ou trotins, pieds .

POUSSANTE, arquebuse *Ibid.* , et *repoussant*, fusil (Chauffeurs, 1800).

PRIANTE, église (« terme des voleurs des provinces du Nord », Vidocq), et messe (*Jargon*, 1836).

PROFONDE, cave (Vidocq , anciennement *parfonde*, id. (*Jargon*, 1628 , à côté de *parfond*, pâté *Ibid.*) ; cf. anc. fr. et Berry *parfond*, profond.

RAS, prêtre Coquill., 1455 : ilz appellent un prestre ou un aultre homme d'église... un *ras*, et *razi*, id. (*Vie*, 1596), c'est à dire *rasé*, son visage étant ras ; cf. anc. fr. *rasure*, tonsure, et fourb. *raso*, abbé ; argot vannetais *rachebus*, prêtre (= rasibus).

RICHE, nom de dé (Coquill., 1455).

ROND, sou (*Vie*, 1596 ; Bouchet, III, 130 : ils appellent une douzaine un *rond* ; *Jargon*, 1628 : *rond*, un sol ou douzaine) ; cf. fr. pop. (Oudin, 1640) : un *rond*, un franc.

RONDELETS, les seins (*Jargon*, 1700 : *rondelets*, les tetons ou mamelles).

RONDINE, boule (*Jargon*, 1836), et bague (Halbert).

ROUGE [1], rusé (Villon, 109 : Benards, vous estes *rouges* gueux), et *rousse*, *roussin*, agent de police (Vidocq) : les hommes aux cheveux roux étaient réputés faux et traîtres (cf. l'ancien proverbe : Homme roux et chien lainu Plus tost mort que cogneu) ; de là, *rouget*, certains filous vestus de rouge (Oudin), répondant à l'it. *ruffiano*,

---

1. Cf. le premier terme de l'allemand *rotwelsch*, dont le sens primitif paraît être « langage rusé, » sens qu'on rencontre effectivement dans le *Passional* de l'an 1250, le premier texte où le mot est cité (Kluge, p. 1) : « Der kuninginnen *rotwalsch* was in verborgen unde ir sin. » Du sens de « rouge », *rot* passa à celui de mendiant (cf. *rouge gueux*), d'où *rotwelsch*, langage (étranger) des mendiants, des voleurs.

ruffien (Vocabulaire xvᵉ siècle : *ruffaldino,* id., de *ruffaldo,* feu).

ROUGET, cuivre (Vidocq) : cf. Val Soana *rogi,* id. (= rouge).

ROUILLARD, baril (Bouchet, III, 13o : un barril, c'est le *rouillard*), et *rouillarde,* bouteille (*Vie,* 1627. et *Jargon,* 1628).

ROULANT, fiacre (Vidocq), *roulante,* charrette (*Jargon,* 1836), et *roulotte,* voiture (Chauffeurs, 188o : charrue), tous passés dans le langage populaire.

ROULANT, pois (*Jargon,* 1836) ; cf. rotwelsch, 175o : Erbsen, *Lauflinge* (Kluge, p. 216).

SOUFFLANT, pistolet (Vidocq), à côté de *soufflard,* maréchal ferrant (*Vie,* 1627 ; 1596 : *soustard*) ; cf. anc. fr. *soufflard,* arme à feu (Molinet .

TARDE, nuit (Villon, 68 : Et sur la *tarde* Desbousez les poures nyais) ; cf. esp. *tarde,* soir, et fr. *sur le tard,* id.

TENANTE, une chopine (*Jargon,* 1628 .

TIRANTE, chausse (Bouchet, III, 129 : ils appellent des chausses des *tirantes* , à côté de *tirande,* id. (*Passion,* 1486 : Il n'a *tirande* ni en dosse) ; cf. germ. et calâo *tirantes,* caleçons, fourb. *tirante,* bas Val Soana *tirache,* braies) ; en anc. fr., *tirande* signifie cordon, lacet ; cf. *bas de tire,* bas de chausses, à côté du mod. *tirant,* bas (Vidocq)

TORTU, vin (Vidocq), propr. *bois tortu*, nom populaire de la vigne.

TOURNANTE, clé (*Jargon*, 1628 : de briser la lourde sans *tournante*, c'est ouvrir une porte sans clef).

TROTTANT, rat, et *trottante*, souris (Vidocq ; cf. fourb. *trottante*, cheval, et germ. *troton*, rosse.

TROTTIN, pied (*Vie*, 1596 ; *Comédie des Prov.*, IV, 3 : Il faut pousser ses quilles et ses *trottains*), anc. fr. *trotignon*, Champagne (Clairvaux) *trottignon*, argot moderne *trotignolle*, id. (Richepin) ; cf. fourb. *calcioso* et calâo *calcante*, pied.

TROTTIN, lièvre (Bouchet, III, 131 : un *trotin*, un lièvre, levrault ou connil) ; cf. Poitou *trotin*, ânon.

VERDERET, vent (Vidocq), propr. vent de campagne.

VOLANT, manteau (Bouchet, III, 129 : ils appellent un manteau un *volant* ; *Vie*, 1596 ; *Comédie des Prov.*, IV, 3 : Ils ont quitté leurs *volans* avec leurs habits) ; cf. en fr., *volant*, bande d'étoffe qui sert de garniture à un mantelet, etc.

VOLANT, volaille (Bouchet, III, 131 : Des *volans* sont des chappons, des poules et autres oiseaux), mod. pigeon (Vidocq) ; cf. fourb., XV° siècle, *volantini*, oiseaux.

VOLANTE, ange (*Vie*, 1596 : les franches *volantes*, les anges) [1].

---

1. Mentionnons, en outre, dans le vocabulaire des Chauffeurs de 1800 : *Branlante*, croix (chez Fr.-Michel : chaîne) ; *duret*, fève ;

2. — APPELLATIFS

Pour mieux faire ressortir les images ou les simples comparaisons que représentent les termes de cette catégorie, nous allons les répartir en appellatifs proprement dits. en métaphores tirées du monde animal ou végétal, et en mots dérivés des noms propres.

A. — *Appellatifs proprement dits.*

Ce sont des objets concrets qui ont fourni le plus grand nombre de rapprochements. Les termes à sens général, ainsi que ceux qui désignent des personnes, ne servent qu'exceptionnellement comme point de départ des comparaisons argotiques. Voici ces appellatifs :

ABBAYE, four (*Vie*, 1596, p. 7 : s'il pleuvoit nous logions dans l'*abbaye ruffante*, c'est dans le four chauld où l'on a tiré le pain naguères), comparé à

durier, mur ; *marcheuse*, putain ; *repoussée*, farine ; *tranchant*, couteau de chasse ; *tremblant*, lit.

Dans le *Jargon* de 1836 : *Commode*, cheminée ; *creuse*, gorge ; *fleurant*, bouquet ; *goinfre*, chantre (cf. lyonnais *goinfre*, railleur) ; *mouchard*, tableau ; *mouvante*, bouillie ; *rude*, crin ; *sale*, gris (*salin*, jaune) ; *siante*, chaise ; *tranchant*, pavé.

Dans Vidocq : *Brandillante*, sonnette ; *curieux*, juge d'instruction ; *glissant*, savon ; *mordante*, scie ; *moussante*, bière ; *muette*, conscience (?) ; *oreillard*, âne ; *pleurant*, oignon ; *ployant*, portefeuille ; *réchauffante*, perruque ; *soutenante*, canne ; *têtue*, épingle ; *trouée*, dentelle.

une maison cloîtrée dans laquelle on dort chaude-
ment.

ABBAYE DE MONTE A REGRET, la potence (*Jar
gon*, 1628 ; éd. 1660, p. 48 : craignant qu'il ne
me fît épouser la veuve en l'*abbaye de Monte à regret* ; Oudin, 1640 : *abbaye de Monte à regret*,
l'eschelle qui sert à pendre), auj. la guillotine ;
l'échafaud, comme une abbaye, sépare de ce monde,
et c'est à regret qu'on en monte les marches (Lar
chey). Cf. Berry *Monte-à-regret*, éminence où
existait jadis un gibet et qui avoisinait la route de
Saint-Sevère à la Châtre (« Du Guesclin y fit pendre les transfuges de Saint-Sevère », Jaubert), et
Mayenne *Monte à-Regret*, nom d'une ancienne
rue de Laval, ainsi nommée parce qu'elle condui
sait dans la prison où se faisaient les exécutions
capitales (Dottin).

ABBESSE, vol (Coquill., 1455 : Quant ilz parlent
de *labesse*, c'est de desrober), sens qui trouve son
pendant dans le moderne *nonne* (*nonneur*), compère
du filou (Vidocq) : *faire nonne*, aider les *tireurs* en
entourant et pressant la personne qui doit être
volée *(Id.)* ; cf. *sœur de charité*, voleuse *Id.* .

AIGUILLE, clé (« terme dont se servent les voleurs de campagne », Vidocq).

AILE, bras (Vidocq), comme le fourb. *ala*, id.

ANCE, oreille (Coquill., 1455 : une *ance*, c'est
une oreille ; Villon, 199 : Et desbousé de son

ence ou sa poue ; Bouchet, III, r3o : les oreilles sont les *ances*), comparée aux anses d'un pot ; cf. germ. *asa,* id. (= anse)

APOTRES, doigts (*Jargon,* 1728) ; cf. Oudin, 164o : C'est un bon *apôtre,* un bon compagnon, par ironie, ou bien un bon frippon (« Les doigts ont la mission de dérober avec zèle », Rigaud).

ARBALÈTE, croix que les femmes portent au cou (*Jargon,* 1836), semblable à une arbalète détendue.

ARLEQUINS, restes de repas, surtout de viandes (« ce mot est passé dans la langue populaire », Vidocq).

ATOUT, estomac et courage (Vidocq), image tirée du jeu des cartes ; de là, *atouser,* encourager *Id.* .

ATTACHE, boucle (*Jargon,* 1728).

BALAI, gendarme (« terme des camelots ou marchands ambulants », Vidocq) : il nettoie la place d'importuns.

BALLE, tête, physionomie (*Id.*), d'après la rondeur ; et monnaie d'un franc (*Mémoires* de Vidocq), pour la même raison.

BANC, échafaud (Villon, 14 : Qu'au mariage ne soiez sur le *banc*) ; cf. germ. *banco,* prison (calâo *abancado,* emprisonné).

BARBILLON *de Varanne* , navet (*Jargon,* 1628), de Varennes, commune du département de l'Aisne

BARBILLON, souteneur (Vidocq), appelé également *poisson* (*Id.*).

BASANE, amadou (*Jargon*, 1836 : *bazène*), semblable à une vieille peau de basane.

BAUGE, coffre (*Jargon*, 1628), auj. ventre (Vidocq), propr. bourbier (Chauffeurs, 1800 : *bauge*, corps) ; cf. anc. fr. *bauge*, hutte, et Berry *bauge*, cabane, chenil (= bourbier).

BÉQUILLE, potence (*Jargon*, 1836), d'où *béquiller*, pendre, et *béquilleur*, bourreau (Vidocq).

BEURRE, argent monnayé (Vidocq), comme les synonymes *graisse* (cf. il y a du *gras*, il y a de l'argent), *huile* (*Jargon*, 1728 : attaches d'*huile*, boucles d'argent) et *onguent* (Fr.-Michel).

BOBINE *(bobino* , montre (« terme des tireurs parisiens », Vidocq), d'après sa forme.

BOGUE, montre (*Rat*, 1790, p. 15 : quatre *bogues* ; « terme des voleurs parisiens et floueurs ». Vidocq), comparée à une bogue de châtaigne.

BOITE, chambre (Vidocq), terme passé dans la langue populaire.

BOUCHON, bourse (*Jargon*, 1690 : liane ou *bouchon* ; détacher le *bouchon*, couper la bourse). propr. petite bouche ou ouverture (cf. ci-dessus *gueulard*, besace).

BOUDIN, verrou (Vidocq), d'après sa rondeur.

BOUGIE, canne (Vidocq) : elle éclaire les aveugles (cf. *canne d'aveugles*, bougie).

BOULANGER, diable (Vidocq), d'où lyonnais *boulanger*, surnom du diable, « de ce que l'on compare l'enfer à un four dont le diable serait le boulanger » (Puitspelu) ; cf. plus bas *moulin*.

BOULE, tête (Chauffeurs, 1880 ; Vidocq) ; cf. terratsu et calâo *bola*, id. ; v. *balle*.

BOUSSOLE, tête (Vidocq), image tirée du langage nautique et familière au parler populaire en même temps que *tramontane* (v. d'Hautel) : *boussole de singe, de refroidi*, fromage de Hollande (Vidocq), c. à d. tête de singe, de mort.

BOUTON, nom de dé (Coquill., 1455), d'après sa forme parfois arrondie ; et pièce de vingt francs (« terme d'argot usité parmi les marchands de chevaux », Vidocq).

BRAISE, argent monnayé (Vidocq), avec lequel on peut faire bouillir la marmite : cf. les synonymes *fricot* et *potage* (des joueurs). On lit dans le *Supplément* de Littré : *braise*, argent, dans l'argot des ateliers.

BRAS, grand (f. *brasse*). et *brasset*, gros (f. *bras sette*), termes fournis par le *Jargon* de 1836 ; cf. fr. *brasse*, mesure de 1^m,62.

BUTE, guillotine, (et *buter*, tuer, *buteur*, bourreau, Vidocq), comparée à une petite élévation ou tertre.

CADET, pince de voleur (Vidocq), appelée également *enfant* (Bruant).

CALÈGE, femme entretenue (Vidocq), propr. ca lèche (on disait autrefois *calège* pour *calèche*), de même pr. *calecho*, femme ennuyante, importune (= calèche) ; argot de Reims *galegère*, femme (Tarbé, II, 226).

CAMOUFLET, chandelier (d'où *camoufle*, chandelle, Vidocq), propr. fumée, à côté de *camoufler*, déguiser *(Id.).* propr. enfumer ou noircir par la fumée ; cf. Mayenne *camoufe*, chandelle (terme tiré de l'argot), et bas-gâtinais *camouffe*, id.

CAPORAL, coq (Chauffeurs, 1800), comme dans la germ. *caporal,* id. (rotwelsch *Corporal,* Hahn, 1750, Kluge, p. 216).

CARME, pain blanc (*Jargon,* 1628 : *carme,* un choyne ou une miche), allusion au vêtement blanc de l'ordre mendiant des carmélites.

CARME, monnaie (*Jargon,* 1836), propr. pain (v. ci-dessous *michon*).

CERCLE, sceau (Coquill., 1455 : ung signet d'or et d'argent, c'est un *cercle*) ; cf. fourb. *anello,* cercle, et argot roum. *cerc,* anneau ; dans l'argot moderne, *cercle* est une pièce d'argent (Vidocq), abrégé en *cé,* id. (*Rat,* 1790, p. 15 : deux bêtes-à-cornes de *cé ;* Chauffeurs, 1800 : *cé,* argent), et avec le sens généralisé : bien (Vidocq : *marque de cé,* femme légitime d'un voleur ; *tout de cé,* très bien).

CHASSIS, œil (et *chassans,* yeux, Chauffeurs,

1800 ; Vidocq : *chasse*), assimilé au cadre ou châssis d'une fenêtre (cf. mod. *carreau*, œil), comme le fourb. *balchi*, yeux, propr. balcons.

CHIFFARDE, pipe (Vidocq), propr. vieille pipe, comparée à une chiffe ou à un chiffon.

CHIFFON, langue *Id.*), et *chiffon rouge*, id.

CITADELLE, forêt (Chauffeurs, 1800), celle-ci servant d'asile aux voleurs.

COFFRE, prison (Villon, 113 : Et gardez les *coffres* massis), et *malle*, id., d'où *enmaller*, emprisonner (Villon, 211 : *Enmallez* en coffre, en gros murs), à côté de *enclouer*, id. (Villon, 207 : Luez au bec que l'on ne vous *encloue*) ; de là, *coffrer*, mettre en prison, et *encoffrer*, emprisonner, termes passés dans la langue populaire (Oudin, 1640). C'est au même ordre d'idées que se rapportent les synonymes *boucle* (d'où *boucler*, enfermer les détenus dans leur cabanon, Vidocq), et *clou* (*être au clou*, être en prison, *Id.*) ; cf. fourb. *cavagna*, prison (= panier), et germ. *banasto*, id. (= grand panier).

COGNE, *cognard*, gendarme (Chauffeurs, 1800 ; Vidocq), propr. celui qui cogne ou tape [1], image analogue à celle de ses synonymes *flique* (v. p. 44)

____

1. A. Darmesteter (*Création des mots*, p. 51) interprète *cognard* par « celui qui saisit le voleur et le jette dans le coin, le cogne, ou, comme on dit encore, le *rencogne*. »

et *tapin* (v. ci-dessous) ; Genève *cogne,* agent de police.

COLLE, mensonge (Coquill., 1455 : Aulcuns d'eulx s'entremettent d'aulcun mestier ou marchandise, feignant qu'ilz en vivent qui leur vouldroit aucune chose demander et appelle cela leur *cole* ; *Jargon,* 1690 : ficher la *colle* gourdement, c'est être bon trucheur en perfection 1836 : c'est mentir adroitement]) ; le terme se rencontre avec ce sens dans le langage populaire (Oudin, 1640 : la *colle est franche,* la menterie est bonne, et *ficher la colle,* persuader, cajoler, en faire accroire, mot de jargon ; Nisard, *Parisianismes,* 67 : ficher la *colle,* en faire accroire), et dans les patois : Picardie *colle,* mensonge (Champagne *coller,* mentir, Poitou *coleur,* menteur).

COLLÈGE, prison (Vidocq) ; l'argot moderne ajoute : *lycée, pension, séminaire* (Bruant) ; cf. en vieux cant, *collège,* id.

COLLETIN, force (Vidocq), propr. collet protecteur de cuir ou de tapisserie que mettent les portefaix de la halle ; de là, *colliner* (*Rat,* 1790, p. 14 ; Vidocq), à côté de *colliger* (*Id.*), arrêter, saisir violemment.

COMBLE, chapeau (*St. Christophe*, 1527 : Mon *comble* est à la tatière ; *Vie,* 1596), répond au mod. *toiture,* chapeau d'homme (Rigaud), et *tuile,* id. *Id.* ; cf. germ. *techo, tejado,* chapeau (= toit).

COMBLETTE, tête (*Vie*, 1596 : *comblette* ou tronche, la teste).

CONTRE, compagnon (Villon, 131 : vos *contres* ne soient greffis), aujourd'hui complice (Gri son. 80) ; cf. fourb. *contro*, contadino (Pulci) et *contrario*, paysan.

CORVETTE, jeune sodomite (Vidocq), à l'exemple de *frégate*, id. *Id.* ; cf. *galupe*, prostituée (Riche pin), propr. chaloupe (fr. pop. *chaloupe*, femme de forte tournure).

COURTAUX (*de boulanche*), classe de voleurs qui opéraient dans les boutiques (*Jargon*, 1628 ; 1728 : ceux qui volent des outils à leurs maîtres) ; en fr., *courtaud*, homme à la taille ramassée, trapu.

CRÉPINE, bourse (Vidocq), en fr., frange ou résille (cf. *réticule, ridicule*, petit sac en filet), à côté de *crespinière*, beaucoup (Halbert).

CROCS, dents (Granval, 1725) ; cf. bellau *crocs*, doigts.

CROSSE, avocat du roi (Vidocq), propr. béquille, répondant au synonyme moderne, *pilier*, id.

CUISINE, préfecture de police (*Id.*), et *cuisinier*, agent de la sûreté, mouchard (= mod. *casserole*) : même association d'idées que *manger, dénoncer* (v. p. 68).

ÉCUME, étain (Vidocq), c'est à dire écume de terre.

EGRUGEOIRE, chaire à prêcher (*Id.*), assimilée

aux petits vaisseaux dans lesquels on égruge du sel, du sucre.

ENCENSOIR, fressure (*Jargon*, 1628 : *encensouer*).

ENDOSSE, vêtement (*Viel Testament*, 1458 : Or taillé avons quelque *endosse*), propr. ce qu'on endosse, qu'on met sur le dos (Bouchet, III, 130 : *andosse*, l'eschine ; *Jargon*, 1628 : *andosse*, l'échine ou le dos), sens encore populaire (Nisard, p. 99 : *endosse*, dos); de là, *endosser*, mettre un vêtement (Villon, 44 : Changez et *andossez* souvent).

ENTONNE, église (*Jargon*, 1628 : entifle ou *entonne*, une église ; Vidocq : *antonne*), propr. action d'entonner des prières (cf. ci-dessus *priante*), répondant au bellau *chantant*, église.

ENVOYEUR, assassin (Coquill., 1455 : ung *envoyeur*, c'est un muldrier), c'est à-dire qui envoie dans l'autre monde ; cf. argot anglais, *convey*, voler (= ôter), et *conveyer*, voleur (Shakespeare).

FANAL, estomac (Vidocq) : cf. les appellations modernes *boîte à gaz* et *gazomètre* (Bruant).

FILÉE, barbe (*Vie*, 1596); cf. fourb. *setosa*, barbe (= poilue), et argot roumain *cânepa*, cheveux (= chanvre).

FILOTS, cheveux (*Ibid.*), auj. *filasse* (Vidocq).

FLAMBE, épée (*Vie*, 1596 ; *Jargon*, 1628), propr. flamme, répondant à la germ. *centella*. épée

(= étincelle) ; *flambart*, poignard (*Vie*, 1596 ; *Jargon*, 1628), et *flamberge*, épée (Bouchet, III, 131 : une *flamberge*, c'est une espée), propr. nom de l'épée de Renaud de Montauban appelée d'abord *Floberge* et altérée en *Flamberge*, sous l'influence de *flambe*. Les noms des épées célèbres des vieux romans de chevalerie sont également familiers à la germania : *durindana*, la justice, propr. l'épée, c'est la Durendal, l'épée de Roland ; *fisberta* et *joyosa*, épée, font allusion à la *Floberge* de Renaud et à la *Joyeuse* de Charlemagne[1].

FUMERON, jambe maigre (Vidocq), semblable au gros brin de fagot appelé *fumeron* ; cf. *cotret*, id.

GET, jonc (*Id.*), comparé à un *jet* d'arbre (cf. fr. *jet*, sonde de jonc pour dégorger un tuyau).

GLACE, verre à boire (*Jargon*, 1628).

GRAIN, écu (*St. Christophe*, 1527 : Tous mes *grains* ont pris la brouée ; *Jargon*, 1628 : *grain*, un escu) ; cf. germ. *grano* (« ducado de once reales »), calâo *grâo* (« cruzado novo », Bluteau), provençal *avé de grenalho*, avoir de l'argent. L'argot moderne dit *blé*, de l'argent (Larchey), à l'exemple du calò *trigo* (= blé) et du calâo *milho*, id.

GREFFIER, chat (*Jargon*, 1836), propr. griffard (cf. plaisamment, dans l'argot militaire, *chat*, greffier, employé aux écritures, déjà Chauffeurs,

---

1. Voir à cet égard l'ouvrage cité de Salillas, p. 168 et 198.

1800) ; à côté de *griffon* id. (Vidocq), d'où *griffon-ner*, jurer (*Jargon*, 1836), c. à-d. jurer comme le chat.

HALÈNES, outils de voleur (Vidocq), propr. alênes ; cf. *clous*, id.

HÔPITAL, prison (Vidocq), et *malade*, prisonnier (*Id.*), association d'idées très intéressante et antérieure au XIX° siècle (v. *castu*) ; cf. rotwelsch « *gefangen werden*, krank sein », dans le glossaire argotique de Bâle de 1733 (v. Kluge, p. 201).

HORLOGE, coq (*Vie*, 1596 : l'*orologe*, le coq).

HUISTRE (*de Varane*), fève (*Jargon*, 1628); v. ci-dessus *barbillon*.

JÉSUITE, dindon (Vidocq), acclimaté en Europe par les jésuites (terme également familier aux patois du Centre).

JETTARD, prison (Halbert), endroit où l'on jette les coupables (cf. *jeter à la boîte*, emprisonner) : l'argot moderne écrit *schtard*.

LAMPION, sergent de ville (*Id.*), répondant aux synonymes modernes *bec de gaz, chandelle, cierge* (v. Bruant) : il est planté dans la rue pour guider et protéger le passant.

LANDIÈRE, boutique de foire (« terme des marchands forains et des voleurs de campagne », Vidocq), tiré de *landit*, la plus ancienne des foires parisiennes, d'où également *landier*, commis de l'octroi (*Id.*).

LIÈGE, gendarme (Vidocq), allusion à la légèreté de sa course.

LOCHE, oreille (*Id.*), propr. cuiller à potage, d'après sa forme ; cf. rotwelsch « Ohren, *Löffel* », dans un glossaire argotique de 1733 (Kluge, p. 201).

LOUCHE, main (Coquill., 1455 : Quant ilz dient que l'ung d'eulx est ferme à la *louche*, c'est à-dire qu'il se deffendroit contre justice et aultre qui le vouldroit prendre ; *Jargon*, 1628), même sens primitif que le mot précédent.

LUSTRE, juge (Halbert) : il éclaire l'affaire ; le synonyme mod. est *allumeur*, id. Dans l'ancien fourbesque, *lustro* désigne le jour (Pulci).

MARIAGE, pendaison (Villon, 14 : Qu'au *mariage* ne soiez sur le banc), et corde (Lacurne : Les jurés cordiers appellaient *mariage* la corde qu'ils devaient fournir au bourreau de Paris), à côté de *marier*, pendre (Bouchet, III, 130 : si aucun de leurs compagnons a esté pendu, ils diront *il a esté marié*), et *marieux*, bourreau (Villon, 149 : Par la poe du *marieux*), c'est-à dire celui qui vous marie avec la potence (v. ci dessous *veuve*).

MARINE (*la*), la justice (Coquill., 1455 : Ilz appel lent la justice de quelque lieu que ce soit la *marine*), par une association d'idées qui nous échappe : la *petite marine* désigne les galères (v. Larchey, *Suppl.*) ; dans le fourbesque, *marina* signifie bruit (cf. en italien, *la marina è turbata*, la mer est troublée, que l'on applique à une personne en colère).

MARIONNETTE, soldat (Vidocq), et *poupée*, id. (*Id.*), d'après ses mouvements automatiques.

MARRON (*être*), être pris en flagrant délit ou nanti des objets volés (Vidocq), par allusion au nègre *marron* (fugitif) ou au cocher *marron* (en contravention) : *maronner une affaire*, c'est manquer un vol par maladresse (*Id.*).

MATHURINS, dés à jouer (Vidocq), et *mathurins plats*, dominos (*Id.*), d'après le costume des moines dits Mathurins.

MÉDAILLON, derrière (Vidocq) : cf. *revers de la médaille*, id. (Oudin).

MICHON, argent (Halbert), à côté de *michon*, pain (Vidocq), même association d'idées que le synonyme *carme* cité plus haut.

MINUIT, nègre (Vidocq), par allusion à la couleur.

MOULIN, enfer (Bouchet, III, 131 : enfer, c'est le *moulin*), v. ci-dessus *boulanger* ; auj. *moulin* est la maison du *meunier* ou recéleur qui achète le plomb volé sur le toit (Vidocq).

MOULOIRE, bouche (Chauffeurs, 1800 ; *Jargon*, 1836 : *mouloir*), propr. mâchoire, les molaires broyant les aliments comme la meule le grain.

MOUSSE, excrément (*Jargon*, 1628) ; cf. l'ancien

proverbe : *Mousse* pour le guet et bran pour les sergens (cité par Fr.-Michel) ; de là, *mousser*, aller à la selle (*Vie*, 1627).

OGRE, agent de remplacement, usurier (Vidocq), et *ogresse*, revendeuse à des filles publiques (*Id.*), à cause de leur voracité.

OIGNON, grosse montre (Vidocq), d'après la forme.

ONCLE, concierge de prison (Chauffeurs, 1800 ; Vidocq), et *tante*, la femme des prisons d'hommes (*Id.*), appellations euphémiques.

ORPHELINS, classe de gueux qui allaient de compagnie (*Jargon*, 1628, p. 25 : les *orphelins* sont ces grands mions qui triment trois ou quatre de compagnie... ; 1836 : *orphelins*, gens sans aveux).

PANTIÈRE (*à miettes*), la bouche (*Vie*, 1596), c'est-à-dire panetière.

PASSE (*la*), guillotine (« terme des voleurs des campagnes et des Normands », Vidocq), par allusion à la passe de la fatale lunette.

PATURON, pied (*Jargon*, 1628 : *pasturon*, un pied).

PAVILLON, fou (Vidocq), semblable à un pavillon qui tourne à tous vents.

PEAU, lit (*Vie*, 1596, p. 11 : il nous coustoit pour les *peaux* hurés deux herpes, c'est à dire deux liards pour coucher), et *piau*, id. (*Jargon*, 1628 ; 1690 : *piot*, Vidocq : *pieu*), formes dialectales (cf.

picard *piau, pieu,* peau) ; de là, les verbes *peaus-ser,* se coucher (*Vie,* 1596, p. 6 : quand il faisoit froid, nous *peaussions* dans l'abbaye ruffante), ou *piausser,* id. (*Jargon,* 1628), et *pioncer* (Vidocq) ; cf. bellau *piou,* lit (= peau) et *peya,* se coucher, argot breton de Vannes *pionchen,* sommeil, normand *pioncer,* dormir (Moisy), tous termes empruntés à l'argot.

PEIGNE, clé (*Rat,* 1790 : avec six *peignes* dans la profonde ; Vidocq).

PELOTTE, bourse (*Jargon,* 1728 : *plotte*).

PELOUSE, paille (*Jargon,* 1836 : *plouse*).

PÈZE, argent monnayé (Vidocq), propr. poids.

PIED, denier (*Vie,* 1596), auj. retenue faite par les tireurs (Vidocq), et *pied de nez,* pièce d'un sou (Rigaud) ; cf. bellau *pied,* sou, et argot vénitien *piede,* id.

PILIER, maître (*Jargon,* 1628 : *pillier* de creux, le maître du logis) ; et *pilier de boutanche,* commis de magasin (*Ibid.*).

PILOCHE, dent (*Vie,* 1596), propr. petite pile : cf. argot mod. *meule,* dent.

PLATRE, argent (Vidocq), d'après sa blancheur.

PILON, doigt (*Id.*).

PLOMB, mal vénérien (Vidocq), allusion au plomb des chasseurs (Fr. Michel), et *plomber,* puer, allusion aux plombs des maisons (*Id.*).

PLOMBE, heure, année (*Rat*, 1790, p. 14 ; Vidocq), allusion au poids des horloges.

POIVRE, poison (Vidocq ; auj. syphilis), et eau-de-vie (d'où *poivrier*, ivrogne, Vidocq), à côté de *poivrer*, payer (*Id.*), propr. vendre trop cher (cf. en fr., *saler*).

POSTICHE, forain chargé de l'annonce dans les parades (*faire une postiche*, rassembler la foule sur la voie publique, Vidocq), et *postige*, *postija-teur*, id., répondant au fourb. *posteggiatore*, char-latan, propr. celui qui se poste devant le public.

POUSSE, corps des archers (*Jargon*, 1728), la maréchaussée (*Jargon*, 1836), auj. gendarme ; cf. *pousse culs*, nom des archers lorsqu'ils condui-sent en prison (v. Fr. Michel).

POUSSETTE, *poucette*, tricherie (Delesalle), d'où *empousteur*, c'est-à dire *empouceteur*, escroc, etc. (v. Vidocq) ; cf. *donner le coup de pouce*, voler, et *avoir le pouce rond*, être habile à voler.

PROYE, derrière (*Jargon*, 1628 ; *Vie*, 1596 : *proais*), propr. proue de vaisseau, les latrines des matelots sur les navires à voiles étant à la proue ; de là, *filer du proye*, aller à la selle (on dit vul-gairement *faire des cordes*, locution qu'on ren-contre également dans Aristophane, v. Fr.-Michel) ; le lexique des Chauffeurs (1800) a *prose*, anus (= anc. *proaise*), dont on a fait plaisamment *prussien*.

QUILLE, jambe (Coquill., 1455 : les jambes, ce sont les *quilles* ; Villon, 138 : Pousser de la *quille* et broucz), d'où *enquiller*, entrer (*anquilleuse*[1], femme qui porte un tablier pour cacher ce qu'elle vole chez les marchands, Granval), et *renquiller*, rentrer, ce dernier également dans le patois lyonnais au sens de remettre dans sa poche (« j'ai *renquillé* mon argent »), c'est à-dire faire rentrer, terme emprunté à l'argot ; de même, en normand, *quilles*, jambes maigres et longues ; *jouer des quilles, tirer ses quilles, trousser ses quilles,* déguerpir au plus vite. (« *Quille* est un terme populaire qu'on rencontre un peu partout dans le sens pré cité », Moisy).

QUINQUETS, yeux (Vidocq), répondant aux syno nymes modernes *lampion* et *lanterne* ; cf. fourb. *lanterna,* id., germ. *fanal* et *lanterna,* id. En lyonnais, *chelu,* lampe, s'applique également à l'œil.

RAFFALE, misère, abaissement (Vidocq), allusion au coup de vent violent qui abaisse les arbres ; et *raffalé,* misérable (*Id.*), ce dernier passé dans les patois : normand *raffalé,* déguenillé, gueux (St.-Pol : qui porte des vêtements râpés, qui ne sont pas de saison), Lyon *raffalé,* ruiné, amaigri, d'aspect misérable (et en français).

RAILLE, agent de police (Vidocq : et *railleux,*

---

1. De là, *anquileuse,* filouteuse (Leroux, *Dictionnaire comique*).

déjà *Rat*, 1790), propr. racloir ou râteau à long manche dont on se sert dans les salines ; cf. les synonymes modernes *raclette*, *râteau*, *riflard* (Bruand). Dans le vocabulaire des Chauffeurs (1800), *raille* désigne le paysan, le villageois : *raille de la vergne*, habitants du pays.

RAISINÉ (*du*), du sang (Vidocq), propr. jus du raisin, par analogie de couleur entre le sang et le vin.

RAME, plume (*Jargon*, 1836) ; cf. inversement, germ. *pluma*, rame.

RATICHON, prêtre (*Jargon*, 1628 : *rastichon*) et peigne (*Jargon*, 1836), propr. petit râteau, d'où ratissé = prêtre (v. ci dessus *ras*) ; cf. argot breton *raton*, prêtre (Quellien, p. 27).

REBIFFE, vengeance (Vidocq), tiré de *se rebiffer*, regimber.

REGOUT (*faire du*), manquer de précaution (Vidocq), propr. *faire du ragoût*, faire soupçonner (Delesalle) ; v. *manger*, dénoncer (p. 68).

ROCHET, évêque (Vidocq) ; cf. *grand bonnet*, id. (*Jargon*, 1836).

SACRISTAIN, mari d'une maquerelle (Vidocq), appelée *abbesse*, dans le langage populaire (cf. *couvent*, bordel).

SERPENTIN, matelas de forçat (*Id.*), semblable au canon allongé qui portait jadis ce nom.

SERRE, main (Coquill., 1455 : la main, c'est la

serre) ; cf. germ. *zerra*, id. (d'où fourb. *zerra*) et *garro*, id. (= serre).

SIGNE, louis (Chauffeurs, 1800), et *sigue*, pièce d'or (Vidocq, à côté de *sigle*, *cigne* et *cigale*), propr. signe de métal (en anc. fr., argent, et *signole*, pièce d'or).

SŒURS, cuisses (*Vie*, 1596) ; dans l'argot mo derne, *sœurs blanches*, dents, à côté de *dominos*, id. (Vidocq).

TAMBOUR, chien de garde, appelé aussi *alarmiste* (Vidocq) ; cf. *roulement de tambour*, aboiement (*Id.*), et *battre du tambour*, aboyer (Rigaud).

TAPIN, gendarme (Chauffeurs, 1800), en fr., celui qui bat le tambour, même image que *cogne* (v. ci-dessus).

TAPIS, auberge, cabaret (Vidocq), et *tapis franc*, auberge où se réunissent les voleurs, répondant au fr. *tapis vert*, lieu où s'assemblaient des admi-nistrateurs (prop. table de jeu) ; de là, *tapissier*, aubergiste (*Id.*).

TAPPE, la fleur de lys qu'on appliquait avant 1830 sur l'épaule des condamnés aux travaux forcés (*Jargon* 1628 : *trappe* ; 1690, etc. : *tappe*), prop. tape ; cf. *faire le tap*, être attaché au poteau, et *tapette*, faux poinçon servant à marquer les objets d'or ou d'argent (Vidocq).

TINETTE, tête (Vidocq, II, 332), répondant au synonyme moderne *caisson*, id.

TIRASSE, chaîne fausse (Coquill., 1455 : une chainne faulse c'est une trainne ou une *tirasse*) ; en fr., sorte de filet que le chasseur traîne derrière lui.

TIREUR, voleur à la *tire*, qui tire, dans une foule, ce que contiennent les poches des voisins (v. Vidocq), anciennement *tireur de laine*, voleur de manteaux (cf. *tiretaigne*, tireur de campagne, *Id.*).

TIROU, chemin (*Jargon*, 1728), à côté de *tire*, route (Vidocq), propr. bande d'étoffe, répondant au synonyme moderne *ruban* (abrégé en *rub*, chemin, Delesalle) ; cf. germ. *tira*, chemin (= bande), et Lyon, Savoie, Genève *tirée*, route.

TORTURE, jour (Coquill., 1455 : le jour, c'est la *torture*), en opposition avec la nuit, favorable aux voleurs.

TOUPIE, prostituée (*Jargon*, 1836) ; cf. normand, picard *toupie*, id., et argot mod. *ronfle*, prostituée (Richepin).

TRAINE, fausse clé (Coquill., 1455 : v. *tirasse*).

TRAVERSE, bagne, galère Vidocq) : cf. *faire la traverse*, aller au bagne, avec ses synonymes *passer le grand ruisseau* et *traverser le pré salé*.

TROTTOIR, bavardage (Bouchet, III, 131 : le babil, c'est le *trotouër* ; un andre qui va sur le *trotouër*, c'est une femme qui va babiller), terme qu'on trouve dans Cotgrave expliqué comme argotique ;

le trottoir est, comme le carrefour, le lieu où l'on se réunit pour bavarder.

VEUVE, potence (*Jargon*, 1628 : *espouser la veuve*, estre pendu en une potence) ; cf. germ. *viuda*, id. [1].

Ajoutons les noms composés :

ACCROCHE-CŒURS, favoris (Vidocq), auj. mèche de cheveux que les souteneurs de barrière portent plaquée sur la tempe et qu'ils appellent aussi *rouflaquettes*, propr. petites rides (du dial. *roufle*, provençal *ruflo*, *riflo*, ride).

BÊTE-A-CORNES, fourchette (*Rat*, 1790, p. 15 ; Vidocq).

CORNET D'ÉPICES, les bons Pères (*Jargon*, 1634), les capucins (*Jargon*, 1836).

CROTTES D'HERMITE, poires cuites (*Jargon*, 1634).

GRAS-DOUBLE, feuille de plomb (Vidocq), comparée à la membrane de l'estomac du bœuf.

1. Cf. en outre, dans le vocabulaire des Chauffeurs de 1800 : *Croissant* (gilet), *parrain* (témoin).

Dans le *Jargon* de 1836 : *Coton* (dommage), *embarras* (carrefour), *gorge* (étui), *landier* (blanc ?), *mouche* (mousseline), *occasion* (chandelier), *olivet* (oignon), *organe* (faim), *pente* (poire), *prônier* (père), *quille* (feuille ?), *rondache* (musette), *sable* (estomac), *trique* (dent).

Dans Vidocq : *Aboyeur* (celui qui dans une prison est chargé d'appeler les prisonniers demandés au parloir), *banquette* (menton), *barbichon* (capucin), *barre* (aiguille), *batterie* (mensonge), *blanquette* (argenterie), *bonhomme* (saint), *cabestan* (officier de paix ou de police), *centre* (nom propre, *chanoine* rentier), *croix* (écu de six francs), *frotin* (billard), *masseur* (ouvrier), *mousseline* (pain blanc), *pivot* (plume), *pot* (cabriolet), *purée* (cidre), *réduit* (bourse), *roupie* (punaise), *tourmente* (colique).

GRIPPE JÉSUS, gendarme (« terme des voleurs du Nord de la France », Vidocq), propr. qui saisit les innocents (v. *jésus*) ; cf. provençal *gripo-jesus*, id., rouchi *grippe jésus*, id. (et hypocrite, dévot) et argot breton de la Roche *krib jezuz*, gendarme (tous d'origine argotique).

GRIS-BLEU, gendarme (Chauffeurs, 1800).

LÈVE PIEDS, escalier, échelle (Vidocq).

MARCHAND DE LACETS, gendarme (*Id.*), allusion aux lacets dont il garrotte les prisonniers.

PIED DE COCHON, pistolet (« terme employé par Cartouche et Mandrin », Vidocq), répondant au provençal *ped de-porc*, pied plat et pince de fer ; cf. argot roumain *picioare de porc*, pistolets.

PIQUE EN TERRE, dinde (Chauffeurs, 1800) et volaille (Vidocq) : « cette expression est devenue populaire, au moins parmi les *canuts* de Lyon » (Fr. Michel).

PRUNE DE MONSIEUR, archevêque (Vidocq), d'après la couleur violette de leurs habits ; cf. *violet*, évêque (*Id.*, II, 290).

QUATRE COINS, mouchoir de poche (« terme des voleurs lyonnais », Vidocq).

ROUE DE DERRIÈRE, pièce de cinq francs (Vidocq), et *roue de devant*, pièce de deux francs (*Id.*), d'après le diamètre respectif de ces roues ; cf. cant *hind coach wheel*, pièce de cinq shillings, et *fore coach wheel*, pièce de deux shillings et demi.

TAS DE PIERRES, prison (*Id.*), répondant au synonyme français *boîte aux cailloux* (Oudin).

VOL AU VENT, plume (Vidocq)[1].

B. — *Appellatifs tirés des noms d'animaux.*

Les termes suivants appartiennent à cette catégorie :

ANGUILLE, ceinture (Vidocq) ; la germania rend la même notion par *culebra*, couleuvre.

ASPIC, calomniateur (Vidocq), dont la langue est venimeuse comme celle de l'aspic ; cf. Mayenne *aspiquer*, piquer par des paroles, calomnier.

BIDET, moyen de correspondance dans une prison d'une fenêtre à l'autre (*Id.*), allusion au bidet qui porte les courriers.

BOUC, cocu (*Id.*), répondant à *cornard* ; et *boccard*, bordel (*Id.*), nom patois du bouc, emblème de la débauche.

BRÊMES, cartes à jouer (*Jargon,* 1836), d'après la brême, poisson plat et court.

CANARD (*sans plumes*), nerf de bœuf avec lequel les argousins frappent les forçats qui sont en route pour le bagne ·Vidocq).

---

1. Cf. en outre, dans Vidocq : *Boulet à queue* (melon), *bûche plombante* (allumette), *coste de bœuf* (sabre), *couenne de lard* (brosse), *crucifix à ressorts* (pistolet), *étron de mouche* (cire), *peau-d'âne* (tambour), *plume de Beauce* (paille), *tape-dur* serrurier).

CANICHE, ballot carré à oreilles (*Id.*).

CAPON, filou (*Jargon*, 1628, p. 3o : *Capons* sont les eschevins de la triperie, dont la plupart sont casseurs de hane et doubleux), nom dialectal du chapon ; cf. provençal *capoun*, gueux, vaurien.

CAPRE, un carolus (*Jargon*, 1628, et *capelou* (*Ibid.*, 1728), noms patois de la chèvre et du chevreau, effigies du carolus.

CARLINE, la mort (Vidocq), propr. femelle du carlin au nez camus, appelée également *la camarde* (Granval), terme populaire qu'on retrouve dans Scarron et dans Voltaire : ce qui frappe tout d'abord à la vue d'un squelette, tel que la mort a été personnifiée, est l'absence du nez, qui donne à la face un aspect si hideux (Fr.-Michel).

CERF VOLANT, femme qui dépouille les petits enfants dans un lieu écarté (Vidocq).

CHAT, concierge de prison (Vidocq, celle ci envisagée comme une chatière ; et *chatte*, pièce de six francs « les filles publiques sont à peu près les seules qui se servent de ce terme », *Id.* .

CHEVAL DE RETOUR, celui qui est conduit au bagne pour la deuxième fois (*Id.* .

CHOUART, membre viril (*Vie*, 1596 , propr. mâle de la chouette, répondant au fourb. *duco*, *dugo*, id. = duc, hibou`, terme euphémique ; cf. dans Rabelais, *Maistre Jean Chouart*, et le provençal *dugonel*, derrière (= hibou) ; par contre, la femelle, la *chouette* a, dans l'argot, le sens de excellent (Vidocq), bon, beau (Larchey), ce qui rappelle le passage connu de Rabelais (III, 14) : « Ma femme sera coincte et jolie comme une belle et petite *chouette* », certains de ces oiseaux étant en effet d'une beauté remarquable ; dans le fourbesque, *civetta* signifie servante, ménagère (la chouette étant sobre et économe).

CIGOGNE, préfecture de police (Vidocq) : « Par une coïncidence des plus singulières, les bandits et boulangers de Zagori, en Albanie, appellent, dans leur argot, la maison du juge λελέκια, cigo gne » (Fr.-Michel).

CRAPAUD, cadenas (Vidocq), sens ancien français du mot (1459 : la clé du *crapauld* d'icelle porte) ; cf. allem. *Frosch* (= grenouille) et anglais *padlock* (= loquet-crapaud).

DUPPE, niais qu'on trompe facilement (Ducange, 1426 : v. p. 16 ; Coquill., 1455 : v. ci-dessus *blanc* ; *Passion*, 1486 : Nous allons donner sur la corne à quelque *duppe* ; Villon, 71 : Les *duppes* sont privez de caire), propr. huppe (Rabelais, II, 12 : aussi huppés que *dupes* de marais), oiseau à apparence stupide (encore auj. dans le Poitou).

ÉCREVISSE, cardinal (Vidocq), par allusion à la couleur.

ESCARGOT, vagabond (*Id.*), pareil au mollusque qui porte sa maison sur son dos.

FRIQUET, mouchard (« terme des voleurs de Paris », *Id.*), d'après le nom de ce moineau qui frétille sans cesse lorsqu'il est perché.

GRIVE, guerre (*Jargon,* 1628, p. 42 : les drilles ou les narquois en revenant de la *grive*), et soldat (Vidocq), d'après le nom de l'oiseau qui maraude dans les vignes (cf. en fr., *griveler,* voler, c'est à-dire grappiller comme la grive).

HIRONDELLE DE GRÈVE, gendarme (Vidocq, *Mémoires*, III, 124) ; cf. germ. *golondrino,* soldat, propr. mâle de l'hirondelle (« porque van en compañias o bandadas », Salillas).

LAPIN FERRÉ, gendarme, (« terme des voleurs normands », Vidocq) ; cf. anc. fr. *levrier du bourreau,* archer (Oudin).

LÉZARD, mauvais camarade (Vidocq), semblable au reptile qui se cache dans les trous.

MANDOLET, pistolet (*Jargon,* 1836), propr. petite mendole, par allusion à la forme de ce poisson.

MOUCHE, laid, vilain (Halbert), à côté de *mouchique* (Vidocq), propr. ennuyeux comme une mouche ; mod. *moustique,* id.

MOUTON, espion placé par la police près d'un prisonnier dont il doit chercher à acquérir la confiance, afin d'en obtenir des révélations (Vidocq), répondant au calâo *cabra* (= chèvre) et au calò *chivo, chota,* propr. chevreau, chevrette.

MULET, diable (Bouchet, III, 131 : *mulet,* c'est le

diable, et ainsi interpretent-ils, quand le meus-
nier dit le diable m'emporte en son enfer), propr.
mulet des meuniers ; cf. Tabourot, *Bigarrures*
(dans Fr. Michel) : « Les meusniers aussi ont une
mesme façon de parler que les cousturiers, appel-
lant leur asne le grand Diable... »

PAPILLON, blanchisseur (Vidocq) et linge, étendu
sur les haies au soleil.

PIE, boisson (*Viel Testament*, 1438 : Si irons
croquer ceste *pie* [1] ; *Vie*, 1596 : *pie santoche*, cidre),
d'après le nom de la pie [2] à laquelle on attribue
l'habitude de se griser ; *piard,* id. (*St. Christophe,*
1527 : Je m'en brouay au gourd *piard*), et *piarde,*
id. (Villon, 67 : gourde *piarde*), propr. petit,
petite de la pie, à côté de *pier*, boire (Bouchet, III,
130 : *pier,* c'est boire), *piolle*, taverne (*Jargon,*
1628), auj. *piolle*, *piaule*, logement, chambre
(« terme des camelots et voleurs de campagne »,
Vidocq). Le terme a passé en anc. fr. dès le xvᵉ
siècle (*Test. de Pathelin*, éd. Jacob, p. 187 : Je vous

1. Dans Rabelais (IV, prol.) : « Boire d'autant et à grans traitz
estre pour vray *croquer la pie.* »

2. Charles d'Orléans (v. Littré) appelle *desduit de la pie,* un repas
où l'on boit « du vieil et du nouveau », et, dans les *Contes d'Eutrapel* (ch. XXXIII), il est question d'une enseigne de la *Pie qui
boit* ; la locution *juchier la pie,* vider les pots, se trouve dans Villon
et dans un Mystère du xvᵉ siècle (v. Bijvanck, *Essai critique sur les
œuvres de Villon,* 1883, p. 63). Cf. Berry *l'agace a emporté le douzil,*
le tonneau est vide ; provençal *prene l'agasso,* se griser (= prendre
la pie) ; Parme *gazza,* pie et ivresse.

pry que j'aye à *pyer* Un coup de quelque bon vin vieulx ; *Farce du Meunier,* 1496, p. 236, *Ibid.* : Baillez-moy... La *gourde pie* ; *La Condamnation du Banquet,* 1507, p. 299, *Ibid.* : Gallans, allons *croquer la pie* ; Je n'en puis plus si je ne *pie* Quelque *pianche* bonne et fresche). Dans la germania : *piar,* boire, *pio,* boisson (et *piela,* id., d'où *pielarse,* se griser), *piarcon,* buveur, *piorno,* ivre (termes empruntés à l'ancien argot). L'argot breton de Vannes a également *pien,* cidre, *piart,* ivre, etc. (v. *Revue celtique,* XXVI, 87), qui dérivent de la même source.

PIGEON, dupe (Vidocq), forme moderne de l'ancien *coulon,* niais simulé (Coquill., 1455 : Ung blanc *coulon,* celluy qui se couche avec le marchant ou aultre et lui desrobe son argent, ses robes et tout ce qu'il a, et les gette par une fenestre à un compaignon qui l'attent hors de la chambre) : c'est l'anc. fr. et dial. (Picardie, Champagne) *coulon,* pigeon, répondant à la germ. *palomo* (« simple o nescio ») ; v. plus haut *blanc.*

PIVERT, ressort avec lequel on coupe les barreaux et les fers des forçats (*Id.*), allusion à l'oiseau qui perce l'arbre de son bec.

RAGOT, un quart d'écu (*Jargon,* 1628), répondant au cant *hog,* shilling (= pourceau) et *pig,* six pence (= porc)

RAT, type du voleur : *prendre un rat par la*

queue, c'est couper une bourse (Bouchet, III, 130 : Entrant en prison le mattois dira : il a pris un *rat* par la queue), et *courir le rat*, voler la nuit dans l'intérieur d'une auberge ou maison garnie (Vidocq) : *raton*, petit voleur de dix à douze ans (*Id.*), répondant à la germ. *raton*, voleur de bourses.

ROSSIGNOL, haut-bois, et *rossignolante*, flûte (*Jargon*, 1836) ; en fr., *rossignol*, petite flûte d'enfant.

SACRE, sergent (*Jargon*, 1628), semblable à l'oiseau de proie, hardi et vaillant, auquel rien n'échappe.

SANGLIER, prêtre (Vidocq), par allusion à sa robe noire : cf. les synonymes modernes : *marcassin* et *sac à charbons*, curé (*radis noir*, prêtre, dans le jargon de l'ouvrier, Rigaud), *corbeau* ou *coincoin*, frère de la Doctrine chrétienne.

C. — *Appellatifs tirés des noms de plantes.*

Ces termes, moins nombreux que les précédents, sont représentés par :

CHÊNE, homme : *abattre un chêne*, tuer un homme (Bouchet, III, 131 : s'il a tué un homme, on ne fera que dire *il a abbatu un chesne*), comparaison naturelle qu'on rencontre sous forme de proverbe en ancien français (« Petit homme abbat

bien un grand chesne, et douce parolle grand
ire », Gabriel Meurier) et avec son acception spécialement argotique dans Oudin, 1640 : « *Petit
homme abbat grand chesne*, un petit homme en
tue un grand... » ; auj. *faire suer un chêne* ; cf.
germ. *arbol*, corps, et calâo *tronco*, homme.

COLOQUINTE, tête (Vidocq), répondant aux synonymes modernes : *citrouille*, *potiron*, *tomate*, etc.

GIROFLE, homme ou femme aimable (Vidocq :
Jargon, 1836 : *giroble*), mignon comme l'œillet.

JONC, or (Vidocq), par allusion à la couleur.

PLANT, faux lingot (Coquill., 1455), propr. ce
qu'on cache, *planteur*, celui qui baille les faux
lingots (*Ibid.*), et *planter*, cacher (Villon, 108 :
Allez ailleurs planter vos marques). à côté de la
forme moderne *planquer*, id. (Vidocq), propr.
enfoncer dans le sol, sens du fourb. *piantare* et de
la germ. *plantar*, enterrer (cf. aussi cant *to plant*,
cacher). La forme secondaire *plan* (= *plant*),
signifie prison (Vidocq, XXXV), auj. mont de
piété, propr. cachot, cachette, et le sens de chapeau que *plant* a également dans l'ancien argot
(*Jargon*, 1628, p. 20 : un chapeau on le nommoit
plant) se rapporte à celui d'enfoncer [1].

PRUNE, balle, d'où *empruner*, fusiller (Chauffeurs, 1800).

---

[1]. Voir sur *planter* les notes de Bijvanck (*Essai*, p. 137 et 176),
qui l'interprète par « tromper ».

TREFFLE, tabac (Vidocq), le trèfle sec étant de couleur brune, à côté de *triffois*, id. (*Jargon*, 1836) et *triffoin*, id. (Vidocq), d'où *triffonière*, tabatière (*Id.*).

TRONCHE, tête (Bouchet, III, 131 : la *tronche*, c'est la teste ; *raser la tronche*, c'est couper la teste; *Vie*, 1596, còmblette ou *tronche* ; *Jargon*, 1628 : *tronche de morne*, teste de mouton), propr. tronc d'arbre, sens ancien français et dialectal (Picardie, Vosges) du mot, analogue au calò *troncho* (« pescuezo ») ; cf. normand de Vire et canut *tronche*, tête (terme emprunté à l'argot). *Tronche* désigne, en argot, la tête en général, et non pas la tête tranchée (cf. Larchey, Introd. : « La *tronche* montre la tête tombant sous le couteau de la guillotine ») ; cette appellation, comme le remarque Delesalle, se trouve antérieurement à la peine générale de la décapitation, et il cite, à cette occasion, ce passage de la *Vie Genereuse* (1596) : « Les sujets du Grand Coesre s'approchèrent de leur souverain *tronche* nue » (v. ci-dessous *sorbonne*).

VERGNE, ville (Villon, 212 : Par la *vergne* ; *Vie*, 1596, et *Jargon*, 1628), propr. lieu planté de *vergnes*, le nom français et dialectal de l'aune ou osier, rouergat *vergne*, marécage, c'est-à-dire mare plantée d'aunes : « Il y a près de Valloires (en Picardie) un terroir qu'on nomme *el Vergne*, parce qu'il a été autrefois planté d'osier » (Corblet) ; et les noms de lieux *La Verne*, *La Vergne*, *Lavergne*, *Les Vergnes*, *Les Vernes*, etc. Le bellau *vergna*, ville. est emprunté à l'argot.

D. — *Appellatifs tirés des noms propres.*

Ces noms personnels ou géographiques, au sens généralisé, désignent surtout des objets (outils, habits, monnaies, etc.), plus rarement des agents et tout particulièrement diverses catégories de voleurs. Tels sont :

BOURGUIGNON. le soleil [1], d'après la situation orientale du département de la Côte-d'Or, répondant au Val Soana *lombard* (« sole, giorno »), la Lombardie se trouvant à l'orient de Val Soana ; ou simplement par allusion au vin bourguignon (cf. *le beau blond*, autre nom argotique du soleil).

BRETON, voleur (Coquill., 1455 : un *breton* est un larron).

CARLE, argent monnayé (Vidocq), c'est-à-dire *Carolus*, ancienne monnaie frappée sous Charles VIII, et répondant au fourb. *carlo*, denier ; cf. *philippe*, écu de trois et de six livres (*Id.*).

CHARLES, voleur (Chauffeurs, 1800), répondant aux synonymes modernes *Bertrand* et *Macaire* ; *charlot*, voleur (Vidocq, vol. I, p. xxxiii).

---

1. Le mot se trouve dans les *Mémoires* de Vidocq III, 133) : « V'là le *Bourguignon* qui baisse. »

CHARLOT, bourreau (Vidocq), nom qui date du temps de la Révolution.

DAVID, crochet à ouvrir serrures (Coquill., 1455 : le roy *David*, c'est ouvrir une serrure, un huiz ou un coffre et le refermer ; Villon, 214 : Vive *David !*), et *Davyot*, id. (Coquill., 1455 : le roy *Davyot*, c'est simple crochet à ouvrir serrures), appellations analogues aux synonymes *dauphin* (ou *dauffe*) et *monseigneur*, à côté de modernes *Jacques, Charlotte*, pince d'effraction ; cf. cant *Bess, Betty*, id., et *Kate*, rossignol (= Catherine) ; dans le rotwelsch, *Rebbemausche*, barre à briser les serrures, signifie propr. Rabbi Moïse.

DIJONNIER, moutardier (Vidocq), de Dijon, ville renommée pour sa moutarde.

GASCON, voleur, et *gascâtre*, jeune voleur (Coquill., 1455 : ung *gascatre* est un apprentiz qui n'est pas encore bien subtil en la science de la coquille) ; cf. Oudin, 1640 : *gascon*, qui desrobe volontiers, *gasconner*, prendre, desrober ; en fourbesque *Guasco* ou *Vasco*, c'est à-dire Gascon, a, au coutraire, le sens de gentilhomme.

GEORGET, pourpoint (*Vie*, 1596 ; *Jargon*, 1628), propr. petit Georges (= *jacquet*, jacquette, litt. petit Jacques), répondant au fourb. *piero*, manteau, germ. *pedro* (« capote o tudesquillo »), propr. Pierre ; cf. cant *Joseph*, manteau.

GREC, filou, tricheur (Vidocq), d'où *grèce*, tricherie (Rigaud) ; cf. cant *Greeks*, id., et anc. fr. *à la griesche,* à la manière des Grecs, locution employée par Eust. Deschamps à propos de filouterie au jeu des dés (suivant Lacurne) : Lui fist jeter *à la griesche*, XV poins [1].

HUBINS, mendiants soi-disant mordus par un loup ou chien enragé et prétendant avoir fait le pèlerinage à Saint Hubert (*Jargon*, 1628, p. 29), patron des chasseurs qu'on représente toujours suivi d'une meute : de là, *hubin*, chien (*Jargon*, 1728), c'est à-dire chien de Saint Hubert, mod. *lubin* (= l'*hubin*), domestique (Rigaud), propr. chien.

JABOTER, parler (Chauffeurs, 1800), et interroger (Larchey, *Suppl.*), propr. bavarder (v. ci-dessous *babiller*).

JEAN (*faire le saint*), se décoiffer pour avertir ses compères de prendre les devans et de se rendre au lieu convenu (« signal des emporteurs », Vidocq).

JÉRUSALEM (*lettre de*), c'est-à dire écrite de prison (pour escroquer de l'argent) : cf. *la petite Judée*, la préfecture de police (Fr.-Michel), située rue de Jérusalem [2].

JÉSUS, innocent et jeune voleur (Vidocq).

---

1. Voir l'article *griesche* (jeu) dans Godefroy et dans Lacurne.

2. A Avignon, la rue, habitée autrefois par les Juifs, s'appelait *carriero de Jerusalen.*

LÉON, président de la Cour d'assises (*Id.*), appelé aujourd'hui aussi *Anatole*.

LILLOIS, fil (*Id.*), propr. de Lille.

LIMOUSINE, plomb des couvertures (*Id.* ; cf. *limousin*, maçon).

LINGRE, couteau (*Jargon*, 1628 : *lingres*, 1728 : *laingres* ; *Vie*, 1596 : *ingre* = *l'ingre*), mod. *lingue*, propr. couteau de Langres, ville célèbre par sa coutellerie, d'où provençal *lingre*, dague, stylet, et Val Soana *lingher*, couteau. L'argot moderne dit *eustache*, couteau de poche (terme familier au patois champenois), répondant aux synonymes de l'argot milanais *martin* (« coltello »), *martolfa* (« spada ») et de l'argot roumain *busuioc*, couteau (nom d'un heïduque célèbre), à côté de *bismarc*, poignard (= Bismarck).

LISETTE, veste (Chauffeurs, 1800) ; v. ci-dessus *georget*.

LYONNAISE, soierie (Vidocq), c'est-à-dire de Lyon.

MALTAISE, écu d'or (Chauffeurs, 1800 ; Vidocq), qui aurait eu cours sur les galères de Malte (Rigaud).

MICHÉ, *michet* (diminutif *micheton*), homme payant les filles (Fr.-Michel), de *Miché*, Michel, propr. niais, dupe, à côté de *mikel*, id. (Vidocq) ; cf. Lyon *miché*, apprenti canut, Champagne *miché*, galant, amoureux, et *michaud, michelet,* galant (anc. fr. *michaud*, libertin, et *faire le saut michelet*, se livrer à la galanterie), auj. *faire le michelet* (*michelin*), c'est palper les femmes dans une foule (Rigaud) ; fourb. *miccheggiare*, s'amouracher.

ORLÉANS, vinaigre (Vidocq) : celui d'Orléans était célèbre.

PANTIN, Paris (*Id.*), d'après le village de la banlieue qui porte ce nom, modifié en *Pantruche* à côté de *Pampeluche*, id. (Vidocq), nom de fantaisie analogue au provençal *Pampaligosso*, pays imaginaire, lointain (Rabelais mentionne un *viceroy de Papeligosse*) ; l'argot ancien connaît *Parouart* (Villon, 1).

ROLLAND *soye* ou *saye*), locution d'un sens peu clair (Coquill., 1455 : La *soye Rolland*, c'est ouvrir quelque chose à force... Aulcune fois quand ilz parlent de la *saye Rolland*, c'est à dire qu'ilz ont batu la justice ou la batroyent qui les vouldroient prendre) et qui contient une allusion qui nous échappe.

SAVOYARDE, malle (Vidocq).

SOISSONÉ, haricot (*Id.*), propr. de Soissons.

SORBONNE, tête : « La *sorbonne* est la tête qui pense, qui médite ; la *tronche* est la tête lorsque le bourreau l'a séparée du tronc. Je crois qu'il serait difficile d'expliquer d'une manière à la fois plus concise et plus énergique deux idées plus dissemblables ». Cette explication de Vidocq

(II, 179), qu'on retrouve chez Rigaud[1], est de pure fantaisie : *Tronche*, le seul terme historique de l'argot, désignait et désigne encore la tête en général, sans aucune restriction, humaine ou animale, vivante ou inanimée ; *sorbonne* ne figure dans aucune édition du *Jargon* du xix° siècle (Hal bert a *sorbonner*, méditer, verbe de l'invention de cet éditeur peu scrupuleux), et, aujourd'hui, il est également inconnu. Il est possible que le terme soit imaginaire (de même, par ex., que *arche de Noé*, Académie, ou *fièvre cérébrale,* condamnation capitale[2] ; Vidocq), ou plutôt qu'il ait eu une existence passagère (un exemple unique se trouve dans Vidocq, p. xi).

THUNE, aumône (*Jargon*, 1628. p. 22 : demander la *thune* dans les antifles ; éd. 1836 : *trune* , auj. *tune*, pièce d'argent, d'après le nom du *roy de Thunes*, c'est-à dire roi de Thunis, que portait le

---

1. « *Sorbonne*, tête. Autrefois, c'était la tête sur les épaules, la tête qui pense. L'autre, la tête coupée, était la *tronche.* Messieurs les assassins qui ne sont jamais sûrs de conserver cette partie si essentielle de leur individu, avaient créé deux mots pour exprimer les deux manières d'être de la tête. Aujourd'hui *sorbonne* n'est guère plus usitée. » Cf. Delvau : « *Sorbonne*, la tête, parce qu'elle médite, raisonne et conseille le crime. » Cette explication, d'ailleurs, remonte à Balzac (*Vautrin* : « La *sorbonne* est la tête de l'homme vivant, son conseil, sa pensée »), qui l'a puisée dans Vidocq.

2. Cf. également, dans l'édition du *Jargon* de 1836, les termes : *homicide*, hiver, *honnête*, printemps, *impôt*, automne, et *jaune,* été — tous d'un caractère artificiel prononcé et qui n'ont certainement jamais appartenu au langage des voleurs.

chef des gueux, le grand Coesre (*Jargon*, 1628, p. 9), à l'exemple du général des Bohémiens appelé *duc d'Egypte* ; de là, *tuner*, mendier, et *tuneur*, mendiant (Vidocq), à côté de *Tune*, *Tunebée*, Bicêtre, prison et maison de mendicité dans le département de la Seine, *tuneçon*, maison d'arrêt (Vidocq). *Tune* a pénétré dans l'argot breton de la Roche, appelé *tunodo,* d'où *tunodi*, parler argot (de *tunaud,* pour *tuneur*, mendiant). Le terme a également passé en espagnol et en portugais (tout en manquant à la germania et au calâo) : *tuna*, vie fainéante, vagabonde (*corer la tuna*, quémander), *tunante*, gueux, et *tunear*, mener une vie débauchée. La pénétration se fit par l'intermédiaire d'un patois méridional : bas-limousin *tuna,* boire abondamment, Lyon *tune,* bamboche, partie de plaisir, Vaud *tune,* ribotte, débauche de table, Suisse *tuner*, boire abondamment et faire la débauche.

3. — VERBES

Cette dernière catégorie embrasse un certain nombre de termes, que leur notion primordiale

1. Cf. *Revue celtique*, vol. XIV, p. 212, où M. Ernault ajoute : « A la même origine c'est à dire à l'argot *tune*) se rapportent les mots bretons *tun*, espièglerie, tour d'adresse, ruse, *teün*, faux, frivole, fraude, fausseté, tromperie, *teüni*, frauder, tromper, cornouaillais *tuna*, gagner par ruse et subtilité. »

ferait rentrer dans une des classes précédentes. Tels : *caner, cavaler, tauper*, tirés des noms d'animaux ; *pivoiner*, dérivé d'un nom de plante, et *capahuter*, qui remonte à un nom propre. On a pourtant rangé ces termes sous cette rubrique, attendu qu'on ne les rencontre que sous forme verbale.

AFFRANCHIR, corrompre, apprendre à quelqu'un les ruses du métier de fripon Vidocq), propr. le débarrasser de toute entrave ; cf. *franche*, recé leuse (Chauffeurs, 1800).

ALLUMER, regarder attentivement (Vidocq), comme le fourb. *allumare*, id. ; cf. argot mod. *ardents*. yeux, répondant à la germ. *quemantes*, id.

BABILLER, avouer (Villon, 40 : Devant la roe à *babiller* , auj. confesser (Vidocq : *babillard*, confesseur ; *Jargon*, 1628 : ministre), et lire (Vidocq : *babillard*, livre : *Jargon*, 1728 : *babillarde*, lettre), à côté de l'anc. *babigner*, avouer (Villon. 41 : il *babigna* pour son salut), et *babinage*, bavardage (*St. Christophe*, 1527 : Pour te pendre hault comme un lart Nonobstant tout ton *babinage*).

BALANCER, remuer (*Vocabulaire* de 1829) et jeter (Vidocq), à côté de *balançoire*, fraude (*Id.*).

BALLADER, aller demander l'aumône (*Jargon*, 1628, p. 51 : que les frères puissent trucher et *ballader* ; *Response au grand Coesre*, 1630 : il y eut de ses narquois qui... se prindrent à trucher, *ballader* et faire jouer la mine), propr. mendier en chantant des ballades (anc. fr. *ballader*, chanter des ballades), répondant au synonyme *aller en musique* (Chauffeurs, 1800), demander l'aumône, par allusion aux mendiants aveugles, ou contrefaisant les aveugles, qui allaient par les villes jouant de la vielle et chantant des ballades dans les carrefours.

BARBOTER, fouiller un détenu à son entrée en prison (Vidocq), auj. voler (*barbotin*, vol), image prise du canard (*barbotte*, en argot) qui barbote dans l'eau trouble.

BECQUER, regarder (Coquill., 1455 : quant ilz dient qu'ilz ont regardé quelque chose, ilz dient qu'ilz ont *becquey*), répondant à la locution *luer au bec* (Villon, 33 : Luez au *bec*, que ne soiez greffis), où *bec* a le sens de nez (cf. calâo *beque*, narine) ; le patois de la Mayenne dit *s'abequer*, *s'abequeter*, regarder fixement.

BIGOTTER, prier (Vidocq), c'est-à-dire faire le bigot.

BONIR, dire, assurer (*Id.*), propr. dire des *bonnes* (bonne histoire), d'où *boniment*, long discours adressé à ceux que l'on désire se rendre favorable, annonce d'un charlatan ou d'un banquiste (Vidocq).

BOLLINER, voler (*Jargon*, 1728), et trouer la

muraille (Vidocq), d'où *boulin*, trou fait dans une muraille, et *bouline*, bourse (*Id.*).

BRANCHER, pendre (*St. Christophe*, 1527 : ... le taulart vous *eust branché* en la tourtouse ; Vidocq), propr. pendre à un arbre, à une branche.

BRIDER, fermer une porte, et *débrider*, l'ouvrir (*Jargon*, 1628), à côté de *bride*, chaîne de forçat (*être bridé*, être ferré et prêt à partir pour le bagne, Vidocq).

CANER, agoniser, mourir (Vidocq), propr. faire la cane ou le plongeon, et *canage*, agonie (*Id.*) ; Lyon *caner*, mourir(terme emprunté à l'argot).

CAPAHUTER, assassiner son complice pour s'approprier sa part de butin (et *sauter à la capahut*, id., Vidocq), d'après le nom du voleur Capahut (v. *Id.*, II, 98-99).

CASSER, couper la bourse (*Jargon*, 1728 : *casser la hane*).

CAVALER (*se*), s'enfuir (Vidocq), propr. fuir rapidement comme une cavale.

CHARRIER, escroquer, duper, d'où *charriage*, escroquerie, et *charrieur, charron*, voleur (Vidocq), propr. charretier, répondant à la germ. *carretero*, tricheur (= charretier).

CHIQUER, battre (Chauffeurs, 1800 : Vidocq), propr. manger, association d'idées familière (cf. fr. pop. *bâfre, dariole* et *tarte* pour gifle) ; de là, Genève *chique*, chiquenaude (pr. *chico*, id.), synonyme de *croquignole*, qui signifie à la fois pâtisserie et coup sur le nez ou sur la tête.

CRAMPER, fuir (Vidocq), c'est à dire éprouver une crampe.

DÉVIDER, parler longuement (Vidocq), et *dévidage*, long discours (*Id.*), propr. dévider le fil du discours, d'où *filin*, argot (Bruant).

DORER, mentir (Villon, 27 : Songears ne soiez pour *dorer*...).

EMBLÈMER, tromper (Vidocq), et *emblème*, tromperie (*Id.*), propr. conte ou faux prétexte, dans le langage populaire (« courte allocution ayant pour objet de conseiller, de protester, de faire des remontrances », Nisard, *Parisianismes*, p. 97).

EMPRESSER, aboyer (Chauffeurs, 1800), association d'idées dont le terme intermédiaire nous échappe.

ÉPOUSER (*la veuve*), être pendu (v. plus haut *veuve*) ; cf. Oudin, 1640 : *espouser une potence ou une roue*, se faire pendre ou rouer.

FILER, aller à la selle (*Jargon*, 1690 : *filler* du proys ; v. *proye*).

FILER (*quelqu'un*), le suivre à son insu sans le perdre de vue (Vidocq) ; cf. germ. *filar*, couper la bourse (« cortar sutilmente »), d'où *filatero*, filou (« ladron que hurta cortando alguna cosa »).

FOURMILLER, marcher (Vidocq), et courir (*Vocabulaire* de 1829).

FRETILLER, danser (*Jargon*, 1836).

GRAISSER, dérober subtilement (*Jargon*, 1836), représente la même image que *poisser*, au même sens (v. ci-dessous) ; de là, *graisse*, vol (Vidocq).

GRATTER, arrêter (Vidocq), et raser (*Jargon*, 1836) ; cf. les synonymes modernes *rafler, rifler, ratisser*, arrêter (Bruant).

HAPPER (*le taillis*), s'enfuir habilement (*Jargon*, 1628), répond au fr. *gagner le taillis* (Molière), anciennement *gagner le bois*.

JASER, prier (*Jargon*, 1836).

JUDACER, embrasser quelqu'un pour le tromper (Vidocq), allusion évangélique ; cf. argot roumain *caiafa*, agent secret, propr. Caïphe, nom du grand-prêtre qui demanda la mort de Jésus.

MAQUILLER, travailler, voler (*Jargon*, 1628), propr. farder, c'est à dire déguiser ; et *maquillage*, vol (*Ibid.*, p. 3o : quand l'esté est venu, ils disent fy du *maquillage*) ; cf. fourb. *camuffare*, voler, propr. déguiser (sens du mot en italien).

MOULINER, bavarder (Vidocq), image facile à saisir.

PICTER, boire (*Jargon*, 1628), et *piqueter*, id. (Chauffeurs, 1800), propr. boire de la piquette, d'où *picton*, vin (*Ibid.* ; Vidocq), c'est-à-dire *piqueton* ; cf. Mayenne *picton*, piquette, et normand *pictrie* (*être de la*), être ivre.

PINCER, voler (*Jargon*, 1728), même image

que les synonymes modernes *crocher*, *griller*, *grincher*.

PIVOINER, rougir (« terme des voleurs bretons », Vidocq), comme la pivoine.

POISSER, voler (Vidocq), propr. avoir de la poix aux doigts (c'est à dire voler, Oudin), d'où *poisse*, voleur (« terme des camelots et des voleurs de province », Vidocq), répondant à l'anc. fr. *poissard*, larron (Cotgrave), au xvii° siècle *poissarde*, sobriquet injurieux des harengères (Oudin, 1640 : *poissarde*, une vendeuse de marée, par mespris) ; cf. bellau *poinçar*, voler, et argot breton de la Roche *poinsa*, id. *poins*, vol, *poinser*, voleur), termes tirés de l'argot.

RAPLIQUER, revenir (Vidocq), propr. répliquer.

REBECTER, répéter (*Id.*), c'est-à dire *rebequeter*, frapper de nouveau avec le bec.

REFROIDIR, tuer (Vidocq).

REMBROQUER, reconnaître (*Id.*), propr. regarder, verbe tiré de *broc*, au sens supposé d'œil (cf. argot moderne *godet*, œil).

RETAPPER (*se*), se présenter, et *être à la retappe*, guetter sur le chemin (Chauffeurs, 1800) ; *faire la retappe*, aller se promener sur place (« terme des filles publiques », Vidocq).

RINCER, voler (*Id.*), c'est-à-dire laisser nu comme une bouteille qu'on rince, même image que *nettoyer* et *ratisser*, id.

RIVER, coïter (*Vie*, 1596), *rivard*, paillard◼ (*Ibid.*), *rivette*, sodomite et fille publique (Vidocq).

SAUTER, *faire le saut*, tromper (Chauffeurs, 1800), et cacher à ses camarades une partie du vol qui vient d'être commis (Vidocq) ; image analogue aux synonymes modernes *évaporer, filer, soulever;* cf. anc. fr. *faire saulter un homme,* le tuer, le maltraiter (Oudin).

SENTIR, aimer (Vidocq), c'est-à-dire souffrir quelqu'un (cf. je ne puis le *sentir*).

SIAGER, couper (Chauffeurs, 1800), propr. couper avec la scie.

SOULAGER, tuer (Reims : Tarbé, II, 228), répondant au synonyme mod. *apaiser* : l'assassinat est conçu d'un côté comme un soulagement, et de l'autre, comme un apaisement.

SUER (*faire*), se faire donner la part du vol (*Jargon*, 1728) et assassiner (Vidocq ; v. *chêne*), propr. faire suer du sang.

TAUPER, travailler (Vidocq), image prise de la taupe qui creuse sous terre.

TRAVAILLER, assassiner (Chauffeurs, 1800), et voler (Fr. Michel), de même que les termes correspondants de la germ. *trabajar* et du calâo *trabalhar,* voler ; la même association d'idées se trouve dans *affaire* et *ouvrage,* vol, *ouvrier,* voleur (Vidocq) ; cf. rotwelsch, 1750 : « Diebstahl, *Mase-*

malte, so eigentlich eine Handelschaft bedeutet »
(Kluge, p. 216).

TURBINER, travailler un ouvrage (Chauffeurs,
1800), travailler honnêtement (Vidocq), propr.
tourner comme une toupie (sens propre du verbe
en provençal).

VENDANGER, voler (*Passion*, 1486 : Nous y allons
luer au bec Pour le *vendanger* à l'effray), d'où *vendangeur*, filou (Coquill., 1455 : Ung vendangeur,
c'est ung coppeur de bourses ; Villon, 216 : Le
vendangeur, beffleur comme une choue), et *vendange*, larcin (*St. Christophe*, 1527 : Nous en aurons
asés vendange), images tirées de la vigne (cf. en
français, *grappiller*). En anc. fr., *vendangier* signifie
gaspiller (Oudin, 1640 : Cela est *vendangé*, perdu,
dissipé) ; cf. calâo *vindimiar*, tuer [1].

4. — IRONIE, JEUX DE MOTS

Quelques appellations ironiques, telles que :

ANGLUCHE, oie (*Jargon*, 1628), et *Anglais*
(*Jargon*, 1690 ; Oudin, 1653 : *Anglais*, un 'occa),
tous les deux vivant dans un milieu aquatique ;
cf. argot vénitien *Ebreo*, oie, répondant à *pieds-
plats*, juif (Vidocq), et rotwelsch *Plattfuss*, oie.

CARDEUIL, commissaire de police (*Rat*, 1790,

---

(1) Cf. en outre, dans le vocabulaire de Vidocq : *épicer* (railler),
ficeler (habiller), *gratter* (arrêter), *isoler* (abandonner).

p. 15 : il fut reconoblé chez le *cardeuil* ; Chauffeurs, 1800 ; Vidocq), c'est à dire **quart d'œil** : il guigne le voleur (v. Rigaud).

CHARMANTE, galle (*Jargon*, 1836), et *charmant*, galleux (*Ibid.*).

CUPIDON, chiffonnier (Vidocq), appelé aussi *amour* (*Id.*) ; cf. Mayenne *Cupidon*, enfant malpropre.

LURON, hostie (*Id.*), propr. joyeux compère, répondant aux synonymes modernes *Auvergnat, bourgeois, polichinelle*.

MINCE, qui signifie à la fois[1] peu de chose et beaucoup, ce dernier sens par ironie, comme le berrichon « j'sais *beaucoup !* » exclamation pour « est ce que je sais ? » (= pas du tout) : Un tel est-il venu ce matin ? — J'sais *beaucoup* ! (Jaubert).

MUSICIEN, haricot (Fr.-Michel), appelé aussi *pétard* (Vidocq), par allusion au bruit des vents qu'il forme, terme populaire comme son synonyme *flageolet* ; cf. St.-Pol *musicien*, haricot (burlesque), et Savoie, *musicien*, se dit de tous les haricots d'une digestion difficile.

NAZARETH, nez (Vidocq), augmentatif burlesque de *naze*, (id., du provençal *naz*, nez) ; cf. Oudin,

---

1. J. Richepin : « Les significations de *mince* sont innombrables et il faut pratiquer l'argot à fond pour en saisir toutes les nuances souvent intraduisibles. »

1640 : *vin de Nazareth*, celui qui ressort par le nez, et, dans le patois lyonnais, *faire le vin de Nazareth*, rejeter par le nez une partie de liqueur qu'on a avalé de travers (Puitspelu).

PAUMER, qui signifie en même temps prendre (cf. *repaumer*, reprendre, Vidocq, mod. *pommer*, *pommaquer*, prendre), propr. empoigner, et perdre (*Id.*), ce dernier sens par antiphrase.

PHILOSOPHE, misérable (et mauvais souliers que les voleurs achètent lorsqu'ils sortent de prison, Vidocq), *philosophie*, misère (*Id.*).

RIEN, garde chiourme, argousin (*Id.*).

SAUTERELLE, puce (*Id.*).

Le vocabulaire des Chauffeurs, de 1800, contient, en outre : *Baron*, chapon ; *bijoutier au clair de lune*, voleur ; *bracelet de soie*, menotte ; *graisse d'oignon*, poudre à canon ; *juge de paix*, bâton. Le *Jargon* de 1690 : *Forest moust rubin* (1700... mont...), un cloaque de ville, propr. forêt très (= *moult*) âpre [1].

Un curieux rapprochement de ce genre est offert par le terme *harpe*, qui signifie à la fois instrument de musique, griffe et barreau de fer qui garnit les fenêtres des prisons ; de là, *jouer de la*

---

1. Cette tendance ironique est également accusée dans l'argot roumain : *lup* y signifie mouton (= loup), *prieten*, procureur ami , *tata*, préfet de police (= père , etc.

harpe, voler, propr. jouer de la griffe[1], et *pincer de la harpe*, toucher les barreaux, se mettre à la fenêtre de la prison. Dans ce sens, *harpe* a comme synonymes *guitare* et *violon* : de là, également, *pincer de la guitare*, être prisonnier (par allusion à l'habitude qu'ont les détenus d'étendre les mains sur les barreaux de leur prison), et *jouer du violon*[2], scier ses fers ou les barreaux de la prison (cf. *bastringue*, scie à scier les fers).

Les personnifications ne sont pas rares : *Père Frappart*, marteau (Rigaud), *Mademoiselle Manette*, malle (Vidocq), *Madame*, nom de dé (Coquill., 1455 : En dez a divers noms, c'est assavoir *madame*, la vallée...), *Petit père noir*, broc (Vidocq, II, 93), à côté de *moricaud*, id., et de *négresse* (*Id.*), paquet de marchandise enveloppée d'une toile cirée.

On les obtient parfois à l'aide d'un nom propre : *Jean de la Vigne*, crucifix (Vidocq, *Mémoires*, III, 421), anc. fr. *Jehan des Vignes*, le vin, et fr. pop. *Jean-Raisin*, vigneron (cf. *bois tortu*, vigne) ; *Jean-l'Houssine*, bâton (Vidocq), en fr. *Jean du*

---

1. Oudin, 1640, explique autrement la locution : « *Jouer de la harpe*, desrober, parce qu'en jouant de la harpe on a les mains crochues » ; et Rigaud l'interprète ainsi : « *Jouer de la harpe*, voler à la tire ; les doigts du voleur se promènent dans la poche d'autrui comme les doigts du virtuose sur les cordes de la harpe. »

2. De là, *sentir le violon*, être sur le point de devenir misérable (Vidocq), et *violoné*, misérable (= mis au violon).

Houx. Cf. anc. fr. *faire Jacques Desloges*, s'enfuir (« c'est par allusion de *desloger* », Oudin, 1640).

L'épithète *saint*, précédant le terme proprement dit, produit un effet analogue : le jeu de marelle porte, dans l'ancien argot, tantôt le nom de *Saint Joyeux* (1455), et tantôt celui de *Saint-Marry*, c'est à dire marri, triste. L'ancien français connaît des saints tels que : *Saint Pyon*, patron des buveurs (*Ancien Théâtre français*, II, 52), ou *Saint-Trotin*, patron des coureuses (*Ibid.*, p. 415) ; le français populaire moderne, des saints tels que : *Saint Lâche*, paresseux, *Saint-Longin*, nonchalant, et *Sainte-Touche*, jour de la paye (Delesalle). Dans le patois picard, *Saint Panchard* est le nom donné au mardi-gras, appelé en lorrain *Saint-Crevaz*, en provençal *Sant Crebassi*, car on fait alors des ripailles, des crevailles.

Les noms géographiques se prêtent tout particulièrement à cette catégorie de jeux de mots ou de calembours. Tels sont :

ANGOULÊME, bouche (*Jargon*, 1728 : l'*angoulême*, la bouche) ; de là, *aller en Angoulesme*, par allusion à *engouler*, c'est à dire avallé, beu ou mangé (Oudin, 1640), ou *faire passer par Angoulesme*, id. (d'où le poitevin *prangoulême* : « l'argent, les vaches, les écus ont passé *prangoulême*, ont été avalés », Favre), auj. Berry *faire passer par la voie d'Angoulême*, avaler.

NIORT, dans la locution *aller à Niort*, nier un fait (Vidocq), ou *prendre le chemin de Niort*, nier une chose (Oudin, 1640).

POITOU, point, non, rien (*Jargon*, 1628), encore dans Vidocq (XVIII : n'épargnons le *poitou*) ; cf. fourb. *nicolo*, non (calâo *nicles*), propr. Nicolas.

ROUEN (*aller à*), se ruiner (Vidocq).

Le fourbesque dit également : *andar in Picardia*, être pendu (= aller en Picardie), *rè di Granata*, blé (= roi de Grenade, pour *grano*), et *rè di Capadocia*, chapon (= roi de Cappadoce, pour *capone*).

On trouve en ancien français : *aller à Cachan*, se cacher, se desrober aux poursuites de ses créanciers (Oudin, 1640), et *envoyer à Mortaigne*, tuer (*Id.*), *aller à Saint-Bezet*, ne savoir rester en place, errer (Cotgrave), comme les vaches piquées par les mouches (picard *bezer*, id.).

Dans le patois berrichon : *j'ai besoin d'aller à Argenton* (ville du département de l'Indre), j'ai besoin d'argent ; *aller à Cracovie*, mentir (cf. *craque*[1], menterie) ; *aller à Crevant* (petit bourg du pays), se mourir ou être mort ; *le v'là parti à Dormillon* (nom d'un village près d'Arcueil), disent les vignerons quand ils voient quelqu'un se laisser aller au sommeil ; *aller à Turin* (c.-à-d. *tue-ren*), qui se dit de tout mauvais chasseur (Jaubert).

---

1. *Craquelin*, menteur, se trouve chez Granval (1725), et dans les éditions ultérieures du *Jargon*.

DEUXIÈME PARTIE

ÉLÉMENTS EMPRUNTÉS

« L'argot est toute une langue dans la langue, une sorte d'excroissance maladive, une greffe malsaine qui a produit une végétation, un parasite qui a ses racines dans le vieux tronc gaulois et dont le feuillage sinistre rampe sur tout un côté de la langue. Ceci est ce qu'on pourrait appeler le premier aspect, l'aspect vulgaire de l'argot. Mais pour ceux qui étudient la langue ainsi qu'il faut l'étudier, c'est-à-dire comme les géologues étudient la terre, l'argot apparaît comme une véritable alluvion. Selon qu'on y creuse plus ou moins avant, on trouve dans l'argot, au dessous du vieux français populaire, le provençal, l'espagnol, de l'italien, du levantin, cette langue des portes de la Méditerranée, de l'anglais et de l'allemand, du roman dans ses trois variétés, roman français, roman italien et roman roman, du latin, enfin du basque et du

celte. Formation profonde et bizarre. Edifice souterrain bâti en commun par tous les misérables.
Chaque race maudite y a déposé sa couche,
chaque souffrance a laissé tomber sa pierre,
chaque cœur a donné son caillou [1]. »

Cette caractéristique de Victor Hugo ne doit pas
être prise au pied de la lettre. L'argot ignore tout
élément germanique, et ce qu'il en possède, il le
doit aux patois. Les emprunts allemands dont il
s'agit sont, dans les patois mêmes, d'origine mo
derne, ayant été importés par les Allemands lors de
l'invasion de 1815. C'est de cette époque que
datent, par exemple, les termes picards : *chelofe*
(*aller à*), aller coucher, et *choumaque*, cordon
nier (ce dernier familier également à la Lorraine
et à la Franche Comté), qui ont pénétré dans le
parler populaire, à côté de *chouflique*, savetier
(Delesalle), et de *chtibes*, bottes (*Id.*), d'où *enchti
ber*, emprisonner (= mettre en bottes). Ces termes
n'ont rien de commun avec l'argot proprement
dit, ancien ou moderne, et le répertoire de Vi
docq les ignore complètement [2]. « Le contact de

1. Victor Hugo, *Les Misérables*, éd. Hetzel, vol. V, p. 211 à 234 :
l'Argot origines, racines, etc.). Le passage cité se trouve à la
p. 220. Voir l'Appendice.

2. On lit pourtant *du schnouff*, du tabac (= allem. *Schnupftabak*),
dans le vocabulaire des Chauffeurs de 1800. Le terme *beausse*, riche
bourgeois (Vidocq), qui serait le hollandais *baas*, patron, est expressément indiqué comme spécial aux voleurs flamands ; il a pénétré,
par l'argot, dans le patois savoyard : *bôsse*, maître, patron.

la France et de l'Allemagne, nous dit Fr.-Michel (Introd., XXX), dota l'argot de quelques mots d'origine et même de physionomie germaniques ; mais on les compte, et il ne faut pas beaucoup de temps pour cette opération. » Formulée même avec cette restriction, l'assertion ne répond pas à la réalité.

Il ne peut pas être non plus question, en ce qui concerne le vocabulaire argotique, d'emprunts faits au latin, au celte ou au basque. On n'a jamais soutenu sérieusement que le latin ait rien fourni à l'argot.

Y a t il des mots bretons dans l'argot? M. E. Ernault l'a affirmé [1], en citant à l'appui les termes *bras*, grand (bret. *bras*), *esgourne*, oreille, *esgou verne*, id. (« qui rappelle plutôt le gallois *ysgy farn*, mais aussi le fr. *gouverner* »), *plouse*, paille (bret. *plousenn*, id. : « Ce doit être le correspondant du fr. *pelouse* ») et *quimper*, tomber (« du gallois *cwimpo*, id., mais la priorité de celui-ci n'est pas prouvée », pouvant venir tous les deux d'un bas lat. *coinpere* pour *coinquere*, sc. arbores).

Remarquons que les termes cités appartiennent à la dernière édition du *Jargon*, celle de 1836, et que M. Ernault doute lui même de l'origine bretonne de *esgourne* (auj. *esgourde*, propr. la dégourdie), et de *quimper*. Quant à *bras* (fém. *brasse*)

<hr>

1. *Revue celtique*, VII, 5o, 252, et XV, 364.

et à *plouse*, ils sont hors de cause, représentant des métaphores argotiques tirées des mots français correspondants : *bras*, pris comme terme comparatif de longueur (cf. fr. *brasse*), et *pelouse*, au sens de paille, répond au synonyme de l'argot ancien *pelard*, foin.

Quant au basque, Fr.-Michel (Introd., XXXI) prétend y rapporter les termes d'argot *andre*, femme, et *salir*, vendre. Cependant, l'auteur a renoncé lui-même dans le corps de son volume à son explication du premier de ces mots ; et le deuxième est une mauvaise transcription de *solir* (v. p. 24), qui n'est que l'ancien français *sollir*, vendre [1].

Reste, comme langues auxquelles l'argot a fait des emprunts, le roman, c'est-à-dire le provençal, l'italien et l'espagnol. Ce contingent lexique soulève un problème.

I. — Fonds commun.

L'ancien argot, le fourbesque et la germania possèdent en commun un stock de mots que résume le tableau suivant :

ANCE, de l'eau (*Vie*, 1596), à côté de *lance* (Bouchet, III, 130 : pier de *lance*, boire de l'eau ;

1. Voir l'Appendice sur les fantaisies basques de Victor Hugo,

Jargon, 1628) ; — germ. *ansia*, eau (calâo *ancia*), et fourb. *lenza*, id. (déjà au xv° siècle) ; cf. Val Soana *lancio*, soupe, et argot breton de Vannes *lanche*, eau, pluie (tous deux dérivant de l'argot).

ARTON[1], pain (Coquill., 1455 : *arton*, c'est pain ; Vidocq : *larton*), à côté de *artis* (Bouchet, III, 130 : ils nomment du pain de l'*artis*), ou *artie* (*Vie*, 1596 ; *Jargon*, 1628 : *artye* ; 1660 : *lartie*), *artif* (Chauffeurs, 1800 : *artifaille* ; Vidocq : *lartif*) et *artois* (*Vie*, 1596) ; — germ. *artife* (et calâo), *harton* (calâo *artâo*), et fourb. *artinbaldo* (xv° siècle), *artibrio*, *artone* (xvi° siècle).

BOULE, foire (*Jargon*, 1628) ; — germ. *bola*[2] (et calâo), id., et fourb. *bolla*, ville (Pulci).

CRIE, viande (Bouchet, III, 130 : du lard et du salé, c'est la *crie* ; *Vie*, 1596 : *crie*[3], chair), à côté de *criole* (*Jargon*, 1628 : crie ou *crïole*, de la chair), et *crignolle* (Chauffeurs, 1800 : *crignolle*, fricot ; Vidocq : *crignolle*, viande) ; — germ. *crioja*, viande (calâo *cria*), et fourb. *cria* (xv° siècle), *crea* (*creata*, *creatura*). *criulfa*[4], id.

---

1. Cf. bellau *arta, arti*, pain, et ménédigne *arton*, id. (mourmé : faim), empruntés l'un et l'autre à l'argot, comme le terme corres pondant de l'argot breton de la Roche : *eltriz*, pain.

2. D'où *boleador*, voleur, propr. voleur de foire, répondant au synonyme argotique *mion de boule*, filou (— enfant de foire).

3. Cf. bellau *creia*, viande, et mourmé *crie*, id., *crieuz*, boucher termes tirés de l'argot).

4. Le *criolfo* (« fratello »), du vocabulaire du xv° siècle, répond au fourb. *carniero, carnifico*, id.

GAU [1], pou (*Jargon*, 1628 : *gaux*, des poux ; Vidocq : *got*) ; — germ. *gao* (calâo, id., à côté de *ganau*, *gando*) et fourb. *gualdo* (Pulci), *gualtino*, *gualtino* (Val Soana *gaut*).

LIME [2], chemise (*St. Christophe*, 1527 : Et porte la *lime* nouée ; *Vie*, 1596 ; *Jargon*, 1628), à côté de *limasse* (*Jargon*, 1700) et *limans* (*Vie*, 1596 : *limans*, linceux) ; — germ. *lima* (et calâo), *limosa*, chemise, et fourb. *lima*, id.

MARQUE, fille (Villon, 77 : Souvent aux arques, et leurs *marques*, Se laissent toujours desbouser ; *Jargon*, 1628), à côté de *marquise*, femme (*Ibid.*) auj. maîtresse d'un adroit voleur (Vidocq), et de *marquant*, homme (*Jargon*, 1700), mod. homme couvert de bijoux, qui est riche ou qui paraît l'être (Vidocq), auj. maître, souteneur, ivrogne (Rigaud) ; de là *marquin*, couvre-chef (*Jargon*, 1628), propr. chapeau d'homme, à côté de *marquise*, chapeau de femme (Larchey, *Suppl.*) ; — germ. *marca*, *marquida*, *marquisa*, prostituée (calâo *marca*, entremetteuse, et *marco*, souteneur), et fourb. *marcona*, id. (Val Soana *marconar*, se marier), *marcone* (« ruffiano »).

---

1. Cf. bellau *gou*, pou (tiré de l'argot).

2. Cf. bellau *lemieux*, drap (*lemieuse*, blouse , et mourmé *lemarda*, chemise (termes pris à l'argot). De *lime*, l'argot a tiré *limogère*, chambrière (*Vie*, 1596), avec une finale analogique d'après *lingère*.

RUFLE[1], *ruffle*, feu (Coquill., 1455 : *rufle*, c'est
le feu de Saint Antoine ; Villon, 204 : Ou vous
aurez le *ruffle* en la joue), à côté de *rufe*[2], *ruffe*
(*Vie*, 1596 : *rufe*, le feu ; éd. 1627 : *ruffe*), *riffe*
(Bouchet, III, 130 : *riffe*, c'est du feu) et *riffle*,
rifle (*Vie*, 1627, et *Jargon*, 1628) ; — fourb. *ruffaldo*,
feu (xvᵉ siècle), *ruffo* (Val Soana *rüf*), calâo *rufo*,
id., et germ. *rufon*, briquet pour allumer l'amadou.

Ce tableau nous servira de point de départ pour
préciser, autant que possible, les sources où ont
puisé les divers argots romans et pour établir le
bilan de leurs actions et réactions mutuelles.

Ce qui frappe tout d'abord, dans la liste ci-
dessus, c'est la présence de quelques termes grecs,
tels que *arton*, pain (ἄρτος), et *crie*, viande (κρέας),
auxquels il faut ajouter *ornie*, poule (ὄρνις), ce dernier particulier à l'argot (*Vie*, 1596 : *ornie*, et
ornion, *ornichon* ; *Jargon*, 1628 : *ornye* et *ornyon*),

---

1. Cf. argot breton *rufan*, feu, et mourmé *roufia*, brûler (*roufié*,
chaud) ; le lexique des Chauffeurs a *criffler*, chauffer.

2. Dérivés : *ruffez*, *riffaudez*, gueux *Jargon*, 1628, p. 25 : Des *ruffez*
ou *riffaudez*... *Ruffez* ou bruslez sont ceux qui triment avec un
certificat qu'ils nomment luque, comme leurs biens sont ruffez
toutime menans avec sezailles leurs marquises et mions, feignans
avoir eu de la peine pour sauver leur mion du rifle qui riffoit
leur creux), *riffauder*, se chauffer (Bouchet, III, 130 , et brûler,
chauffer (Vidocq), à côté de *rifoder*, cuire ou brûler (*Jargon*, 1628).
Le nom de *riffaudeurs* s'applique également aux brigands Chauffeurs (v. Vidocq, I, 64, 104 s.). Cf. fourb. *arrufare*, brûler, cuire.

à côté de *ornie de bale*, poule d'Inde (*Jargon*, 1628 ; Chauffeurs, 1800 : *arnibale*, oic), c'est à-dire poule qui cherche sa nourriture dans la balle d'avoine.

Le fait a déjà été relevé par Henri Estienne, lequel, suivant ses préoccupations linguistiques, était disposé à lui accorder une portée plus géné rale (*Conformité,* p. 136) : « Quelcun aussi pour roit dire que j'aurois eu tort de laisser les beaux mots du jergon, dont la plus grande partie est évidemment prise du grec : et pourtant leur feray cest honneur de leur laisser ici place. Toutesfois, je diray les trois desquels il me souvient, qui sont *Arti,* d'ἄρτος ; *Cri, de* κρέας ; *Piot,* de πότος. » On a vu plus haut (p. 108) que nous attribuons une origine indigène au dernier des mots cités, lequel a passé de l'argot dans la germania (il manque au fourbesque).

Quel a été le foyer d'expansion de ces termes ? Il est difficile de le dire. Pourtant, plusieurs in dices renvoient à la Provence. Ce pays, de par sa position géographique, était tout indiqué pour servir de centre de ralliement aux argotiers de France, d'Italie et d'Espagne. C'est à Marseille qu'on embarquait les criminels condamnés à ra mer sur les galères du Roi (peine instituée sous François Ier), et c'est encore Marseille qui posséda, après la suppression des galères, en 1748, un des premiers bagnes. Malheureusement, le manque de tout travail spécial sur le patois marseillais, et notamment sur l'argot local, est une lacune des plus fâcheuses dans cet ordre de recherches ; et force nous sera de faire état, à cet égard, exclusivement des indications éparses qu'on trouve dans le *Trésor* de Mistral.

C'est ainsi que *artoun* désigne encore aujourd'hui, en provençal, le pain, et spécialement le pain grossier, comme le lyonnais *arton*, pain (« on le rencontre encore à Lyon », Puitspelu). Sans le faire remonter à la fondation de Marseille, dont *artoun* serait contemporain (suivant J.-J. Ampère), on peut croire qu'il a été importé au xiv° siècle du byzantin, mais il est plus probable que le terme lyonnais et provençal vient simplement de l'argot. En effet, l'ancien provençal l'ignore et en bas-latin, *artona* a exclusivement le sens religieux de « pain béni », comme d'ailleurs dans le grec moderne (ψωμί, pain, et ἄρτος, hostie).

Les expressions *arton* et *cric* [1], ainsi que *ornie*, appartiennent en propre à l'argot et leur origine paraît être purement livresque. Les auteurs de

---

1. On rencontre également ce terme dans la rédaction bas-allemande du *Liber Vagatorum* (1510 : *crew*, fleisch, Kluge, p. 76) ; mais, comme le montrent quelques autres traces de ce vocabulaire sur lesquelles nous reviendrons), il paraît remonter à l'argot français.

cette nomenclature seraient, dans cette hypothèse, les *escoliers* de l'Argot, ces fameux Archi-
suppôts auxquels on est redevable des transfor
mations successives du vocabulaire argotique [1].

Le bas latin possède, en revanche, *limas*, au
sens de vêtement : « Une maniere de vestemens
qui est dez le ventre jusqu'aux piés, comme de
vantier à cuisiniers ou à femmes » (Glossaire la
tin-français) ; et l'argot marseillais connaît *limaço*,
chemise (Mistral).

Ce qui donne un certain poids à la conjecture
que nous avons présentée sur le rôle de la Pro
vence comme facteur intermédiaire entre les divers argots romans, c'est le stock de mots que le
provençal a fournis à la fois à l'argot, au fourbesque et à la germania, à commencer par le nom
que le langage des malfaiteurs porte dans ces
deux derniers (*gergo, xerga*, v. p. 30). Voici cette
seconde série d'éléments communs à l'argot et à
ses équivalents du sud de l'Europe :

BAZIR, tuer (Coquill., 1455 : *bazir* ung homme,
c'est tuer), et *bazisseur*, meurtrier (*Ibid.* : ung *ba
zisseur* est aussi un muldrier), à côté de *bezarder*,
mourir (Bouchet, III, 131 : *bezarder*, c'est mou-

---

1. Dans l'argot slovène (*plintovska spraha*, propr. langage des
aveugles), figure aussi *arton*, pain v. Jagic, *étude citée*, p. 33), mais
on en ignore la chronologie et les intermédiaires : Jagic le fait
venir directement du grec moderne.

ŗir, il est *bezardé,* c'est-à-dire il est mort), *basour-dir,* tuer (*Jargon,* 1628), et *esbasir,* assassiner (Vi-docq) ; fourb. *basire,* tuer, mourir, et germ. *vasir,* id. (« morir », *vasido,* muerto, Hidalgo) ; — pro vençal *basir, basi,* mourir (en parlant des ani-maux), défaillir (en parlant des hommes) : *basi de fam,* mourir de faim, périr d'inanition, *basi de rire,* crever de rire, *l'argent basis entre si man,* l'argent fond entre ses mains ; *basi, basido,* défail-lant, défait, mort ; *abasourdi, esbasourdi,* étourdir.

BIRBE [1], vieillard (Vidocq), propr. vieux birbe ou mendiant (et puis *birbe* tout seul au sens de vieux), même mot que *bribe,* pain mendié (*Vie,* 1596, p. 35 : Quand toutes leurs *bribes* sont assemblées, ils ont de quoy faire un chenastre banquet), d'où *briber,* mendier ; fourb. *birba,* aumône (Val Soana *barbir,* manger = *birbar*), et germ. *bribia* (« arte y modo de enganar hala gando con buenas razones »), *bribion* (« ladron que halaga con buenas palabras para enganar », Hidalgo) ; — provençal *birbe, birbo, bribo,* pain mendié, gueux, coquin, canaille ; *birba, briba,* mendier, gueuser ; *birbant, bribant,* mendiant ; *birbandeja, bribandeja,* mendier (*embirba,* duper).

SORNE [2], nuit (*Apôtres,* 1460 : Ou brouent ilz à

---

1. Le lyonnais *bibon,* vieillard, est l'argot *bibon* (Fr. Michel), pour *birbon,* id.

2. Cf. bellau *seugni,* nuit (— argot *sorgne,* id.).

present sur la *sorne* ?), à côté de *sorgne* (*Jargon,* 1700) et de *sorgue* (*Jargon,* 1628, d'où *sorgueux,* voleur de nuit, p. 48 : jamais je ne fus ni *sorgueux* ni doubleux) ; germ. *sorna,* nuit (calò : sommeil, calâo : berceau), et *sornar,* dormir ; — provençal *sorn,* obscure, sombre, et *sourno,* id. (*es sourno,* il fait noir).

Passons maintenant aux autres sources des termes du fonds commun, en tâchant de discerner les éléments indigènes de ceux qui ont été simplement importés.

II. — **Actions et Réactions.**

On a déjà mentionné l'action que les divers argots romans ont exercée les uns sur les autres. Il s'agit maintenant d'examiner de plus près ces influences mutuelles et d'en relever les résultats. Les voici d'après l'ordre de leur importance et de leur action chronologique.

1. — LA GERMANIA

Le premier terme de notre tableau — *ance,* eau — en dérive certainement : *ansia,* eau, propr. torture (l'eau étant un instrument de torture fort

employé autrefois), et *ansias*, galère, primitivement terme de procédure criminelle[1].

Un autre terme — *boule,* foire — en dérive
également : *bola,* propr. boule, appliquée fami
lièrement soit à la terre entière, au globe terrestre,
soit à une de ses portions, foire ou marché.

Un troisième — *marque,* femme — paraît avoir
la même origine : *marca* est fréquent dans les
jacaras ou romances argotiques du xvie siècle ;
la présence pourtant du mot déjà dans les
ballades de Villon indiquerait plutôt une origine
française, une forme abstraite de *marquise* (en
français, dès le xiiie siècle).

C'est de la même source que l'ancien argot a
tiré les termes suivants :

GODIN, riche (Coquill., 1455 : ung *godin,* c'est
ung riche homme), et *godiz*[2], id. (Ibid. : ung *godiz*
est un homme qui a argent et est riche) ; — germ.
godo, godizo, id. (« rico, principal », Hidalgo), à
côté de *godeno,* id., de l'esp. *godo,* Goth et nom
donné au moyen âge, en Espagne, aux membres
de la noblesse issus du mélange des Goths et des
Ibères (*ser godo,* être d'ancienne noblesse). On ren
contre fréquemment, dans les *jacaras* ou romances

---

1. Cf. Salillas, p. 268 : « La representacion es de origen esen-
cialmente procesal… La pena de galera, por complirse navegando,
equivale a un segundo tormento de agua. »

2. Salillas (p. 40) voit, dans *godizo* (dérivé de *godo,* de même que
godeno, un composé de *godo* et de *iza,* prostituée.

argotiques recueillies par Hidalgo, *godo, godeno, godizo*, comme épithètes données à la prostituée, au souteneur et à d'autres personnes et choses [1].

LUDIE, coquin, dans la locution *gavion de ludie*, dupe, propr. pâture de coquin (*Ancien Théâtre*, III, 438 : Si trouvez me puis sus le banc Et quelque gavion de *ludie*) ; — germ. *ludio*, coquin, *luda*, femme (= ribaude), de l'esp. *ludir*, frotter (cf. fourb. *lodo*, laid. *da lodi*, méchant).

LUQUE, faux certificat (*Jargon*, 1628, p. 25 : avec un certificat qu'ils nomment *lucque* ; 1728 : *luquet*, 1836 : *luque*, image, et *luquet*, faux certificat) ; — germ. *lucas*, cartes à jouer, c'est-à dire images, probablement d'après le nom de la ville de Lucques [2], célèbre jadis par ses soieries et autres produits (cf. provençal *or de Luco*, similior).

TAQUINADE, cartes de même couleur qui se suivent, dans le jeu de piquet (Coquill., 1455 : ilz appellent les cartes la *taquinade*), auj. *taquiner la dame de pique*, jouer aux cartes ; — germ. *taquin*, tricheur au jeu (Aragon *taquinero*, joueur aux osselets).

Voici maintenant les termes que la germania, à son tour, a empruntés à l'argot :

1. Id., p. 165 (citations d'après les *jacaras*) : « Marca la maz *goda* y fresca ; las dos marquisas *godenas* ; la mas *godiza* ambladora ; — entre los *godos* mas maco ; el rufo come es *godizo*, » etc., etc.

2. Coelho p. 157 rapproche le calão *lucas*, cartes à jouer terme pris à la germania), du bohémien *lias*, id.

COIME, gueux, maître (« señor de casa », Hidalgo, *coime del Allo*, Dios, Hidalgo), et maître d'un tripot (en espagnol), à côté de *coima*, gueuse (« mujer del mundo », H.) ; en esp. : droit prélevé par le maître d'un tripot ; — anc. argot *coesme*, gros mercier (v. l'index).

DUPA, dupe (« ignorante o bobo o al que enganan », Hidalgo) ; — argot *dupe*, id. (v. p. 106).

ENTREVAR, comprendre (« entender », H., déjà dans Cervantes) ; — argot *entrever*.

PIAR, boire, etc. ; — argot *pier*, id. (v. p. 108).

Et les suivants qu'elle a tirés du français :

ALAR (et calâo), *alarse*, s'en aller, et *alon*, id. ; — fr. *aller, allons*[1].

BELITRE, voleur (« picaro » H. : mot passé dans le Dictionnaire de l'Académie espagnole), et *belitrero* ; id. (« rufian que estafa a los picaros ») ; — fr. *bélitre* (xv° siècle), terme passé également dans le calâo (*bilontra*, à côté du portugais *biltre* et de l'italien *belitrone*).

BORNE, gibet (« horca »), et *bornido*, pendu (« ahorcado »), termes passés dans le parler populaire ; — fr. *borne* ; cf. pour le sens, le synonyme *finibusterre*, potence, propr. borne du monde.

GRULLAS, guêtres (« calzas de polaina »,

---

1. Salillas (p. 267 dérive *alar* de *ala*, aile, ou du terme nautique *halar*, haler (cf. Aragon et Andalousie *ala !* avance ! port. *alon !* id.).

Hidalgo) ; — anc. fr. et dial. *grolles*, provençal *groulhos*, savates, vieux souliers ; cf. bellau *groule*, soulier.

PARLAR, parler (« hablar », H.) ; — fr. *parler*.

SAGE, entendu, rusé (« astuto, avisado », H.) ; — fr. *sage*.

2. — LE FOURBESQUE

Deux des termes communs de notre première liste reviennent au fourbesque, à savoir : *gualdo*, pou, et *ruffo*, feu. Le premier, tiré de l'espagnol *gualdo*, jaune de gaude, fait allusion à la couleur jaunâtre du parasite[1] ; le deuxième, à la notion « rouge », la couleur du feu, répondant aux synonymes : bellau *roubbio*, feu (*reubbia*, brûler), mourmé *roubie*, feu, et terratsu *rubia*, id., propr. garance, plante d'un rouge éclatant.

L'argot moderne a tiré du fourbesque les termes suivants :

GONZE (*gonce, goncier*), homme, et *gonzesse*, femme (« terme des voleurs brabançois », Vidocq) ; — fourb. *gonzo*, bourgeois, rustre (en italien : niais) ; provençal *gonzo*, coureuse.

---

1. L'autre sens fourbesque de *gualdo*, à savoir « juif », peut êtr rapproché du nom provençal de la gaude : *erbo di-judièu* (« autre fois les Juifs étaient obligés de porter un chapeau jaune », Mitral).

MORASSE, alarme, tumulte (*battre morasse*, crier au voleur, Vidocq), à côté de *moresque*, danger (*Id.*) ; — argot milanais *batt mora*, far chiasso, far romore (Cherubini), terme emprunté au jeu de la mourre ; argot piémontais *moresca*, danger, et *baté la moresca* (« chieder soccorso »).

PIVASTE, enfant (*Jargon*, 1836) ; — fourb. *pivastro, pivo*, id.

RABOIN, diable (Vidocq) ; — fourb. *rabuino*, id. (vocabulaire du xv° siècle : *rabuini*, dadi) ; Lyon, *rabouin*, diable (emprunt fait à l'argot). Le fourbesque *rabuino* est tiré de l'esp. *rabo*, queue, propr. celui qui a une queue (cf. wallon *coué*, diable).

REDIN, bourse (Vidocq) ; — argot milanais *redin*, id. (de *rede*, filet).

TARTIR, faire ses besoins (Fr.-Michel), moderne *tarter*, id. (Richepin) ; — fourb. *tartire*. id.

Quelques uns ont été pris directement à l'italien : *Casquer,* donner aveuglement dans tous les pièges (et *encasquer*, entrer dans une maison avec le dessein d'y voler, Vidocq), propr. tomber (it. *cascare*), et payer, c. à d. être attrapé ; *fassolette*, mouchoir de poche (it. *fazzoletto*) ; *lazagne*, lettre, dont les traits ont été assimilés à la pâte rubanée du même nom (it *lasagna*) ; *niente*, rien, zéro (« terme des voleurs du midi de la France », Vidocq) ; *robe*, vêtement de forçat (« terme des argousins », *Id.*), *rober,* dépouiller quelqu'un de tous ses vêtements après l'avoir volé (*Id.*), à côté de *fourobe,* fouille (« terme des forçats et des argousins », *Id.*), *fourober,* fouiller les effets des forçats, id. (*robba, fuorarobba,* id.) ; *vingt-deux,* couteau (« terme des voleurs flamands et hollandais », Vidocq), de *vinti due,* id. (suivant Larchey, *Suppl.*)[1].

L'argot a fourni, à son tour, au fourbesque :
BISTI, *bistolfi,* nature de la femme ; — argot *bis,* id. (*Vie,* 1596 ; Bouchet, III, 130 : en bon patois on dit river le *bis* à la mille), *bistoquette,* membre, *bistouille,* testicules ; auj. Pas-de-Calais, *bis,* sexe.

GIRONDA, Notre Dame, terme fourbesque moderne ; — argot *gironde,* aimable (v. l'index).

GUINALDO, juif. à côté de *ginaldo,* chien, propr. mendiant (cf. *guido, guidone,* chien, compagnon, juif), et *ghigno,* juif ; — argot *guinal,* juif (anc. fr. *guenau, guinau.* gueux).

TREPPO, foule, terme fourbesque moderne ; — argot *trèpe,* affluence de peuple (Vidocq).

Plus importante a été l'action exercée par l'argot sur les jargons de la Haute-Italie, et tout

1. Fr.-Michel enregistre plusieurs autres rapprochements de ce genre, mais qui sont sujets à caution : *camoufler,* déguiser, du fourb. *camuffare* (cf. p. 86) ; *chérance,* ivresse, propr. bombance (= bonne *chère*), du fourb. *chiarenza,* id. ; *colligé,* pris, arrêté, propr. pris au collet (v. p. 88), de l'it. *colto,* etc.

particulièrement sur ceux du Piémont. Nous avons déjà mentionné en partie les termes valsoanins *borc*, sou (argot *broque*), *branci*, âne (argot *branque*), *brugi*, forgeron (argot *bruge*), *lingher*, couteau (argot *lingre*), etc. Voici maintenant les mots d'argot qu'on rencontre dans le jargon piémontais (d'après les matériaux publiés dans le 8ᵉ volume de l'*Archivio di Psichiatria*, 1887) :

AMBROCAMENT (*un*), guardare qualche cosa mentre comette un furto ; — argot *rembroquer*, reconnaître (Vidocq ; v. p. 125).

CALVINHA, croce ; — argot *calvine*, vigne (cf. pour le sens, p. 130).

CIURIN, coltello ; — argot *chourin*, couteau.

FOURAIÉ, sortire ; — argot *dé)fourailler*, s'enfuir (Vidocq).

FRANZIN, fratello ; — argot *frangin*, frère (*Id.*).

LEGRA, fiera ; — argot *lègre*, foire (*Id.*).

ROULANT, carro ; — argot *roulant*, fiacre (*Id.*).

RUPIN, signore ; — argot *rupin*, gentilhomme (1628), à côté du piémontais *rupinant* (« ben messo ») qui répond au moderne *rupin*, élégant.

TAPIS, osteria ; — argot *tapis*, auberge (Vidocq).

TIBISLOC, théâtre, rapproché de *miseloque*, id. (*Id.*).

TOUCANTA, montre ; — argot *toquante*, id. (*Id.*).

TRAFOUIET, tabac ; — argot *treffoin*, id. (*Id.*).

VADO, foule ; — argot *vade*, id. (*Id.*).

3. — LE CALAO

C'est le plus récent des argots romans. Il a tiré de la germania une bonne partie de son vocabulaire et une autre du gitano. Les emprunts qu'il a faits à l'argot sont assez nombreux et tous modernes. En voici le relevé [1] :

CAMELOTE, dépouille (« espolio ») ; — argot *camelote*, marchandise.

DABO, père, et *darona*, mère ; — argot, *dabot*, *daronne*, id.

GAIO, cheval ; — argot *gaille*, id.

GRIS, froid ; — argot *gris*, id. (cf. p. 74).

GUIBONA, jambe, et *guibo*, orteil ; — argot *guibe*, *guibone*, id.

LOFO, fou ; — argot *louf*, id.

MARRAO, découvert ; — argot *marron*, id.

MECO, homme ; — argot *mec*, id.

MENEZA [2], entremetteuse ; — argot *menesse*, prostituée (v. l'index).

PIOVES, vin (cf. Coelho, 102) ; — argot *pivois*, id. (v. l'index).

PONIS [3], femme ; — argot *ponisse*, prostituée (v. l'index).

---

1. Cf. Coelho, p. 96 à 103 et 114.

2. Coelho p. 158) dérive *meneza*, ainsi que *maneza*, femme (*manes*, homme), du gitano *manou*, homme.

3. Coelho (p. 113) tire *ponis*, femme, de l'anglais *pony*, cheval,

ꝛuɪvɑ, police ; — argot *rouve*, id. (cf. *rouveaux*, archers).

Ainsi que les suivants tirés du français : *Chena*, chaîne ; *labita*, casaque (= *l'habil*), *piston* (« guardasol »), *trompar*, tromper. Ou du provençal : *gamar*, voler (« furtar com subtileza »), d'où *gamo*, vol, du provençal *gama*, escamoter, tromper, propr. gober [1].

Le calâo, vu sa formation moderne, n'a exercé aucune action sur l'argot.

Quant à l'argot roumain, il reste, à cause de sa position géographique, complètement en dehors des influences linguistiques qui ont agi sur les autres argots romans.

III. — Eléments non-romans.

Tandis que le calò et le calâo accusent une influence gitane assez importante, principalement le dernier qui en porte même le nom (*calò* [2] signifie bohémien), l'ancienne germania, le four-

en s'appuyant sur la prétendue analogie de *marca*, qu'il dérive du celtique *marka*, cavale v. l'index).

1. Coelho (p. 156) rapproche *gamar* du gitano *jamar, jalar*, manger.

2. Le même terme *bohémien* désigne, en roumain, le bourreau (*caldu*, les Bohémiens ayant longtemps été en Roumanie les exécuteurs des hautes œuvres.

besque et l'ancien argot ignorent entièrement toute trace de la langue des Bohémiens ou Tsiganes. L'argot compte, il est vrai, une demi douzaine de termes de cette provenance, mais tous appartiennent exclusivement à l'argot moderne, et Vidocq est le premier qui les ait enregistrés.

La chose est d'autant plus surprenante que la première apparition des Bohémiens en France eut lieu au commencement du xvᵉ siècle (on les vit à Paris en 1427), c'est à-dire à l'époque même où l'Argot s'est constitué. Cette constatation n'est pas sans intérêt pour l'interprétation des anciens documents de l'argot. En voici un exemple : Vitu avait interprété le terme *Can* d'une des ballades jargonesques de Villon par « soleil » (sens du bohémien *kan*) et M. Longnon a admis cette explication, dans le glossaire de son édition de Villon. Une chose pareille est pourtant inadmissible, si l'on tient compte de l'absence de tout élément bohémien dans l'argot antérieur à Vidocq[1]. Pas une des éditions modernes du *Jargon,* celle même de 1836 qui est contemporaine des *Voleurs* de Vidocq, n'en porte de trace[2].

1. Les termes *chique,* église, et *grè*, cheval (v. ci dessous) remontent au vocabulaire des brigands Chauffeurs (1800), dans les bandes desquels se trouvaient probablement des bohémiens.

2. L'influence du bohémien sur le *rotwelsch* et le *cant* a été relativement peu importante, mais on en trouve des traces déjà au xvɪᵉ siècle cf. dans l'ancien cant, *rom*, bon, magnifique). En re

Ce n'était pas l'avis de Fr.-Michel : « Si le grec, dit il (Introd., XXVII), a fourni un certain nombre de mots à l'argot de tous les pays, il est une autre langue à laquelle il a emprunté bien davantage : nous voulons parler du *romany* ou langue des Bohémiens ». Et tout récemment, Salillas affirme encore (p. 212) : « En el argot existen abundantes zingarismos ».

La vérité est qu'on a tout à fait exagéré la portée du bohémien ou tsigane, et que la plu part des rapprochements correspondants (en dehors du calò et du calâo) faits par Pott, Miklosich et Coelho, sont sujets à caution. On a d'ailleurs oublié ce que le gitano a emprunté à la germania (cf. *lima, sornar*, etc.), sans lui rien fournir en échange, et ce que le bohémien a pris à l'argot. Une note de l'Introduction de Fr. Michel (LII) est particulièrement intéressante sous ce rapport ; il s'agit des *Romanitchels* du centre et du nord de la France : « Ces maraudeurs parlent entre eux une langue particulière dont eux seuls ont la clef, et qu'ils emploient même en présence des autres voleurs ; mais comme ils fréquentent ces

vanche, l'action du cant sur le *romani* est considérable. Voir la préface de Hotten, *Slang Dictionary*, Londres, 1874. L'argot sicilien possède une dizaine de mots bohémiens, qui sont encore vivaces parmi les manœuvres de Palerme. Tels : *mannettu*, pain (du bohémien *manro*, id.), *masa*, viande (du bohémien *mas*, id.), etc. V. Pitrè, *ouvrage cité*, p. 335.

derniers, au moins passagèrement, surtout les voleurs de nuit dans les départements, dits *sorgueurs*, il est impossible qu'ils ne comprennent pas l'argot. Il y a plus, si l'on peut se fier à une note de police, le *romany*, dans leur bouche, porte de nombreuses traces de l'invasion du jargon : c'est ainsi que pour *coucher* ils disent *poultré*, *guernaf* pour *ferme*, *fertille* pour *paille*, *barbot* pour *canard*, *conque* pour *tabatière*, *apôtres* pour *doigts*, *battants* pour *bras*, *fouillouse* pour *poche*, *calandre* pour *panier*, *tourniole* pour *clef*, *matrone* pour *église*... Or, ces mots ne peuvent être revendiqués que par l'argot, et il demeure établi que nos *Romanitchels* le comprennent. »

Voici les quelques mots de l'argot moderne qui accusent une origine bohémienne[1] :

BERGE, année (d'où Val Soana *bejro*, id.). du bohémien *berj*, id. (rapprochement d'abord fait par Ascoli) ; ajoutons que le terme manque dans le calò et le calâo.

CARIBENER, voler à la care, c'est à-dire dans les magasins, du boh. *karibön*, vol à la care : c'est un mot hybride, composé du terme *care*, d'origine romane, et de la finale bohémienne *bön* (cf. *tchor*,

---

1. Voir Miklosich, dans les *Sitzungsberichte der Wiener Akademie der Wissenschaften*, 1876, t. LXXXIII, p. 535 à 562 : Les éléments bohémiens dans les argots européens et pour l'argot, les pages 556 et 557).

voleur, à côté de *tchoribön*, id.). « Les *Romanichels* ont inventé, ou du moins ont exercé avec beaucoup d'habileté, le vol *à la carre...*, qu'ils nomment *cariben* » (Vidocq, II, 68).

CHIQUE, église (Chauffeurs, 1800), du boh. *chiké*, maison ; cf. calâo *cangra*, église (du boh *kangré*, id.).

CHOURIN, couteau, du boh. *tchouri*, id. C'est dans Vidocq que Eug. Sue a puisé son *chourineur*. le type célèbre des *Mystères de Paris*, à côté de *chouriner*, escarper (calâo *churinar*, id.). La variante plus moderne *surin*, encore inconnue à Vidocq (d'ou *suriner*, tuer à coups de couteau), a subi l'influence analogique du verbe argotique *suer*, tuer.

GRÈS, cheval (« terme des voleurs de campagne de la Normandie », Vidocq), et *grè*, id. (des brigands d'Orgères ; Chauffeurs, 1800), du boh. *grai*, *grani*, id. On retrouve le terme, d'un côté, dans le rotwelsch (*grai*) et le cant (*grei*), et d'autre côté, dans le calò (*gras*) et le calâo (*grane*, *graste*).

MANOUCHE, forain bohémien (Bruand), propr. homme, sens du boh. *manouch*.

ROMANITCHEL, bohémien français, diseur de bonne aventure et voleur par occasion (du boh. *romanitchel*, fils de bohémien), à côté de *romani*, forain bohémien (Bruand), et *romanigo*, voleur bohémien (Coffignon, 87, dans Larchey, *Suppl.*), du boh. *romani*, langue des bohémiens (ils s'appellent eux-mêmes *rom*). Ajoutons : *romagnol*, *romagnon*, trésor caché (Vidocq), mot qui dérive du même nom et qui fait allusion au pouvoir magique des bohémiens (cf. Berry *embohemer*, ensorceler, tromper).

SÉNAQUI, pièce d'or (« terme des romanitchels », Vidocq), du boh. *somnakay*, or [1].

Fr. Michel fait venir de la même source : *sive*, poule (Vidocq), qui serait le boh. *tchibeli*, dinde ; *mouniche*, nature de la femme (du boh. *mintche*, d'où calò *miche* et rotwelsch *minsch*, id.), terme en réalité d'origine dialectale (Lyon *mouniche*, id.) et d'origine indigène (propr. guenuche, à l'exemple du forézien *mouna* et de l'italien *monna*) ; *rupin*, gentilhomme (du boh. allem. *rupin*, thaler, boh. tchèque *rupino*, d'argent), d'où calâo *rupim*, riche, mais le sens primordial s'y oppose (voir

---

1. L'élément bohémien est très familier à l'argot roumain. Voici quelques exemples pris au lexique de M. Scîntee : *barosan*, directeur de la prison, et dindon (de *baro*, grand), *bulan*, dos (de *boul*, id.), *canciu*, je n'ai pas (de *kantch*, rien), *ciurin*, couteau 'de *tchouri*, id.), *gagiu*, maître, mari (de *gadjo*, id.), *ghes*, jour (de *gues*, id.), *grasni*, jument (de *grasni*, id.), et *grazd*, étalon de *grast*, id.), *healeală*, le manger (de *halilè*, id.), *itsalo*, eau-de-vie (de *itsalo*, id.), *lovele*, argent (de *lové*, pl. sous), *mărdeală*, raclée (de *mardo*, battu), *misto*, bon (de *michto*, id.), *mol*, *molete*, vin (de *mol*, *molete*, cabaret), *pili*, boire (de *pilo*, bu), *rup*, argent (id.), *soili*, dormir (de *soilear*, id.), *somnacai*, or (de *somnakay*, id.). Un seul de ces termes, à savoir *a se pili*, sous la forme moldave *a se chili*, se griser (d'où *chileală*, boisson), a pénétré dans la langue courante.

l'index) ; finalement, *turne,* maison (du boh. *turno,* château), ce terme, comme le terme bohémien lui même, n'étant que le provençal *turno,* taudis, cahute, propr. taverne[1].

Y a t il d'autres éléments orientaux dans l'argot ? Fr. Michel n'en a trouvé qu'un seul : *baïte,* maison (Vidocq). « Ce mot, dit-il, n'est autre chose que le mot arabe *beït,* qui avait cours, avec le même sens, parmi les bohémiens de l'Italie. » Or, le terme en question se trouve en provençal (*baito,* hutte, dans une vigne, *baitouno,* petite hutte) et principalement dans les patois de la Haute Italie :

Val Tellina *bait,* cantinetta di contadino ; *baitel,* stanzino (Monti) ;

Livigno *baila,* casa (*Id.*) ;

Côme *baita,* capanna posticcia d'assi per gli carbonaj, capanna d'assi e di cortece d'alberi imbiutate di terra o creta per ricovero sui monti » (*Id.*) ;

Piémont *baita,* capanna (Gavuzzi).

Le mot est simplement un reflet de l'ancienhaut allemand *baitôn,* demeure[2].

---

1. Coelho (p. 159 rapproche également le terme de la germ. *piar,* boire, du gitano *pillar,* id. ; or, le verbe bohémien proprement dit est *piava* : en effet, la germania (qui ignore toute trace gitane) a *piar,* et le calò (qui se confond souvent avec le gitano) ne connaît que *pivar,* boire.

2. Ascoli (p. 123) avait déjà rattaché *baite* aux patois italiens.

L'absence, dans l'argot ancien ou moderne, comme dans le fourbesque et la germania, de toute trace d'hébreu, est encore plus frappante. On sait jusqu'à quel point le rotwelsch en est imprégné. Le petit vocabulaire du *Liber Vagato rum* n'en est pas exempt[1] ; et dans la préface de l'édition qu'en a donnée Martin Luther, en 1523, on lit : « Le rotwelsch est sans doute venu des Juifs, car il s'y trouve beaucoup de mots hébreux, comme le remarqueront ceux qui se connaissent en cette langue. » Et depuis, ce contingent devint si considérable qu'aujourd'hui le rotwelsch est incompréhensible sans l'aide d'un vocabulaire hébraïque ou plutôt judéo-allemand[2], cet élément oriental venant directement des Juifs affiliés aux bandes des voleurs. Le cant en est infiniment moins pénétré ; et pourtant, des termes judéo-

---

1. Voir l'article de J. M. Wagner (« Rotwelsche Studien ») dans l'*Archiv für das Studium der neuern Sprachen,* 1863, p. 214.

2. Voir *Mémoires de la Société de Linguistique,* t. XII, p. 68-69 : Eléments hébreux dans l'argot allemand. Il est également familier à l'argot roumain, comme le montre le lexique de M. Scîntee, dans lequel on lit des termes hébreux tels que : *chesef,* argent (= *kesseph'*, *chisdvd,* lettre, pétition (= *kessiwa*), *musamatan,* argent monnayé = *massemattan),* *sicse,* dame (au jeu de cartes = *schiktse*) ; à côté d'autres mots purement judéo-allemands : *chestel,* tabatière (= petite boîte), *engher,* cadenas (= pendant), *fraier,* étranger (= libre), *milihâl,* montre (= petit moulin ; cf. ibid., *moara,* id.), *stechen,* commissaire (= bâton), *tsimbel,* dépêche (= cymbale), *treilers,* bottines (= trottins), *tuvdl,* porte-monnaie (= plaque, et *teivolâ,* portefeuille).

allemands y remontent assez haut : *gonof,* voleur,
existe depuis Chaucer, et *shickster,* fille, femme,
est familier à l'ancien cant.

Tandis que le vocabulaire de Vidocq[1] ignore
absolument cet élément oriental, le *Dictionnaire
d'argot moderne* de Lucien Rigaud (1881) en fournit les premières indications, à savoir :

Dabérage, bavardage, commérage ; *dabérer,*
bavarder, raconter (« dans le jargon des mar
chands juifs »).

Goy, goyim, chrétien : *râler le goy,* tromper le
chrétien (« dans le patois des marchands juifs :
les marchands forains, mais principalement ceux
du Midi, ont donné le nom de *goye,* à l'acheteur
doté d'une bonne tête d'imbécile »).

Ramor, âne, imbécile (« dans le jargon des
marchands juifs ») : c'est une faute d'impression
pour *hamor,* âne.

Zona, fille publique (« dans le jargon des mar
chands juifs »), mot passé dans le calâo.

Ces termes sont donc spéciaux aux marchands
juifs, et non pas aux voleurs. Pourtant, la caracté
ristique consciencieuse de Rigaud (« dans le jar
gon des marchands juifs ») change du tout au

______

1. On rencontre dans ses *Mémoires* (III, 165) cette affirmation
complètement isolée : « *Traiffe* ou maron sont une seule et même
chose », où le terme judéo allemand *traiffe,* propr. impur, a ici le
même sens que dans le rotwelsch : « *treefe,* verdächtig » (Kluge,
p. 307).

tout dans Delesalle (1899) : *dabérage* et *dabérer* y sont notés comme appartenant au langage populaire ; *goye* y figure tantôt avec la spécification « dans l'argot des juifs », et tantôt comme : *goye* (= *pante,* dupe), accompagné du signe indicateur du langage des malfaiteurs ; *ramor* et *zona* y sont spécifiés « dans l'argot des juifs ».

Et dans le *Dictionnaire français-argot* d'Aristide Bruant (1901), les premiers de ces termes ont nettement reçu droit de cité dans l'argot : (bavardage) *dabérage*; (cancan), id., et (bavarder) *dabérer.*

On le voit, la lexicographie argotique s'enrichit vite, mais ses acquisitions se font souvent aux dépens de la réalité.

En somme, l'argot proprement dit ignore toute influence non romane. Il est un produit foncièrement indigène et nous allons en aborder les deux éléments fondamentaux : le point de départ ancien français et l'apport des patois.

TROISIÈME PARTIE

FONDS INDIGÈNE

I. — Ancien Français.

L'argot était déjà définitivement constitué au
xv° siècle et des témoignages isolés le font re
monter au xiii°.

On cite généralement le miracle du poète artésien Jean Bodel, *le Jeu de saint Nicolas* (vers
1200), comme farci d'argot [1], principalement les
scènes de taverne dans lesquelles « les trois
ribauds Cliquès, Pincedès et Rasoirs usent d'un
argot particulier aux voleurs maintenant incom
préhensible [2]. » On y relève les quatre vers sui
vants (*Théâtre français au moyen âge*, p. 182) :

1. L. J. N. Monmerqué et Fr. Michel, *Théâtre français au moyen
âge*, Paris, 1839 (cf. p. 160 : « Les mots d'argot qui se trouvent en
assez grand nombre dans le *Jeu de saint Nicolas...* »).
2. Kr. Nyrop, *Grammaire historique de la langue française*, 2° éd.,
vol. I, p. 43.

CLIKÈS. — Santissiés pour le marc dou cois
Et pour son geugon qui la seme.
PINCEDIS. — Voire et qui maint bignon il teme
Quand il traict le bai sans le marc.

C'est probablement de l'artésien populaire du
XII° siècle (cf. p. 183 : il fait le *velouset*... Purs
est, *en nevoire me vaque*), et non pas de l'argot
proprement dit. La pièce n'en contient pas de
trace, et c'est le contraire qui nous aurait surpris.
Dans l'état actuel de nos connaissances, on peut
hardiment affirmer qu'il n'y a aucun vestige lin
guistique de l'argot antérieur au *Procès des
Coquillars* de 1435.

L'ancien français en constitue la base, et, mal
gré les transformations rapides de l'argot, celui
ci a gardé jusqu'à nos jours nombre de mots anciens.
Il a conservé également des formes, primitives
ou secondaires, inconnues aux dictionnaires de
l'ancienne langue ; telles sont : *anticle* (à côté de
antif), *aubion* (à côté de *aube*), *bilou* (à côté de *bil
louart*), *chibre* ou *gibre* (à côté de *gibrelin*), *coesme*
(à côté de *coënne*, Cotgrave connaît *coisne*),
variante conservée par les patois, *crosle* (à côté de
grosle, Godefr.), *fretille* (à côté de *fretil*), *fustiller*
(à côté de *fuster*), *gripis* (à côté de *gripard*), *jaffe*
(à côté de *jafuer*), *mornas* (à côté de *mornifle*).
Certains termes même ne nous sont connus que
par les documents argotiques, tels *bigner, gailleur,*

mathe, tous familiers à Villon et (à l'exception du dernier) aux patois modernes.

Le stock ancien français de l'argot embrasse deux catégories verbales distinctes, suivant la conservation plus ou moins fidèle du sens primitif. Nous avons déjà constaté à plusieurs reprises que l'argot, comme toute langue secrète, tend à masquer, pour ainsi dire, les termes de son vocabulaire afin d'en soustraire l'intelligence aux non initiés. Pour atteindre ce but essentiel, l'argot ancien ne disposait que d'une seule ressource : le changement du sens des mots, tandis que l'argot moderne la complique encore par l'altération de la forme. Il y aura donc lieu de discerner, dans la recherche des diverses sources qui ont alimenté le fonds indigène de l'argot, une double série lexique : d'un côté, les termes qui ont gardé le sens de la langue générale ou des parlers populaires, et d'autre côté, ceux qui l'ont altéré plus ou moins profondément[1].

A. — *Avec le sens conservé.*

AMBIER, aller (Bouchet, III, 131 : *ambier*, c'est aller ; *Vie*, 1596 : *ambier*, *embier*, fuir ; *Jargon*,

---

1. Nos sources sont : les dictionnaires ancien-français de Nicot (1606), de Cotgrave (1611), de Ducange (éd. Favre, 1883), de Lacurne de Sainte-Palaye (éd. Favre, 1875 1882) et principalement celui de Fr. Godefroy (1880 1902).

1628, id.), à côté de *bier*, aller (*Vie*, 1596 ; *Jargon*, 1628), d'où *biard*, côté (*Jargon*, 1836), et norm. *s'embiarder*, s'enfuir, qu'on rencontre dans la *Muse Normande* de David Ferrand (éd. Héron, II, 7), à côté de *débiarder*, se sauver, du patois de la Mayenne ; — *ambier* (Cotgrave : *embier*), aller à l'entour, sens conservé par le picard *ambier*, aller de côté et d'autre, tourner autour de.

ANDRE, femme (Bouchet, III, 130 : *andre*, c'est une femme) ; — *andre*, id. (xiv° s.), du provençal *andra*, *landra*, id. (d'où *se landri*, se marier[1], *s'alandri*, devenir coureur), fourbesque *landra*, femme, primitivement prostituée ; cf. lorrain *landroie*, femme ou fille qui se néglige. A côté de *andre*, on trouve isolément la forme amplifiée *andrimelle*, id. (1597, dans le sonnet soudardant du capitaine Lasphrise), ou *andrumelle* (dans une facétie du commencement du xvii° siècle, v. Fr.-Michel, XIV), au suffixe analogique (= andre + [fe]melle) et répondant au fourbesque *andrimola*, mère (dans le vocabulaire du xv° siècle). Dans le patois de l'Yonne, *drumelle* (de l'argot *andrumelle*) est le synonyme méprisant de *fumelle*.

AUBION, bonnet (*Vie*, 1596), diminutif de l'anc. fr. *aube*, vêtement blanc ; à côté de *loubion*, bonnet (Chauffeurs, 1800 ; Vidocq).

---

1. Cf. bellau *liandra*, marier (du provençal).

BACLER, fermer (*Jargon*, 1628), et *débacler*, ouvrir (Vidocq) ; — *bacler*, fermer huys, ou fenestre, avec un baston par dedans (Nicot).

BACON, porc (*Jargon*, 1628) ; — *bacon,* id.

BARBEROT, forçat chargé de raser ses camarades (Vidocq) ; — *barberot*, barbier.

BAUDRIER, bourse (*Jargon*, 1660) ; — *baudrier*, id.

BEFFLEUR, escroc (Coquill., 1455 : ung *beffleur* c'est un larron qui attrait les simples à jouer ; Villon, 5 : Là sont *beffleurs* [var. : *bleffeurs*] au plus haut bout assis) ; — *beffleur*, trompeur, terme encore familier à l'argot moderne (Colombey : *beffeur*, faiseur de dupes). Le sens primordial de *beffleur*, à savoir « gourmand » (cf. *fripon*), était encore vivace dans le normand du temps de David Ferrand (*Muse Normande,* éd. Héron, I, 103, 161: *beffleur* ; III, 297 : ..les *bleffreux* de bisette [c'est-à-dire de pain bis]), à côté de *beffler, bleffrer,* manger avidement (*Ibid.*, III, 95 : No leu vayet *bleffrer* leu pain et leu froumage).

BIGNER, regarder (Villon, 177 : *Bigner* la mathe sans targer), et *rebigner*, id. (*Id.*, 135 : *Rebignez* bien ou ioncherez), d'un anc. fr. *bigner*, conservé dans les patois : Mayenne *bigner, bignoler,* loucher, cligner des yeux, Auvergne *bigna,* regarder (*bigni*, yeux) ; cf. bellau *bigni,* regarder (emprunté au patois jurassien).

BILOU, nature de la femme (*Jargon*, 1700 ; 1728:

billou ; éd. 1628 : *bijou*), rapproché de *billouart*, membre viril (*Poésies fr. du* xvᵉ *et* xviᵉ *s.*, V, 152).

BIS, membre viril (*Vie*, 1596), terme encore vivace dans le patois picard ; l'anc. fr. ne connaît que le diminutif *bistri*, dans le composé synonymique *caillebistri*, *calibistris*, id. (Rabelais, II, 15, 16), où *caille* (mod. *caillette*) est une appellation euphémique tirée du nom de cet oiseau (v. *chouart*). Le patois de St.-Pol a *bi*, *bis*, *bit*, sexe et membre viril.

BLOQUIR, vendre des objets volés (Vidocq), et *abloquir*, acheter (*Jargon*, 1628 ; Vidocq ; acheter à prix d'argent, se dit aussi pour acquérir), à côté de *blot*, prix, marché (Vidocq) ; — *bloc*, prix, *bloquer*, vendre ou acheter (« c'est serrer et arrester un marché », Nicot).

BOUCANT, poison (Vidocq, II, 318) ; — cf. anc. fr. *boucon*, id.

BOUESSER, BOUSOLER, tourmenter, en parlant du vent, propr. produire de la boue (*Jargon*, 1628, p. 19 : Le gris *bouesse* ou *bouzolle*, c'est il gelle, fait froid) ; — *bouece*, boue, et *bousole* (dim. de *bouse*, id.).

BOULER, aller (Vidocq) ; — *bouler*, marcher (Eutrapel : Les seigneurs et moy *boulions* par les chemins), provençal *boula*, patauger.

BOYE, bourreau d'un bagne (Vidocq) ; — *boye*, bourreau.

BRIFFER, manger (*Jargon*, 1628, p. 20 : manger, c'étoit *briffer* ou gousser, à present c'est morfier), à côté de *biffer*, manger goulument (Vidocq) ; — *briffer*, id., picard *briffer* et *biffer*, manger beaucoup (d'où *briffe*, *biffe*, gros morceau de pain) ; cf. argot breton de Vannes *brife*, repas et pain (terme emprunté à l'argot).

BROCANT, bague (*Viel Testament*, 1458 : S'il a au doys quelque *brocant*), et *broquante*, id. (*Jargon*, 1628) ; — *brocant*, id. ; picard *brocantes*, objets que vendent les brocanteurs (Berry : menus meubles, objets de peu de valeur).

BROUER, marcher (*Passion*, 1486 : Ia n'y *brouray* dessus la plaine ; Villon, 9 : S'en *brouent* du tout à neant), et *embrouer*, id. (Villon, 136) ; — *brouer*, s'enfuir (Molinet), propr. bouillir (Oudin), c. à d. se mettre en mouvement (évolution de sens analogue à *bouger*).

' **CALVINE**, vigne (*Jargon*, 1628), et *calvins*, raisins (*Ibid.*) : en anc. fr., le *calvanier* est l'ouvrier de moisson chargé d'enlever les gerbes d'un champ (Nicot, Oudin), aujourd'hui, en Normandie, *calvinier*, id., Mayenne *calvegnier*, celui qui aide un ouvrier. Le blaisois et lorrain *calvine* (wallon *calvigne*) désigne la pomme calville.

CASTROT, chapon (*Vie*, 1596 : ornioys ou *castrots*, chappon ; *Jargon*, 1836 : *castion*), propr. châtré.

CHIBRE, membre viril (*Jargon*, 1628, p. 37 :

avoit grand mal à son *chivre* ; Chauffeurs, 1800 : *chibres*, testicules), et *gibre*, id. (*Jargon*, 1628 : *gyvre* ; 1690 : *givre*), rapproché de l'ancien fr. *gi brelin*, pudenda (Collerye), *gibreteux, gimbreteux,* lascif, *gimberter,* faire l'amour (*Evangile des Quenouilles*), auj., blaisois, prendre ses ébats (en parlant des bestiaux).

CROLLE, écuelle (*Vie*, 1596, p. 13 : une escuelle de bois que nous appellons *crosle* ; 1627 : *grosle*) ; — *grole,* vase en forme de flacon à une poignée ; le patois poitevin a *crole,* vase (Lalanne), et celui de la Mayenne, *crole,* écuelle de chien, bas gâtinais *crôle,* vaisseau à contenir du feu.

CRUC, crochet (*Passion,* 1486 : Les dyables demourront en *cruc*), d'où dérive le berrichon et poitevin *encrucher,* accrocher.

DALLE, écu de six francs (Vidocq) ; —*dalle,* monnaie flamande d'une valeur environ de cinq francs.

DOUBLER, dérober (*Jargon,* 1628), d'où *doubleux,* larron, et *doublage,* larcin (*Ibid.*) ; — *doubler,* user de duplicité, tromper (*doublerie,* duplicité, fausseté) ; cf. germ. *doble,* id. (« que ayuda a enganar », Hidalgo).

ECAMANT, mendiant (*Jargon,* 1628, p. 30 ; On nomme les franc-mitoux les *ecamens,* ils bient appuyez sur un sasbre et bandez par le front faisant les trembleurs), répondant au berrichon et poitevin *encamant,* privé de l'usage d'un bras ou d'une jambe par blessure ou autrement (Yonne : inva lide, impotent), à côté de *acamander*, rendre impotent et fatiguer, exténuer, paralyser (Champagne *camander*, mendier), picard et lorrain *camand*, mendiant, de l'anc. fr. *caymant*, mendiant (attesté dès 1393). Cf. pour le sens, les locutions berrichonnes : *mendiant de jambes* (= eul de jatte) et *gueux de nez* (= camus).

ECORNER, injurier (Vidocq) ; — *escorner*, id.

ENTERVER, entendre (*Apôtres*, 1460 : Escoutez comment il *enterve* ; Villon, 163 : *Entervez* tousiours blanc pour bis ; Bouchet, III, 131 : *entrever*, c'est entendre ; *Jargon*, 1628 : id., 1728 : *en traver*), et *enterveux*, qui entend (Villon, 17 : Rebignez tost ces *enterveux*) ; — *enterver*, *entrever*, entendre, comprendre ; cf. argot breton de Vannes *intermein*, comprendre, bellau *enterver*, id., et ménedigne *entreve to ?* (terratsu : *entarve to ?*), comprends tu ? termes d'origine argotique.

ESCOUTE, oreille (*Jargon*, 1634 : *escoutes*, 1690 : *escoules*, 1836 : *escouilles*) ; — *escoute*, action d'écouter (cf. dans la langue moderne, *être aux écoutes*)

ESGAR, *faire l'esgar*, dérober à ses camarades une partie du vol qui vient d'être commis (Vidocq), propr., égarer (cf. *Id.*, II, 98 : un individu *esgara* vingt billets de mille francs) ; — *esgarer*, égarer.

FARDAIVE, vêtement (*Chauffeurs*, 1800) ; — *fardage*, hardes.

FOURGAT, marchand, recéleur chez lequel les voleurs déposent et vendent des objets volés (Vidocq), et *fourguer*, vendre des objets volés (*Id.*) ; — *forgat* (Cotgrave : Norm.), vente des objets après l'exécution.

GAILLEUR, trompeur (Villon, 52 : *Gailleurs*, bien faitz en piperie), et *gayeux*, id. (Villon, 130 : Prince des *gayeux* les sarpes), de la même origine que l'anc. fr. *gallier*, un meschant frippon (Oudin), du provençal *galié*, pendard, vaurien, propr. goinfre (même évolution de sens que le fr. *fripon*). Dans l'argot moderne, *engailleur*, trompeur (Grison, 80), et dans celui des camelots, *engailleur* signifie : complice qui attire la foule pendant que son compagnon explore les poches des badauds (Virmaître).

GALIER, cheval (Coquill., 1455 : ung cheval, c'est ung *galier* ; *St. Christophe*, 1527 : Et le *galier* pieça vendu), et *gallier*, id. (*Jargon*, 1628), à côté de *gaye*, id. (Vidocq ; cf. Rigaud : *gail, gaillet*, cheval, terme remis en circulation depuis quelque temps, principalement par les maquignons ; *gaillon*, id., dans le langage des cochers de fiacres) ; *gailloterie*, écurie (*Chauffeurs*, 1800) ; — *galier*, mauvais cheval (Palsgrave, Cotgrave : « a dull horse »), sens conservé dans les patois (Maine *galier*, cheval de fatigue, Yonne *gaille*, *gaillofre*, rosse).

GOURRER, tromper (Bouchet, III, 129 : pour m'engarder d'estre affiné, qu'ils appellent *gourrer...*) ; — *gorrer gourrer*, id. (bas lat. *gorinare*, voler, *gorinus*, escroc, Lyon *gorrin*, id.) ; normand *gourer*, id.

GRAFFER, saisir, empoigner (*St. Christophe*, 1527 : ... le marieux Qui vient ichy pour nous *graffer*), à côté de *greffir*, id. (Villon, 147 : de *greffir* laissez vos carrieux ; *Jargon*, 1660), et de *griffir*, dérober subtilement (*Jargon*, 1628), propr. saisir avec un croc ou avec la griffe ; — *graffer*, clouer, cramponner (1364). *greffer*, agriffer.

GRUPPER, saisir (*Passion*, 1486 : Et force d'auber *grupperons* ; Villon, 16 : Si *gruppez* estes des carrieux), d'où *grup*, saisie (Villon, 188 : Danger de *grup* en arderie ; *St. Christophe*, 1527 : S'il est *grup*?) ; — *grupper*, attraper (Cotgrave), propr. accrocher (Oudin), verbe qu'on trouve à la fois dans Rabelais[1] et dans les patois (Champagne, *grupper*, saisir).

GUINAL, *guignal*, juif (Vidocq), aujourd'hui marchand de chiffons en gros (appelé encore *ogre*, *Abraham*, *Juarez*, v. Rigaud) et Mont de piété, à côté de *guenaud*, sorcier (*Jargon*, 1836) ; — *guinau*,

---

1. *Pantagruel*, III, 18 : « Qui desrobe, ne sugce, mais *gruppe*, ne avalle, mais emballe, ravit et joue de passe-passe ».

gueux, et *guenau,* id. (Oudin, 1640 : *guenaux St. Innocent,* des pouïls ou des gueux), auj. Berry (Yonne *guinander,* mendier), et *guignaud,* rôdeur (Yonne *gueugner,* mendier) ; dans le patois de Montpellier, *guineio* désigne le bohémien, le gueux par excellence.

HARICOTER, rompre (Chauffeurs, 1800 : *haricoté,* rompu ; Vidocq : *aricoter*), d'où *haricoteur,* bour reau (*Id.*) ; — *haricoter,* déchirer (Ducange).

JOBE, niais (Vidocq : *battre Job,* dissimuler, faire le niais) ; — *jobe,* id. (auj., dans les patois, d'où Poitou *jobard,* sot) ; la locution normande *battre le job,* flâner, ne rien faire, vient de l'argot ; dans le vocabulaire des Chauffeurs (1800), *job* signifie veau, litt. le sot.

JONCHER, tromper (*Viel Testament,* 1458 : Ne me *ionche* point quel preudhomme ; Villon, 94 : Par *ioncher* et enterver), et *joncheur,* trompeur, *jon cherie,* tromperie (*Id.,* 134 : *Ioncheurs,* ionchant en *ioncherie*). Le terme *joncheus,* au même sens, se trouve dans un registre du parlement de Paris de 1389 (dans Fr. Michel : «appelle-l'en tels gens qu'il est *ioncheus,* c'est à dire cabuseur de gens ») et il est probablement d'origine argotique [1].

***

1. Suivant la conjecture ingénieuse de Fr.-Michel, *joncheus,* trompeur, dériverait de *jonc,* paille des prisons (Villon, 24 : Et aussi d'estre sur les *joncs*), de sorte que le sens primitif serait « paillard » Guillaume Coquillart emploie *joncheresse* au sens de

JUXTE, le long de, auprès de (*Jargon*, 1628), sens de l'anc. fr. *juxte*, conservé également dans les patois (Normandie *jouste*, attenant, Champagne *jouxte*, à côté, Poitou, *jouste*, auprès).

LANDREUX, infirme (Vidocq) ; — *landreux*, faible, malade, en mauvais état (Oudin).

LIGOTS, jarretières (*Vie*, 1596), et *ligotante*, cordage (Chauffeurs, 1800), *ligotte*, corde (Vidocq), d'où *ligotter*, lier avec des cordes (*Id.*) ; — *ligote*, courroie de bouclier (XIIe siècle), *ligotter* (XVIe siècle, en parlant de la vigne).

LORGNE, borgne (Vidocq), et as d'un jeu de cartes, propr. borgne, sens de l'anc. fr. *lorgne*.

MALINGRE, malade (Bouchet, III, 131 : les courbes *malingres* sont de meschantes jambes), et *malingreux*, classe de gueux ayant de fausses plaies (*Jargon*, 1628, p. 27 : *Malingreux* sont ceux qui ont de maux ou playes, dont la plupart ne sont qu'en apparence) ; — *malingre,* infirme.

MANICLE, anneau que l'on rive au bas de la jambe des forçats et auquel est attaché la chaîne (*frère de la manicle,* filou, voleur), et métier (Ri gaud : *manique*) ; — *manicle,* menottes ; cf. d'Hautel : *entendre la manicle,* être adroit, rusé, comprendre toutes les finesses, sens d'origine argo

débauchée), le filou étant à la fois rusé et bon vivant (Cf. Champagne *joncher*, jouer, plaisanter, *joncherie,* badinage, *joncheur,* galant).

tique qu'on retrouve dans les patois: Lyon *manicle*, métier (« il est de la *manicle*, c'est un enfant de la *manicle*, ») et tour, ruse (« je connais la *manicle* »), Genève *manicle*, manigance, manœuvre, secret (« être de la *manicle*, voir la *manicle* »).

MARCANDIER, prétendu marchand qui se disait avoir été volé (*Jargon*, 1628, p. 25 : *Marcandiers* sont ceux qui bient avec une grande anc à leurs costez, avec un assez chenastre frusquin, et un tabar sur les courbes, feignanz avoir trouvé des sabrieux sur le trimard qui leur ont osté leur michon toutime) ; — *marcandier*, id. (Berry : petit commerçant), *marcander*, trafiquer, *marcandise*, négoce ; Yonne *marcandier*, marchand-colporteur, et, par extension, coureur, flâneur.

MARQUE, mois (Vidocq), abstrait de l'anc. fr. *marquis*, menstrues (Cotgrave) ; cf. fourb. *marchese*, mois (en italien : menstrues).

MATHE, prison (Villon, 1 : A Parouart, la grant *mathe* gaudie ; 154 : Bignez la *mathe* sans targer), et *matte*, id. (enfans de la *matte*, filous, coupeurs de bourse, Cotgrave, Oudin), d'où *mattois, matois*, voleur (Bouchet, III, 129 : des *mattois* qui mattent... ; Oudin : langue *matoise*, langage des coupeurs des bourses). Le sens primitif de prison[1], démontré par Schöne (p. 191 193), permet

1. La définition qu'en donnent Cotgrave, Furetière et le Dictionnaire de Trévoux (« il y avoit un lieu nommé la *Mate* où les

de rapprocher le mot de l'anc. fr. *mathe*, tombeau (Ducange, s. v. *mattare*), par l'acception intermédiaire de « fossé » qui s'applique à la fois au cachot et au tombeau. Cette acception résulte des formes patoises du mot encore vivace : Gironde *matte*, terre d'alluvion, amas de boue, provençal *mate*, bourbe. V. ci-dessous *mitte*.

MATOIS, matin (Vidocq); — *matois*, id. (Guillaume Coquillart, Monol. des Perruques : Ribler, tromper soir et *matois*).

MENÉE, douzaine (*Jargon*, 1628 : *menée d'aver gos*, une douzaine d'œufs, *menée de ronds*, douze sols) ; — *menée*, poignée.

MENESTRE, potage (*Jargon*, 1628 : du potage s'appelloit la jaffe, à present c'est de la *menestre*) ; — *menestre*, id., terme pénétré en français, au XVIᵉ siècle, de l'italien *minestra*, soupe (pr. *me nestro*, id.).

MICHAUD, tête (Fr. Michel); — *michaud*, id. (1602); cf. germ. *mechosa* (calâo *michosa*), id.

MITOUFLET, gant (*Vie*, 1596) ; — *mitouflet*, id.

MORFIER, manger (*Jargon*, 1628, p. 20 : Manger c'estoit briffer ou gousser, à present c'est *morfier*), d'où *morfe*, repas (*Vie*, 1596 ; *Jargon*, 1628), *mor fiante*, assiette (*Ibid.*) ; — *morfiailler*, manger (Rabelais), auj. Hainaut *morfalier*, manger avidement

filous s'assembloient autrefois pour faire leurs complots, » dit le dernier) est sujette à caution.

en ouvrant fort la bouche et en appuyant forte
ment les dents les unes contre les autres, Cham
pagne *morfiller*, mâcher, à côté du berrichon
morfier, manger avec avidité (Genève *morfer*),
id. L'anc. fr. *morfiailler* suppose *morfier* et *mor
fer*, conservés par les patois (c'est à tort que Ou
din, 1640, attribue ces formes verbales à l'argot),
provençal *morfi*, grande tranche de pain, *mor
fio*, goinfrerie, et *mourfia*, bâfrer. Les termes
fourbesques corrrespondants (*morfa*, faim, *morfia*,
bouche, *morfire* et *murfezzare*, manger) dérivent
de l'italien *morfire*, manger, et *morfia*, bouche
(cf. *smorfia*, moue), répondant au bellau *morfi*,
bouche, propr. celle qui mange. Tous ces termes
sont d'origine onomatopéique (comme le roum.
molfâi, grignoter, et l'esp. - germ. *muflir*, manger), exprimant le mouvement des joues lors
qu'on mâche lentement, surtout chez les personnes qui n'ont pas de dents.

MOUSCHIER, dénoncer (Coquill., 1455 : *mouschier
à la marine*, c'est encuser l'ung l'autre à la jus
tice), d'où mod. *mouche*, agent de police,
mouchard, à côté de *mouchailler*, regarder (*Jar
gon*, 1628), auj. regarder à la dérobée, c'est à
dire espionner, sens de l'anc. fr. *mouchier* ; et *remoucher*, regarder (Vidocq).

PELLRE, redingote (Vidocq) ; — *pelëure*, fourrure.

PIAF, orgueil, amour-propre (*Id.*) ; — *piaffe*, faste (Mayenne : luxe vulgaire et vaniteux).

PIÈTRE, faux (Bouchet, III, 130 : la fausse mon noie, c'est de la *pietre* bille), à côté de *piètres*, faux estropiés qui marchaient avec des potences (*Jargon*, 1628, p. 27 : Les *piettres* sont ceux qui ont les jambes et bras rompus, ou qui ont mal aux pasturons qui bient avec des potences) ; — *pietre*, chétif (Oudin : mauvais, en mauvais estat), auj. en champenois (d'où *pietrerie*, misère).

POMMARD, bière (*Jargon*, 1836) ; — *pomat*, cidre.

PUNAISE, prostituée (*Ibid.*) ; — *pusnaise*, id.

RABAT, manteau (*Jargon*, 1690) ; — *rabat*, rotonde (Monet).

REBONNETER, flatter (Vidocq) ; — *bonneter*, sa luer à coups de bonnet ; cf. argot *bonneteur*, celui qui tient dans les campagnes des jeux de cartes auxquels on ne gagne jamais (*Id.*).

REFAITE, repas (Vidocq), propr. restauration, réconfort, sens du terme en ancien français.

RIOLE, bonne chère (*Jargon*, 1728 : *riolle* ; Vidocq : *riole*, joie, divertissement) ; — *riole*, partie de plaisir, débauche.

SABOULER, tourmenter, incommoder (*Jargon*, 1628, p. 30 : l'hyver quand le gris *saboule*), courir (Chauffeurs, 1800) et se secouer comme des épilep tiques (*Jargon*, 1628, p. 27 : aux lourdes des entifles où ils se *saboulent* gourdement), d'où *sabouleux* gueux contrefaisant les épileptiques (*Ibid.*, p. 27 : Les *sabouleux* sont ceux que vulgairement on appelle malades de Saint Jean, dont il y en a plus de faux que de véritablement malades) ; — *sabouler*, secouer, fouler aux pieds, auj. Berry (Morvan : maltraiter, wallon : houspiller, lorrain : culbuter), Forez *sabouler*, rouler dans la boue (cf. Vidocq : *sabouler*, décrotter) et *sabouillat*, bourbier.

SALVERNE, tasse (Bouchet, III, 130 : une tasse, c'est une *salverne* ; *Jargon*, 1628 : *saliverne*, écuelle) : — *salverne*, id. (Rabelais, IV, 31 ; V, 34), auj. Nîmes *saliberno*, vin (terme burlesque), propr. tasse de vin (cf. Vidocq : *saliverne*, salade, propr. saladière).

SATOU, bois (Vidocq), et *satte*, id. (*Id.* : dossière de *satte*, chaise) ; — *satou*, gros bâton (xiv° s.), aux sens figurés dans les patois : Berry *satou*, verte réprimande (« je lui ai donné un *satou* »), et *satter*, battre (« la pluie a *satté* les garets »), Auvergne *satou*, coup violent, gourmade, et *sati*, fouler, presser, battre (Aix *satouna*, frapper fort).

SERGOLLE, ceinture à argent (Vidocq) ; — *serre golle* (cf. *golle*, *gorle*, ceinture où on portait son argent).

SERPILLIÈRE, robe (*Jargon*, 1628 : *serpillière de rastichon*, robe de prestre) ; — *serpillière*, id.

SERRARD, notaire (*Vie*, 1596) ; — *serrer*, tenir clos, enfermer.

SOLIR, *sollir,* vendre (*Jargon,* 1628), d'où *solli-ceur,* marchand (Vidocq) ; — *sollir,* vendre (1261).

TABAR, *tabarin,* manteau (*Jargon,* 1628) ; — *tabart,* id. (xii° siècle).

TAUDE, maison (*Vie,* 1627 ; Chauffeurs, 1800 : *tote*), à côté de *taudis,* id. (Bouchet, III, 130 : j'ambie au *taudis,* c'est-à-dire à la maison) ; — *taude,* abri, *taudeis,* id. (xv° siècle).

TOLLE, *tollart,* bourreau (*Jargon,* 1628 ; *St. Chris-tophe,* 1527 : *telart* et *taulart ;* Chauffeurs, 1800 : *tôle,* bourreau, et *tôloire,* guillotine) ; — *tollart,* id. (xv° siècle ; Nicot : *tollart* ou bourreau).

TROLLER, porter çà et là (*Jargon,* 1628, p. 26 : ceux qui trollent sur leur endosse de gros guellards), auj. promener un objet pour le vendre et *entroller, antroller,* emporter (*Ibid.,* p. 39) ; — *trol-ler,* courir çà et là (terme de vénerie, xvi° siècle), auj. Picardie *trauler,* marcher dans la boue (Morvan : aller de côté et d'autre) ; Mayenne *troller,* vagabonder (Bourgogne : aller partout colporter des nouvelles) ; provençal *traula,* aller et venir, rôder, se traîner, s'enfuir (*s'entraula,* s'enfuir).

B. — *Avec changement de sens.*

ACCOLER, pendre (Villon, 137 : Où *accolez* sont vos ainsnez), propr. embrasser, jeter les bras autour du cou (auj., en picard).

AFFURER, tromper (*Vie*, 1596, p. 12 : s'avisant de m'*affurer*, c'est à dire de me tromper ; *affu rard*, sergent), propr. tromper en achetant (Vidocq : *affurer*, gagner, *affurage*, bénéfice, profit) ; — *affurer*, mettre à prix, taxer, acheter (Cham pagne *afforer*, acheter et fixer le prix d'un drap) ; le normand de Vire *affurer*, voler (Du Méril), vient de l'argot.

ANGEL, sergent (Villon, 3 : Et par *angels*... Sont greffis et prins cinq ou six), à côté de *ange*, valet de bourreau (*St. Christophe*, 1527 : Se le rouastre et ses *anges* Nous trouvoit à la gourde pie) ; — cf. *ange de grève*, sergent de police, à Strasbourg (Lacurne), crocheteur, à Paris (Oudin) ; le sens argotique a persisté à Dijon : *envier un ainge*, c'est envoyer un sergent (La Monnoie, Glossaire des *Noëls bourguignons*).

ANTIFFE, *entifle*, église (*Jargon*, 1628, 1700 ; Chauffeurs, 1800 : *s'entifler*, se marier ; Vidocq : *antifler*, id.), propr. la maison antique (anc. fr. *antif, entif*, ancien), à côté de *anticle*, messe (*Vie*, 1596). La locution argotique *battre l'antiffe* (*Jargon*, 1728), battre l'estrade, marcher, signifie primitivement battre le pavé des églises [1], les fréquenter

---

1. Cf. Mayenne *courir la calistrade*, vagabonder, propr. courir l'aumône, de *calistrade*, pour *caristad*, aumône (litt. charité) ; Vidocq, I, 102 : « Un mendiant ouvre la porte du magasin et demande la *caristade* d'une voix lamentable ». Cf. Yonne *caristade*, aumône, mauvaise farce, danse malséante.

assidûment (de là, *battre entifle*, dissimuler, Vidocq), ensuite vagabonder, sens conservé dans le lyonnais *battre l'antiffa*, rôder (« s'emploie souvent à propos des enfants », Puitspelu) et dans le provençal *batre l'antifo*, battre la campagne, courir les champs, être misérable, grelotter (Mistral), l'une et l'autre locution d'origine argotique ; ajoutons le Bas-Maine *entifler*, enticher, enjôler, et le verbe argotique moderne *rentiffer*, rentrer (Richepin), propr. rentrer à l'église.

ARQUE, dé à jouer (Coquill., 1455 : Dez à jouer ilz l'appellent *acques* (sic !) ; Villon, 132 : Pour doubte de frouer aux *arques ; — arque*, arche, par une assimilation qui nous échappe.

ARQUIN, soldat voleur, drille (*St. Christophe*, 1527 : Où est *Arquin* (nom propre de voleur) ? — Il fait la moue à la lune), et *narquin*, id. (*Ibid.* : Es tu *narquin* ? — Ouy, compain), à côté de *narquois*, id. (*Jargon*, 1628 : *narquoys* [1], un soldat), tous dérivés de *arc* et désignant primitivement l'archer (cf. bellau *arqui*, soldat, et provençal *arquié*, agent de police), d'où soldat viveur, pillard (provençal *arquin*, soldat libertin, terme argotique), répondant à l'italien *arcadore*, trompeur, propr. archer.

---

1. Sauval, *Antiquitez de Paris*, I, 525 : « Ces misérables qui, l'épée au côté, contrefont les soldats estropiez, sont les *Narquois*, ou gens de la petite flambe. »

AUBER, *aubert*, argent (Coquill., 1455 : ilz appel
lent argent *aubert* : *Passion*, 1486 : Et forco
d'*auber* grupperons), propr. blanc (sens de l'anc.
fr. *auber*, appliqué spécialement au peuplier
blanc, à l'aubier), répondant au fourbesque
albume, argent (= blanc d'œuf) ; cf. argot *plâtre*,
id., mourmé *abia*, argent (emprunté à l'argot), et
Berry *blanc*, petite monnaie d'argent ; argot roumain *albisor*, franc (= petit blanc). Le terme *aubert*
se trouve dans Rabelais (v. ci-dessous *fouillouse*).

AUTAN, grenier (Vidocq), rapproché de l'anc. fr.
autan, vent du midi.

BARBAUDIER, gardien de l'hôpital (*Jargon*, 1628) ;
— *barbaudier*, mégissier, brasseur de bière et
apprêteur de laines.

BAUCHER, se moquer (*Vie*, 1596 ; *Jargon*, 1690),
rapproché de l'anc. fr. *baucher*, établir le poutrage
de (1496 ; Berry *baucheron*, bûcheron), de *bauche*,
poutre, comme *plancher*, mentir (Chauffeurs, 1800),
se moquer, plaisanter (Vidocq), est tiré de *planche* [1].

BAUDE, le mal de Naples (*Jargon*, 1628), propr.
chienne en chaleur (sens anc. fr. et dial. du mot :
femelle du chien *baud*).

BAUGE, coffre (*Jargon*, 1628), auj. ventre (Vidocq), assimilé au *bauge* du sanglier (xvi° siècle).

---

1. Terme d'ailleurs d'origine populaire (v. d'Hautel s. v. *plan
cher*) qu'on retrouve dans le normand de Bayeux : *pianche, pian-
chon*, fille, enfant (à Mortain : malin, espiègle).

BENARD, voleur (Villon, 109 : *Benardz*, vous estes rouges gueux), propr. niais ou qui se montre tel pour mieux attraper les autres ; — *bernard*, sot, et Mayenne *benard*, id. ; cf. anc. fr. (clé) *benarde*, ouvrant à la fois plusieurs serrures, avec (serrure) *bernardine* (1477), appellations tirées peut-être du nom propre Bernard ou Bénard (cf. *David*, p. 114).

BEROUART, sobriquet du voleur (Villon, 177 : Fait aux *beroars* faire la moe ; *St. Cristophe*, 1527 : He, povre *berouart* !), propr. loup-garou ; — *berou*, loup garou et terme injurieux (cf. picard *leuérou*, loup garou et mauvais sujet).

BILLE, pièce de monnaie (Bouchet III, 130 : de la monnoie, c'est de la *bille* ; *Vie*, 1596 : la *bille*, c'est l'argent), d'où *biller*, payer, et *biancher*, id. (*L'intérieur des prisons*, 1846) ; — *bille*, pièce de bois (cf. argent en *bille* et le moderne *billon*) ; nor mand *bille*, argent, petite monnaie, et H. Maine, argent dû à un ouvrier (termes empruntés de l'argot), et fr. pop. *des billes*, pour dire de l'argent monnayé, des espèces sonnantes : *on n'a rien sans billes*, c'est à dire qu'on ne peut rien se procurer sans argent (d'Hautel) ; cf. Oudin : *bille pareille*, la pareille, chose égale (= monnaie pareille). Le terme argotique se trouve dans le *tunodo* rochois : *billeoz*, argent.

BLESCHE, petit mercier (Bouchet, III, 106 : un

gentilhomme acheta à ce *blesche* 4 ou 5 sols de marchandise ; *Vie*, 1596, p. 5 : il n'estoit coesme…, ains estoit simple *blesche*), et voleur (Oudin, 1653 : *blesche*, furbo, furbesco) ; — *blesche*, sot [1], niais (v. ci-dessus *benard*) ; cf. bellau *blesse* marchand (terme pris à l'argot), Mayenne *byèche*, blêche, qui biaise, qui use de finesse, qui agit en sournois (sens dérivé de celui de « mercier ») ; haut-breton (Ille et-Vilaine) *blèche*, méchant, sournois, qui frappe ou commet une mauvaise action en se cachant (*blècher*, faire du mal en se cachant). Le terme argotique figurait également dans l'ancien langage populaire, au sens d'hypocrite (Gherardi, *Théâtre italien*, III, 161 : Je ne sais ce que c'est que de faire le *blêche*). Le sens du mot dans l'argot moderne « laid, désagréable » (Rigaud) en est une autre induction.

BOUYS, fouet (*Jargon*, 1628), propr. fouet de buis (anc. fr. et dial. *bouis*), et *bouée*, le fouet infligé jadis aux petits voleurs (Vidocq), même sens primordial (Poitou *bouée*, buis), à côté de *brouée*, id. (*Jargon*, 1728), propr. bruine de coups.

---

1. Huet et Fr.-Michel rattachent *blesche*, voleur, à *blachois*, valaque (Villehardouin), le premier arguant la mauvaise réputation de ce peuple, et le deuxième supposant que les voleurs, pour la plupart bohémiens, venaient le plus souvent de la Valachie. Voir plus haut, à propos de *zigue*, un autre rapprochement fan taisiste de ce genre.

BRIMART, bourreau (*Vie*, 1596 ; *Jargon*, 1728 ; *Comédie des Proverbes*, 1633, acte IV, sc. 3 : De peur que le *brimart* ne nous chasse les mouches de dessus les espaules), d'un primitif *brime*, petite branche (cf. Oudin : *brimart*, balai), qui survit dans le patois de la Mayenne : *brime*, mèche de fouet et petite branche, et *brimer*, battre, tourmenter, punir (d'où fr. *brimer*, vexer pour éprouver, terme d'origine dialectale). Le *brimart* est littéralement celui qui punit avec la *brime*, qui inflige les peines corporelles, répondant à l'espagnol *verdugo*, bourreau et verge.

CAGOU, lieutenant des gueux (*Vie*, 1596, p. 13 : les *Cagous*, lieutenans du grand Coesre par les provinces ; *Jargon*, 1628 ; *Ibid.* 1728 : *cagou*, voleur solitaire), qui enseignait l'argot, c'est à-dire le métier de voleur (auj. voleur qui instruit les autres) ; — *cagou*, mendiant (*Chronique Paris*, s. a. 1436 : un gros vilain comme un *cagou*), proprement ladre, ces gueux portant des cliquets comme s'ils étaient des lépreux [1] ; cf. blaisois *cagou*, homme qui vit seul (= ladre), et lorrain *caqueux*, mendiant, propr. lépreux.

CALLE, tête (*Jargon*, 1628, p. 20), et teigne, d'où *callot*, teigneux (*Ibid.*, p. 28 : *Callots* sont ceux qui sont teigneux véritables ou contrefaits) ;

---

1. Voir le chap. XIX du *Liber Vagatorum.*

— *cale*, *calle*, calotte (cf. *caloquet*, chapeau, Vidocq).

CAN (*le grand*), le grand prévôt[1] (Villon, 27 : Escharicez, ne soiez durs, Que le grand *Can* ne vous fasse essorer), propr. le Khan des Tartares, connu en Europe depuis le voyage de Marco Polo [2], et dont le nom devint depuis synonyme de chef [3].

CANTON, prison (*Jargon*, 1628), propr. coin, sens inhérent à *cantonade*, coin de rue (Coquill., 1455 : Quand ilz sentent qu'ilz sont poursuyz de justice ou qu'ilz se doubtent que l'on voizent après eulx et ilz tiennent un chemin et se pensent que l'en les a veu cheminer par illec, ilz se detournent à coup et prendent un aultre chemin ; cela s'ap pelle *bailler la cantonade*), sens de l'anc. fr. et provençal *canton*, coin, *cantonade*, angle de maison, coin de rue.

CARE, *carre*, boutique (vol à la *care*, en changeant de monnaie dans une boutique, v. Vidocq) et maison (et cachette, Reims, Tarbé, II, 226), d'où *decarrer*, sortir, s'en aller (Vidocq), et *en-*

---

1. Et non pas : « le soleil » (Longnon).

2. *Le livre de Marco Polo*, éd. Pauthier, p. 465 : « Ils (les Tartares) ont ydres (c.-à-d. idoles) et font ardoir les corps morts, et sont au grant *Kaan*. »

3. Cf. *Vig. de Charles VII* (dans Lacurne) : « Car c'estoit lo grand *caem* et maistre » (il s'agit du comte Salisbury tué au siège d'Orléans . Philippe Mousquet écrit : *kaan*.

carrer, entrer (*Id.*) ; à côté de *carruche*, prison
(*Jargon*, 1690 : et *charruche* ; 1700 [1] : *caruche* ;
— *care*, *carre*, coin (v. ci dessus *canton*) ; cf.
Mayenne, Ambrière, *caruche*, maison, et picard
décarrer, se sauver, détaler, répondant au fourb.
scoscar, décamper (de *cosco*, maison).

CHOPER, voler de menus objets (Vidocq), et
chopin, vol, propr. coup ; — *choper*, heurter du
pied, *chopin*, coup violent.

COESME, gros mercier (*Vie*, 1596, p. 8 : Pechon
est quand on a la première balle..., en apres
blesche, mercelot, et puis *coesme*, c'est mercier),
d'où *coesmelot*, *coesmelotier*, id. (*Vie*, 1596 ; *Jar
gon*, 1628), et *coesmeloterie*, marchandise (*Ibid.*) ;
— *coisne* (Cotgrave), à côté de *coënne*, couenne,
conservé dans les patois au sens de sot, niais
(Berry *couème* et *couanne*, id., Mayenne, *couème*,
poltron), sens qu'il a dû avoir également en ancien
français [2]. Le terme argotique représente ainsi
une association d'idées parallèle à son synonyme
blesche (v. ci dessus) ; cf. bellau *couan*, maître

---

1. L'édition du *Jargon* de 1728 porte *cartuche*, dérivant de *carte*,
cartre, prison (cf. Genève *charte*, chartre, prison).

2. Un autre sens de *coenne*, *coesme*, à savoir, bouc, crotte (cf. *Roy
Modus*, dans Littré : la *couenne* de l'herbe), s'est également conservé
dans les patois : wallon *couanne*, gazon, Mayenne *couème* et *couenne*,
crottin de cheval (et personne très grosse, sotte ou mal habillée).
Cf. Haut Maine *camelotte*, mélange d'aliments ou d'engrais (Vidocq :
camelotte, sperme) : c'est le diminutif de *couème*, crotte.

de maison, sens correspondant au terme de la germania *coyme,* l'un et l'autre empruntés à l'argot.

COESRE, chef du royaume de l'Argot (*Vie,* 1596, p. 12 : le chef appelé le grand *Coesre; Jargon,* 1628 : *Coesre,* le maistre des gueux ; 1836 : le grand *Coëre*), rapproché de l'anc. fr. *coirau,* bœuf engraissé, association d'idées qui n'a rien de surprenant pour le tour d'esprit argotique (cf. bellau *toire,* maître, propr. taureau). *Coesre,* graphie archaïsante pour *coëre* (cf. *coesme* = *coème*), serait ainsi abstrait de *coirau* ; le terme argotique s'est conservé en provençal : *couero, couaro.* gueux, rustre (*lou couaro,* le maître, le bourgeois, le chef, dans le patois rouergat).

COMTE, geôlier (*Jargon,* 1690 : *comte de la caruche.* geôlier de la prison), et *comtois,* niais (*battre comtois,* servir de compère à un marchand ambulant, Vidocq, locution analogue à *battre Job,* faire le niais, *Id.*), propr. comte (cf. Oudin, 1640 : *bourgeois,* c'est-à dire sot ou niais) ; v. ci-dessous *sire.*

COQUART, maréchal ferrant (*Vie,* 1596) ; — *coquart,* sot (Ducange, 1391 : ledit Bernart estoit bien *coquart,* bernart et tous sos) : le sens intermédiaire est rustre, rustaud.

COQUILLARD, gueux, mendiant, propr. pèlerin porteur de coquilles (Coquill., 1455 : et appellent iceux galans les *Coquillars* qui est à entendre *les Compaignons de le Coquille* ; Villon, 88 : Et pour ce, benards, *Coquillars*, Rebecquez vous de la montioye ; *Jargon*, 1628 : *Coquillards* sont les pelerins de Saint Jacques, la plus grande part sont véritables et en viennent ; mais il y en a aussi qui truchent sur le *coquillard*, et qui n'y furent jamais...). De là : forezien *coquillard*, mendiant ; cf. béarnais *couscoulhan*, coquillard, faux pèlerin (de *couscoulho*, coquille), gascon *cascoulhé*, porteur de coquilles, pèlerin (de *cas coulho*, coquillage) ; provençal *coco*, gueux (= coquille, rouergat *coucaro*, id.), *queco*, voleur, jeune filou, lazzarone marseillais, répondant aux *frères de la cuque*[1], filous. voleurs, coupeurs de bourse (Oudin, 1640). De même, germ. *marisco*, coquille et vol, *mariscar*, voler, propr. ramasser des coquilles, comme en anc. fr. : dresser une *coquille*, projeter une fourberie (Cotgrave), et bailleur de *coquilles*, menteur (*Id.*).

COVE, maison (*Vie*, 1596), propr. tanière ; cf. bellau *cué*, maison. fourb. *cobi*, lit (argot sicilien *cuba*, maison).

DABE, *dabuche*, roi (*Jargon*, 1628 ; Vidocq), et *dabot*, préfet de police (Vidocq) ; — *dabo*, maître, originairement terme de jeu (Oudin, 1640) :

1. *Cuque* est à *coque* (« coquille ») ce que *cruc* est à *croc* ; cf. picard *queuquer* (cuquer), tromper, attraper.

« Celui qui donne, il est toujours le *dabo* [1], façon de parler pour dire, il paye d'ordinaire pour toute la compagnie ; de là, ce mot s'est employé pour signifier le maistre du logis ». Le terme persiste dans certains patois : Mayenne *dabe*, *dabier*, paysan, lorrain *dabau*, stupide, et *dabo*, souffre-douleurs (H. Maine : enfant plus aimé que les autres).

DEFFARDEUR, larron (*Jargon*, 1690), auj. voleur de paquets et de hardes (Colombey), propr. qui décharge les boutiques ; — *deffardeler*, déballer.

DESBOCHILLEUR, tricheur (Coquill., 1455 : ung *desbochilleur*, celluy qui gaigne aux dez, aux quartes ou aux marelles tout ce que a un simple homme sans luy rien laissier) ; — *desbochier*, ébrancher (1420 : comme le suppliant eust *des bochiez* et deffouis deux grans freins), puis dépouiller, image tirée de l'horticulture.

DESBOUSER, dépouiller (Villon, 29 : Des sires pour les *desbouser*), propr. débarrasser d'ordure, retirer de la bouse.

DESROCHEUR, tricheur (Coquill., 1455 : ung *desrocheur*, c'est celluy qui ne laisse rien à celluy qu'il desrobe) ; — *desrocher*, démolir.

DESSARQUEUR, espèce de filou (Coquill., 1455 :

1. Larivey, *Le Morfondu* (1579), acte III, sc. 5 : « Je heurteray tout bellement à la porte, que il ne m'oseroit refuser, pour ce qu'il sçait que je suis le *dabo*. »

ung *dessarqueur*, celluy qui vient le premier où l'en veult mettre un plant et enquiert s'il est nouvel) ; — *dessarter*, extirper.

DESTICOTTER, parler (1661, ap. Fr.-Michel : Qu'on *desticotte* le narquois, En pictant du pivoy chenâtre) ; — *dasticotter*, parler allemand (Oudin, 1640 : « Ce mot tire son origine de *dass dich Gott...*, qui est une façon de jurer »), et *tastigoter*, parler baragouin, parler vite (Le Roux). Le verbe a acquis un sens plus général dans les patois : Picardie *testicoter*, discuter, contester (Champagne : taquiner, Genève : tracasser), Lyon *testicotò*, contester aigrement et à propos de vétilles.

DRILLE, soldat mendiant (*Jargon*, 1628, p. 33 : *Drilles* ou narquois sont les soldats qui truchent la flambe sous le bras), nom tiré de *driller*, courir, vagabonder (xviᵉ siècle), aujourd'hui, dans le patois bourguignon, au même sens (suisse *driller*, courir très vite, provençal *drilha*, aller vite et légèrement).

EGRAILLER, prendre la poule avec un hameçon (*Jargon*, 1628 : *égrailler l'ornie*, prendre la poule avec un haim), propr. lui faire écarquiller les yeux, sens de l'anc. fr. *esgrailler* (v. plus bas *érailler*).

EMBANDER, prendre de force, saisir (*Jargon*, 1728), propr. entourer de bandes. Le terme argotique a

passé avec le même sens dans le *canut* lyonnais
(« *Embandant* son épouse, i s'escanne sans bruit »,
Ad. Vachet).

EMBOUREUX, *amboureux*, bourreau (Villon, 43 :
Dont l'*amboureux* lui rompt le suc), propr. celui
qui embourre[1] le cou du patient (Rabelais :
embourreurs de basts).

EMPAVE, drap de lit (*Jargon*, 1628), comparé à
un pavé (cf. *revêtir* de dalles) ; — *empaver*, paver.

ÉRAILLER, tuer (*Jargon*, 1728) ; — *esrailler*, faire
rouler les yeux (cf. des yeux *éraillés*).

ESCHEC, gare, gardez vous (Villon, 10 : *Eschec,
eschec* pour le fardis), terme tiré du jeu d'échecs,
d'où *eschecquer*, éviter (*Id.*, 7 : *Eschecquez*-moy
tost ces coffres massis ; *St. Christophe*, 1527 : J'*es
chaquay*) ; — *eschequier*, jouer aux échecs et faire
éprouver un échec.

ESSORER, pendre (Villon, 26 : Que le grand Can
ne vous face *essorer*), propr. exposer à l'air[2],
répondant au synonyme anc. fr. *mettre à la bise*,
pendre (*Roman de Renart*).

ESTABLE, chapon (*Jargon*, 1690), à côté de

---

1. Sens également inhérent à l'anc. fr. *bourrel*, qui signifie à
la fois bourrelet (XIII° siècle) et bourreau (XIV° siècle), synonyme
de *tyrant*, propr. tiran, mais interprété vulgairement comme celui
qui *tire* le condamné à la potence (cf. *Perceforest*, dans Littré :
Adonc marcha avant le *tyran*, qui print la royne par la main, si la
mena jusqu'à l'estache). L'anc. fr. *bourrelier*, bourreau, répond
exactement au synonyme argotique *emboureux*.

2. Et non pas : « sécher » (Longnon).

estaffon (*Ibid.* : castroz ou *estaffon,* un chappon) ;
— *estable,* étable, c'est à dire oiseau de basse cour.

ESTEVE, fraude (*Apôtres,* 1460 : de plusieurs piperies et de plusieurs *esteves*), d'où *estever.* escroquer (Coquill., 1455 : Et d'illec s'en allerent en Lorraine pour cuidier faire un bon coup de tresgeter qu'ils appellent en leur jargon *estever*), et *esteveur,* escroc (*Ibid.*). En anc. fr., *esteve* signifie manche de la charrue, comme en proven çal, *estevo* (cf. *teni l'estevo drecho,* tenir le manche droit, conduire sagement une maison, une entre-prise, une personne, marcher droit), image tirée du travail agricole [1].

ESTOFFE, butin (Coquill., 1455 : Quand l'ung d'eulx dit : *estoffe !* c'est à dire qu'il demande son butin de quelque gaing qui est fait en quelque maniere par la science de la coquille), d'où *estoffé,* riche (*Passion,* 1486 : *Estoffés,* mous sus) ; l'argot moderne connaît *étoffes,* de l'argent (Delesalle) ; — *estoffe,* étoffe (*estoffer,* garnir. pourvoir, approvisionner).

ESTREIGNANTE, ceinture (*Vie,* 1596), propr. ce qui serre (anc. fr. *estreindre,* serrer).

<hr>

1. L'anc. argot *estève,* escroquerie, n'a rien de commun avec l'esp. *estafa,* id. (Oudin, 1643 : *estaffe, estaffier,* coupeur de bourse,) qui répond au prov. *estafo,* pourboire, rétribution que retirent les souteneurs des mauvais lieux : *tira l'estafo,* recevoir un pour boire, comme les valets qui tiennent l'étrier (it. *staffa*), d'où *estafié,* valet de pied et mauvais sujet, complice.

FERLAMPIER, voleur du dernier étage (« terme des argousins », Vidocq) ; le *Dictionnaire d'argot* de 1829 enregistre : *ferlampier*, condamné habile à couper ses fers ; — *ferlampier*, mauvais sujet.

FEUILLE, bourse [1] (*Viel Testament*, 1458 : Dont ma *feuille* sera gaudie ; Villon, 166 : Ruez des *feuilles* cinq ou six ; 215 : Jehan mon ami qui les *feuilles* desnoue), et *fouille* (*Passion*, 1486 : Les gros fonceront à la *foulle* ; *Vie*, 1596 : *fouille* ou fouillouze), à côté de *feullouze* (Coquill., 1455 : une bourse est une *feullouze*), et de *fouillouze* (Bouchet, III, 131 : la *fouillouze*, c'est la gibbe cière). C'est le primitif de l'anc. fr. *fueillette*, fût de vin, répondant au fourb. *foglia*, bourse, en rapport avec l'italien *foglietta*, fût, de la même origine. *Feuille* ou *fouille* représente ainsi un type *folia*, et *feuillouse* ou *fouillouse*, son dérivé *foliosa* (cf. fr. *feuillette*, fût, en rapport avec l'anc. fr. *foille*, tonneau), termes métaphoriques tirés de la notion *feuille* et dont le patois savoyard a gardé le sens intermédiaire : *folye*, feuillée, tonnelle ou petite construction temporaire faite avec des branches garnies de leurs feuilles. C'est ainsi que le fût *feuille* ou *feuillette*) a d'abord été une tonnelle en feuillage ; et la bourse *feuille* ou *feuillouse*) a d'abord désigné la doublure intérieure d'une

1. Et non pas : « pièce de monnaie » (Longnon).

bourse, assimilée à un feuillet (l'anc. fr. *fueil* réunit ces deux sens). Le terme argotique, employé par Rabelais[1], a pénétré dans quelques patois (Picardie *fouillouze*, trésor, bourse, Normandie : poche de vêtement[2], Poitou : poche, escarcelle, Gâtine : *fouillouse*, petit sac, bourse « As-tu la *fouillouse* garnie?) et dans certains parlers spéciaux (mourmé *folieusa*, bourse, terratsu *folieta*, id.).

FLOU, rien (*Jargon*, 1628, p. 39 : le rupin ne lui ficha que le *flou* ; 1690 : *frou*). et *floutière*, id. (*Jargon*, 1628 ; 1728 : *floustière* et *froustière*), à côté de *flouquière*, id. (Anc. *Théâtre fr.* IX, 63 : Qui fera toujours *flouquière* et puis c'est tout), rapproché de l'anc. fr. *flux !* interjection pour donner à entendre que l'on n'accorde pas ce qu'un autre dit (Oudin, 1640) ; cf. fr. pop. *flut, flute !* non ! (terme de mépris).

FOGNE, guerre (*Vie*, 1596 : *foigne*), et *fognard*, soldat (*Ibid.* : *foignard*) ; — *fogne*, fange, *fognard*, fangeux : le soldat est celui qui marche dans la boue (cf. en fr. *patrouille*, et fourb. *burasco*, soldat, de *burasca*, tempête).

1. *Gargantua*, I, 38 : « Car il arrapoit... l'aultre par la besace, l'aultre par la *fouillouse*, l'aultre par l'escharpe » ; *Pantagruel*, III, 41 : « Plus d'aubert n'estoit en *fouillouse* pour solliciter et poursuivre. »

2. D'où : *Aller à fouillouse*, locution très fréquemment employée pour exprimer, soit l'action de tirer de l'argent de sa poche, soit l'obligation où l'on est d'acquitter une dette (Moisy).

FONCER, payer (*Passion*, 1478 : Et d'estoffe pour le deffray qui en *fonce*? *Jargon*, 1628), même évolution de sens que son synonyme *ficher* (= enfoncer) ; cf. Oudin, 1640 : *foncer* à l'appointement, donner de l'argent.

FOURLINEUR, voleur à la tire (Vidocq), tiré de l'anc. fr. *forlinier*, dégénérer, propr. sortir de la ligne droite.

FOURLOURER, assassiner (Vidocq), rapproché de l'anc. fr. *frelore, frelorier*, vaurien (Colgrave). Le sens de *fourlour*, malade (Vidocq), résulte de l'association d'idées argotique : malade — prisonnier (= criminel) ; v. *castu*.

FRANC, épithète ajoutée à diverses dignités ou autres (Vie, 1596 : *franc* ripault, Roy ; *franc* cagou, lieutenant du Roy ; *franc* foignard, capitaine ; le *franc* mitou, Dieu ; les *franches* volantes, les anges), d'après l'analogie de l'anc. fr. *franc* archer, *franc* manant, *franc* sergent, etc.[1]. Dans le patois poitevin, *franc*, au sens de robuste, se dit d'un homme ou d'une bête de somme, et au sens de hardi, résolu, en parlant d'un enfant.

FREMION, marché (*Jargon*, 1628 ; 1700 : *frimion*), propr. fourmillement (anc. fr. *fourmillon*, bruissement, *fremion*, petite fourmi), de même que *fremillante*, assemblée (*Jargon*, 1836) et *frémion*,

---

1. Cf. *Jargon*, 1836 : *franc*, bas, *franche*, basse, *franchir*, baisser.

violon (*Ibid.*) ; cf. picard *fremioner*, fourmiller (de *fremion*, fourmi), et argot roum. *clocoteala*, marché, propr. bouillonnement.

FRETILLE, paille (Bouchet, III, 125 : de la paille, de la *fretille*, et disent, *il a couché sur la fretille* ; *Vie*, 1596 ; *Jargon*, 1628), rapproché de l'anc. fr. *fretil*, terre en friche (Bresse *freti*, chaume, terre en chaume, et *freton*, Yonne *fertasse*, filasse, mauvaises étoupes). Le terme argotique a pénétré dans plusieurs patois : bourguignon *fretille*, paille (La Monnoie), et picard *couquer à la fretille*, coucher dans les champs, en plein air (Jouancoux). Dans le patois haut breton (Ille-et Vilaine), le mot a acquis l'acception figurée de « rien » : Vous reste t il du pain ? — Il ne m'en reste pas une *fertille* (Orain).

FROLLER, médire de quelqu'un (*Jargon*, 1628), et *frolleux*, traître (*Ibid.*) ; — *froller*, frotter : le sens argotique résulte de la locution *froller sur la balle* (des colporteurs), litt. frotter le dos de quelqu'un.

FUSTILLER, tricher au jeu (Coquill., 1455 : *fus tiller*, c'est changer les dez), tiré de l'anc. fr. *fuster*, fouiller, piller, ravager, comme son synonyme picard *fustiquer*, tricher au jeu, propr. fustiger, battre de verges, par une métaphore analogue aux termes français *fûté* et *roué*.

GAFFRE, sergent (Coquill., 1455 : ilz appellent les sergens les *gaffres*), à côté de *gaffe*, gardien, sentinelle (Vidocq), même mot que *gaffe*, perche garnie d'un crochet (Ducange, 1455 : un baston nommé *gaffe* ayant un croc de fer au bout), par une image facile à saisir (cf. argot mod. *marchand de lacets*, gendarme) : provençal *gafo*, recors (= gaffe), et esp. *corchete*, sbire (= crochet) ; de même, germ. *harpia*, agent de police (= crampon).

GAUDILLE, épée (*Jargon*, 1728), propr. Joyeuse, (cf. anc. fr. *gaudie*, joie), nom de l'épée dans les romans de chevalerie (v. p. 91).

GOURD, bon (Villon, 11 : Brouez-moy sur ses *gours* passans ; Bouchet, III, 130 : quand le vin est bon, il est *gourd*), gros, riche (*Passion*, 1486 : Est il *gourd ? Jargon*, 1628 : *gourdement*, beaucoup), et métier de voleur (*Vie*, 1596, p. 5 : il n'estoit coesme, n'ayant parvenu à ce degré, ains estoit simple blesche, et sortoit de pechonnerie, toutefois entervoit le *gourt*), d'où les composés *passeligourd* (*Ibid.*, p. 9 : J'atrime au *passeligourd* du tout, c'est-à-dire je desroberay bien ; 1633, *Comédie des Proverbes*, sc. IV, acte 3 : Nous avons attrimé au *passeligourt* et fait une bonne grivelée) et *tripeligourd* (*Vie*, 1596, p. 10 : J'atrime au *tripeligourd*, je desroberay trois fois très bien), à savoir triple gourt ou truc [1]. En anc. fr. *gourt*

____

1. C'est à tort que Fr.-Michel traduit *trepeligour* par « vagabond » : le terme désigne le truc et non pas celui qui le met en action.

signifie lourd, pompeux ; le terme argotique a passé dans le bellau (*gor, gordo,* bon, beau) et dans l'argot breton (*gourd,* bon, Quellien, 56).

GOURT, dé à jouer (Coquill., 1455), qu'on retrouve dans Shakespeare (*Merry Wives,* I, 3 : *gourds*), et argot mod. *gour,* pot (Vidocq), l'un et l'autre d'après sa grosseur (même mot que le précédent).

GRIPIS, meunier (*Jargon,* 1690 : *grispis*), propr. voleur (anc. fr. *grippart*) ; cf. haut breton (Ille et-Vilaine) *grippis,* nom donné au diable (terme passé en breton) : le voleur et le diable empoignent également.

GUELIER, diable (Bouchet, III, 131 ; *Vie,* 1596 : *gueliel*), et *glier,* id. (*Jargon,* 1628) ; — *galier,* mauvais plaisant (et *galier,* se moquer de).

GUEUX, mendiant (*Passion,* v. 3897 : Sathan, tu es un *gueux* propice ; *St. Christophe,* 1527 : Hé, *gueux !* advance moy la poue ; Villon, 109 : Benars, vous estes rouges *gueux* ; Bouchet, III, 129 : j'entendrois ce que disent les mattois... et les *gueux* de l'hostière ; *Vie,* 1596 ; *Jargon,* 1628 ; *Response au Grand Coesre,* 1630 : chef de la *gueu serie* ou gueulerie, général de la milice argotique), masculin tiré de *gueuse,* gorge (XIII° s., St. Bernard), d'où glouton, goinfre, comme les synonymes provençaux *gourgas* et *grand gousié,* et puis mendiant ou voleur (cf. en fr., *fripon,* gourmand

et filou) : *gueuserie* et *gueulerie* disent parfaite-
ment la même chose[1].

HALLEGRUP, potence (Villon, 49 : Bien attaché
au *hallegrup*; *St. Christophe*, 1527 : *allegruc*),
composé au sens obscur (cf. *halle*, hâle, et plus
haut *cruc* et *grup*).

HANE, bourse (*Jargon*, 1628 : *hane*; 1728 : *ane*;
Comédie des Proverbes, II, 5 : casseurs de *hannes*;
Jargon, 1836 : *henne*); — *hane*, malle (1417 : un
coffre, une *hane*); cf. Landes *hanic*, bonnet de
vieille femme, et Poitou *hanac*, panier.

HANOIS, cheval (*Vie*, 1596), et *hanoche*, jument
(*Ibid.*), dérivés d'un anc. fr. *hane*, conservé par
les patois : picard *hene*, jument, rosse, et Champagne *hanette*, petit cheval.

HAVRE, asile (Villon, 197 : Ionc verdoiant, *haure*
du marieux), propr. havre, port, et Dieu (*Jargon*,
1628 : *grand haure*, Dieu), c'est-à-dire *havre de
grâce*, dans Rabelais (III, 32 : *Havre* de grace,
s'escrie Rondibilis, que me demandez-vous?).

HERPE, liard (*Vie*, 1596), propr. âpre au toucher,
et *herpelu*, id. (Bouchet, III, 130 : ils appellent un
liard un *herpelu*; *Jargon*, 1628 : *herplus*, 1700 :
herplis), d'un vieux mot répondant à l'anc. fr.

---

1. Les patois de la Haute-Italie présentent une association
d'idées tant soit peu différente, celle de gosier-faim : Piémont
sgözia, Lombardie *sgheiza* (*sghiza*), à côté de *sgüssia* (Emilie *sghessa*,
it. *sgheschia*), termes tirés de *goz, guss*, gosier.

herpe, herse, poitevin *herpe*, serpe, *herpelu*,
hérissé ; bellau *arpoué*, sou.

HOQUET, *hoquette*, baluchon de gueux (*Vie*,
1596 : la *hoquette* c'est le paquet que les gueux
portent sur leur dos ; *Ibid.*, 1627 : *hocquet*) ; —
hoquet, grand manteau à capuchon. Du primitif
de ce nom (*hoc*, crochet) dérivent l'anc. fr.
hoqueler, filouter, et les termes patois (Mayenne) :
hoqueiller, marchand de fil (et trompeur, voleur),
hoqueler, porter les pièces de toile de maison en
maison.

HURÉ, gros, grossier, riche (*Vie*, 1596 : aubert
huré, cocsmelotier *huré*, peaux *hurés*), propr.
hérissé, sens du mot en anc. fr. et dans les
patois.

JAFFE, potage (*Jargon*, 1628, p. 20 ; 1660 : *jafle*),
d'un anc. fr. *jaffe*, jouc (auj. Bresse *jaffes*, grosses
joues, et *jaffer*, manger bruyamment et en faisant de l'écume, Mayenne, *jaffier*, rejaillir), d'où
peut être *jafuer*, bonne chère, gourmandise
(Champagne *jafflis*, galimafrée, Yonne *jaffle*,
acide) ; de *jaffe*, potage, dérive *jaffier*, jardin
potager (*Jargon*, 1836).

JARTE, robe (Coquill., 1455 : Une robe est une
jarte ; Villon, 47 : Et eschequez tost, en brouant,
Qu'en la *iarte* ne soiez emple) ; — *jart*, poil long
et dur dans la laine.

JUC, gibet (Villon, 144 : N'estant à *iuc* la rafflerie ; *St. Christophe*, 1527 : Est il au *juc* ?) ; — *juc*, juchoir.

LAURE, bordel (Vidocq, II, 272), propr. couvent (bas-latin *laura*), répondant aux synonymes modernes *abbaye de s'offre à tous* et *couvent*.

LETTRE DE COURONNE, tasse (Bouchet, III, 130 : une tasse est une saliverne ou *lettre de couronne*), dont les mendiants lépreux étaient porteurs et qui témoignait qu'on leur avait donné la *couronne* ou la tonsure comme aux moines (v. *lettre de cou ronne*, dans Nicot).

MARMOUSE, barbe (*Jargon*, 1836), tiré de *mar mouset*, singe, propr. barbe de singe.

MARMOUSET, marmite (*Jargon*, 1628 : *marmozet*, le pot au potage ; p. 19 : le *marmozet* rifode, c'est la pottée bouilt), propr. singe (anc. fr. *mar mouset*, XIIIᵉ siècle), ce pot étant muni de pieds et d'oreilles.

MARMYON, bourgeois, dupe (*Passion*, 1486 : Il n'a tirande ne endosse… Le *marmyon* est à sec), propr. singe (anc. fr. *marmion*), répondant au synonyme moderne *singe*, bourgeois, patron.

MARPAUT, voleur (*Jargon*, 1628, p. 21 : Qu'aucun *marpaut* ne soit admis pour estre grand Coesre ; p. 24 : les plus habiles *marpaux* de toutime l'Argot) ; — *marpaut*, goinfre, voleur (auj. Mayenne, Champagne ; Berry : lourd, pataud. vaurien), Picardie *marpaille*, canaille.

MARON, sel (*Jargon*, 1628, p. 22 : une poignée de *marron*), propr. sel marin (anc. fr. *marois*, de mer, et *maronnier*, marin) ; cf. *le grand salé* et *pré salé*, noms argotiques de la mer.

MAUHE, bouche (Coquill., 1455 : Ferme en la *mauhe*, c'est celluy qui se garde bien de confesser rien à la justice), propr. moue (cf. pour l'*h*, Coquill., 1455 : qu'il *jouhe* aux dez).

MINOIS, nez (*St. Christophe*, 1527 : On lui raseroit le *mynois* ; *Vie*, 1596 ; *Jargon*, 1628), suppose le primitif *mine*, visage, qui est attesté ultérieurement.

MION, garçon (*Jargon*, 1628), propr. miette, sens de l'anc. fr. *mion*, comme du synonyme moderne *mioche* (anc. fr., miette).

MITOU, *franc mitou*, Dieu (*Vie*, 1596 : le *franc mitou*, Dieu ; p. 17 : bier sur le *franc mitou*, c'est d'estre malade à bon escient), d'où *francs mitoux*, mendiants qui contrefaisaient les malades (*Jargon*, 1628, p. 30 : Les *francs mitoux* sont ceux qui sont malades ou qui font semblant de l'estre) ; en anc. fr. *mitou* signifie matou, chat mâle, d'où patron (Sicile, *gattu*, id., propr. chat) et gros bonnet (port. *bichaço*, id., propr. gros chat). Pour le sens de « malade », comparer d'un côté, l'anc. fr. *faire la cate catie*, imiter les plaintes d'une chatte malade qui est tapie sur son ventre (Eust. Deschamps, IX, 123), et d'autre côté, *jambe de Dieu*, jambe préparée de manière à ce qu'elle paraisse couverte d'ulcères (Vidocq).

MITRE, galle (Fr. Michel), tiré de *mithridate,* onguent dont se frottaient les galleux.

MOE (*faire la*), être pendu (Villon, 177 : Faites aux beroars *faire la moe*), propr. faire la moue : « Le patient, après avoir eu les quatre membres brisés, agonisait sur une roue de chariot horizontalement placée, la face tournée vers le soleil » (Schöne, p. 350) ; cf. *faire le singe,* être exposé au pilori (Vidocq).

MOME, garçon (Vidocq), propr. masque ou épouvantail (anc. fr. *mome*), répondant au fourbesque *fantasima,* enfant (= fantôme) : le genevois *mome,* sot, nigaud, et le provençal *moumot,* id., dérivent de l'argot (= niais comme un enfant) ; cf. Genève *momière,* panier terminé par deux anses (propr. fillette). Le terme argotique a passé dans la langue populaire : *môme,* gamin, petit enfant (Littré, *Suppl.*).

MORNIFLE, monnaie (Vidocq), propr. soufflet (Oudin, 1640 : *donner mornifle,* c'est à dire un soufflet), rapproché de l'ancienne locution *bailler un souflet au roy,* faire de la fausse monnaie.

NIVET, chanvre (*Jargon,* 1836), propr. blanc comme la neige (anc. fr. *nive,* neige) ; cf. rotwelsch « *Schnee,* Leinwand », 1750 (Kluge, p. 214).

NOUANT, poisson (Bouchet, III, 131 : des *noüans* sont des poissons ; *Jargon*, 1836 : *noujon*), propr. nageant, et répondant aux synonymes modernes *flottant, nageoir*.

PACCANT, passant (*Jargon*, 1728), et paysan (*Jargon*, 1836) ; — *pacant*, rustre (auj. dialectal et français populaire).

PACQUELIN, pays (*Jargon*, 1628, p. 38 : en ce *pas quelin* de Berry ; p. 36 : le cagou du *pasguellin* (sic !) d'Anjou, et *pasguellin* (sic !), le pays), et enfer, propr. pays du diable (*Ibid.* p. 19 : le glier t'entrolle en son *paquelin*, c'est le diable t'emporte en son enfer) ; — *patelin*, baragouin, ensuite pays où l'on parle patelin (cf. *patelinois*, dans Rabelais) ; de là, dans le langage populaire, pays natal et compatriote.

PARON, palier d'étage (Vidocq), rapproché de l'anc. fr. *paronne*, palonnier.

PENNE, clé (Vidocq) ; — *penne*, pointe, répondant au synonyme *aiguille*.

PINOS, deniers (*Jargon*, 1628), rapproché de l'anc. fr. *pinard*, très petite pièce de monnaie et richard ; cf. Lyon *pignolles*, argent (avoir des *pignolles*, être riche), provençal *pigno*, pomme de pin (qui est le sens primitif).

PIVOIS, vin (Bouchet, III, 130 : du vin, c'est du *pivois* ; *Vie*, 1596 : *pihouais* ; 1627 : *pivouais* ; *Jargon*, 1628 : *pivois*, 1836 : *pive, pivre*), suppose un primitif anc. fr. *pive,* qui est aujourd'hui le nom patois de la pomme de pin, semblable à son raisin (cf. vin *pineau*). Le terme argotique a passé en anc. fr. (v. Littré) et en provençal (*piboues, pivoues,* id.).

PLUC, butin (*Passion,* 1486 : Puisqu'il n'y a ne gaing ne *pluc* ; Villon, 61 : Et n'eussiez vous denier ni *pluc*), propr. pelure ; cf. normand *pluc,* ce que l'on peut éplucher (anc. fr. *peluc,* ce qui reste du grain après qu'il a été vanné).

PONIFLE[1], prostituée (*Jargon,* 1634), auj. *ponife* (Richepin), à côté de *ponisse* (*Jargon,* 1690) et de *ponante,* fille publique du dernier étage (Vidocq), termes tirés de l'anc. fr. *ponant,* derrière (cf. pour l'alternance des finales, argot *passant, passifle,* soulier, v. p. 76).

RENGRACIER, cesser d'être voleur et devenir honnête homme (Vidocq, et *rengracié,* converti), rapproché de l'anc. fr. *rengracier,* rendre grâce à.

ROE, *roue,* la justice, envisagée comme un supplice, l'interrogatoire étant assimilé à une roue qui tourne (Villon, 167 : Et vous gardez bien de la *roe* ; 191 : Car escornez vous estes à la *roue*), auj. juge d'instruction (Vidocq), à côté de

---

1. L'édition du *Jargon* de 1628 a *pontifle,* qui répond probablement au synonyme moderne *pontonnière,* fille publique qui exerce sur les ponts (Vidocq) ; celle de 1728 a *coniffe,* déformation facile à comprendre.

rohe, rouhe (Coquill., 1455 : ilz appellent la justice de quelque lieu que ce soit... la *rohe, rouhe*) ; de là, *rouastre,* bourreau (*St. Christophe,* 1527 : Le *rouastre* et ses subjetz) ; *roüin,* le prévôt des maréchaux (*Jargon,* 1628), et *rouault,* pl. *roüaux,* les archers (*Ibid.,* 1728 : *roveaux*). En anc. fr. on trouve *roe,* roue, pilori, *roart* (*rohart*), *rouart* (*rouhart*), bourreau, prévôt des maréchaux qui condamnait à la roue (cf. Rabelais, III, 51 : il ne fut onques *rouart*).

SAUPIQUET, subtil (Villon, 107 : *Saupicquez frouant des gours arques*), propr. assaisonné avec du sel ; — *saupiquet,* sauce piquante.

SIRE, dupe (Coquill., 1455 ; Villon, 29 : Des *sires* pour les desbouser), propr. seigneur, à côté de *syrois,* id. (*St. Christophe,* 1527 : Embuschons nous soubz la feullée, Pour attendre quelque *syrois*) ; cf. dans l'argot moderne, *messière,* dupe, bourgeois (Rigaud).

SOURDU, pendu (*Vie,* 1596), propr. soulevé (anc. fr. *sourdre*), à côté de *sourdolle,* potence, et *sourdante,* justice (*Ibid.*).

TAROQUE, marque (Vidocq), propr. marque de carte ; — *taroc,* tarot.

TARTE, mauvais, faux (*Id.*), propr. crotte, bourbe ; — *tarte* (*bourbonnoise*), bourbier, fondrière.

TEMPLE, manteau (*Passion,* 1486 : Aubert,

temple, ne pain, ne poulce), auj. vêtement ; — cf. *templette,* bandeau que les femmes se mettaient sur la tête pour retenir leurs cheveux, avec *rabat,* manteau, propr. pièce de toile fine qui tombait sur la poitrine (dans Cotgrave, *rabat des manteaux*).

TORTERIE, potence (*Viel Testament,* 1458 : Aller fault à la *torterie,* c'est à dire au jolly gibet ; Villon, 172 : *turterie*), propr. tortis ou corde pour étrangler, à côté de *tourtouse*[1], corde (*St. Christophe,* 1527 : Que pleust aux dieux que le taulart Vous eust branché en la *tourtouse* ; *Jargon,* 1690), d'où *se tortouser,* se pendre (Chauffeurs, 1800), répondant à *se corder,* id. (*Ibid.*) ; cf. anc. lyonnais *tortossière,* corde (1472). auj. provençal *tourtousso,* tortis, et *retorto,* corde, en fourbesque *torta, tortosa,* id.

TRIMER, marcher (*Jargon,* 1628), *trimard,* chemin (*Ibid.,* p. 20 : Un chemin on l'appelloit pellé, à present c'est un *trimard* ; cf. *Moyen de parvenir,* éd. Royer, I, 128 : Les gueux qui bient sur le grand *trimard*), d'où *trimarder,* cheminer ; le composé *attrimer* signifie prendre, c.-à-d. dérober (*Jargon,* 1628), d'où *atrimeur,* larron (*Vie,* 1596), et *atrimois.* voleur (*Ibid.*), propr. voleur de grande route, évolution de sens analogue aux synonymes

---

1. Cf. Richelet, 1680, s. v. *hard* : « Ce mot signifie les cordes dont on étrangle une personne..., mais le bourreau de Paris les nomme aujourd'hui *tourtouse,* et les cordiers les appellent *mariage.* »

populaires *chemineau* et *voyou*. L'anc. fr. *trumer*,
courir (Eust. Deschamps), qui se rattache à un
primitif *trume*, jambe (cf. *trumel,* id., xii° siècle),
répond au synonyme argotique moderne *jouer
des guibolles (Jargon*, 1836 : *trimoire,* jambe). Cf.
mourmé *trimma,* porter, et argot moderne *trimard,*
éventaire, balle de marchand ambulant, boutique
de marchand forain (Rigaud).

VACQUER, voler (*L'Intérieur des prisons,* 1846), et
aller en vaquerie, sortir pour aller voler (Vidocq),
propr. aller à son occupation ; — *vaquer,* employer,
s'occuper à ; cf. *être dans le vaque,* être en quête de
vol, et *être en vaque,* en aller commettre un (Larchey, *Suppl.*).

II. — Patois Français.

Les foires étaient les points de répère des
diverses catégories d'argotiers. Ils se réunissaient
tantôt dans le Poitou et tantôt dans la Normandie.
La *Vie Genereuse* fait mention de la foire de Cha-
taigneraye, près Fontenay, et le *Jargon* est encore
plus explicite à cet égard (p. 7) : « L'Antiquité
nous apprend et les docteurs de l'Argot nous
enseignent qu'un Roi de France ayant estably les
foires de Niort. Fontenay et autres villes du
Poictou... »

D'un autre côté, le nom de *Jargolle* que la Normandie porte en argot, c'est à-dire le pays du jargon, témoigne également d'une influence linguistique rendue d'ailleurs certaine par la forme des termes patois propres à l'argot.

Ajoutons que chaque province avait son *cagou*, ou lieutenant du grand Coesre, qui avait la mission d'enseigner le métier aux apprentis voleurs ; et qu'aux assemblées générales tenues en Poitou accouraient tous ces représentants du royaume argotique.

Il est difficile, dans ces conditions, de préciser les sources dialectales de l'argot, dans lequel des formes normanno-picardes côtoient des termes poitevins, manceaux, tourangeais ou angevins[1]. Les patois du centre et du nord ont tour à tour alimenté ou renouvelé le vocabulaire argotique.

---

1. Nos sources sont : Berry (Jaubert, 1864-69), Bourgogne (La Monnoie ; Mignard, 1869 ; L. Guillemant, 1902), Champagne (P. Tarbé, 1851 ; A. Beaudouin, 1877), Gâtinais (C. Puichard, *Revue de philologie française*, vol. VII, 1893) ; Genève (J. Humbert, 1842), Ille-et-Vilaine (Ad. Orain, 1891), Lille (L. Vermesse, 1867), Lorraine (L. Adam, 1881), Lyon (N. du Puitspelu, 1889 et 1903, et Ad. Vachet, 1907), Haut-Maine (C. R. Montesson, 1857) et Mayenne (C. Dottin, 1899), Morvan (de Chambure, 1878), Normandie (E. et A. Duméril, 1849 ; H. Moisy, 1885), Picardie (Abbé J. Corblet, 1851 ; Jouancoux et Devauchelle, 1880 ; Ed. Edmont, 1897), Poitou (L. Favre, 1867 ; L. Lalanne, 1868), Savoie (A. Constantin et J. Desormaux, 1902), Yonne (S. Jossier, 1882). Voir pour l'argot moderne, Ad. Hamdorf, *Uber die Bestandteile des modernen pariser Argot, Inauguraldissertation*, Berlin, 1886.

Comme dans le chapitre précédent, nous allons envisager les mots empruntés aux patois suivant la conservation ou l'altération de leurs sens.

A. — *Avec le sens conservé.*

ABATI, tué (Fr. Michel), propr. abattu, et *rebâtir*, tuer (*Jargon*, 1728 ; Vidocq : *rebatir*), c'est-à-dire rabattre (*Jargon*, 1628 : *rabatteux*, larron) ; — cf. Berry *rabâter*, *rebâter*, battre.

ABÉQUER, nourrir gratuitement (Vidocq) ; — picard *abequer*, donner la béquée, nourrir.

ABOULER, apporter (*Rat*, 1790, p. i5 : *aboulez* une rouillarde), et venir (Vidocq) ; — dial. (Berry, Poitou, Normandie) *abouler*, apporter vite, amener (*s'abouler* répond à *s'amener*, venir), d'où fr. pop. *abouler*, venir et payer non sans regret (Littré, *Suppl.*), provençal *aboula*, donner, financer, s'exécuter ; Savoie *abouler*, apporter, donner promptement (*faire abouler*, le forcer à payer), *s'abouler*, venir, arriver. Un autre sens argotique de *abouler*, accoucher (Fr. Michel), dérive de la même source : Berry *aboulée*, accouchée (pour *éboulée*, affaissée : « Quand une femme est accouchée, on ne dit pas qu'elle est *aboulée*, mais que le pignon est *aboulé*, c.-à-d. *éboulé*, figure analogue à celle que présente l'expression *bâtir sur le devant*, d'une personne qui prend du ventre », Jaubert).

AFFUTER, tromper (*Jargon*, 1836), répondant au fr. pop. *affuté*, rusé (d'Hautel).

ARCASSIEN, celui qui écrit une lettre de Jérusalem (c'est à dire de prison) pour escroquer de l'argent (Vidocq) ; — picard *arcassier*, trompeur, malin, tracassier, terme apparenté au berrichon *arcaler*, tromper (*arcaleux*, trompeur), et *arcander*, trimer misérablement, travailler sans profit, d'où *arcandier*, petit commerçant ambulant, vagabond, vaurien, répondant au H.-Maine *arcanier*, mauvais garnement, et *arquanier*, *arquelier*, débauché, libertin (cf. ci-dessus *arcaler*) ; normand *arqueler*, marchander à l'excès [1].

ARQUEMINE, main (« terme des voleurs flamands », Vidocq, qui transcrit *arguemine*), propr. main crochue, composé analogue à *arquepince*, recors (Mayenne : reprise grossière faite à l'aiguille), *arquepincer*, saisir vivement (*Id.*) : *mine* est la forme dialectale et enfantine (cf. *minine*) pour *main*.

ASTIC, épée (*Jargon*, 1728), tiré du normand

---

1. Le point de départ de ce groupe lexique paraît être *arc*, voûte ou arcade, et la notion primordiale est encore transparente dans les dérivés provençaux : *arcadié*, marchand des halles, étalagiste qui suit les marchés ou les foires, et *arcandié*, brocanteur, contrebandier. Quand à *arcavot*, mensonge (« dans le jargon des marchands juifs », Rigaud), prov. *arcavot*, galant, libertin, (cf. anc. fr. *arquabot*, coquin, 1461, Ducange, du provençal), il appartient à une autre origine (v. Mistral).

astiquer, piquer (anc. fr. *estiquer*, id. ; provençal *estico*, épée).

AVALOIRE, gosier (Vidocq) ; — picard *avaloire*, id.

BERLUE, couverture (*Id.*) ; — Mayenne *berluche*, grosse étoffe, bure.

BIBLOT, outil d'artisan (Vidocq) ; — Mayenne *bibelot*, outil nécessaire à un ouvrier.

BICLER, voir (Chauffeurs, 1800) ; — Genève *bicler*, loucher.

BIDOCHE, bourse (Fr. Michel) ; — Mayenne *bido che*, id. (à côté de *bidouille*, poche : cf. *besouille*, ceinture, Vidocq).

BOCSON, *boxon*, bordel (Vidocq, p. XIX) ; — normand *boxon*, cabaret, lieu de débauche (Moisy), de l'anglais populaire *boxon*, cabinet particulier de taverne (= boîte ; v. p. 84). Le synonyme normand *bousin*, cabaret borgne (pénétré aussi en français), dérive de l'argot anglais *bowsing*, id., qu'on trouve déjà dans le cant du XVI° siècle.

BRENICLE, rien, non (*Jargon*, 1728) ; — dial. *brenicle*, id. (français : *bernique*).

CABE, *cabot*, chien (Vidocq) ; — Yonne *cabot*, chien de petite taille (Lyon : méchant petit chien) ; en français, *cabot*, variété de chien (Littré, *Suppl.*).

CACHEMITTE, cachot (*Jargon*, 1728) ; — Mayenne *cachemule*, cachette, cachotterie (*se cachemutter*, se cacher).

CAFARDE, tasse (*Jargon*, 1836) ; — Genève *caffe*, casserole.

CAMBRIOLLE, chambre (*Rat*, 1790, p. 15 : pris dans la *cambriolle* ; Vidocq), et *cambriolleur*, voleur de chambre (*Id.*) ; — picard *cambriolle*, petite chambre (*cambre*, chambre).

CARNE, viande gâtée (Vidocq) ; — Berry *carne*, mauvaise viande (picard : charogne).

DAVÔNE, prune (*Jargon*, 1836 ; Halbert : *da ronne !*) ; — normand d'Eure *prune d'avouène*, picard (St.-Pol) *dagoine*, id. ; anc. fr. *davoisne*, prune jaune, et *davesne* ou *prune d'Avesne*, id. (cf. *Romania*, XXX, 402).

DÈCHE, dépense, déficit (Vidocq), perte, misère (Halbert) ; — poitevin *dèche*, défaut de conformation (« mon bœuf a une *dèche* à la jambe ») et mauvaise fortune (provençal *decho*, tare, défectuosité, vice de conformation) ; le mot français *tare* a subi une évolution inverse : déchet, perte, imperfection physique.

DÉMARGER, s'en aller (Fr. Michel) ; — Mayenne *démarger*, id. (provençal *demarga*, id.).

ESCANNER, fuir (Larchey, *Suppl.*), et à *l'escanne !* fuyons ! (Chauffeurs, 1800), propr. lever le pied, rapproché du lyonnais *canne*, jambe.

FIGNARD, derrière (*Jargon*, 1836 ; Vidocq : *pignard*) ; auj. *figne* (Richepin) ; — Berry *fignard*, id. (anc. fr. *fignon*).

FIQUER, plonger (« ne s'entend que de cette manière : plonger un couteau dans le cœur », Vidocq) ; — picard *fiquer*, ficher, enfoncer.

FLANCHER, jouer franchement (Vidocq), et *flanche*, le jeu de la roulette et du trente-et-un (*Id.*) ; — cf. fr. pop. *à la flanquette*, franchement (d'Hautel).

FOUAILLER, craindre, manquer de résolution au moment de l'exécution d'un crime (Vidocq) ; — Yonne *fouailler*, faiblir, être sans force, propr. étriller.

FRIME, visage, d'où *frimer*, envisager (Vidocq), et *frimousser*, tricher au jeu (*Id.*), propr. envisager ; — dial. *frime*, mine (anc. fr., xvi° siècle), fr. pop. *frimousse*, visage.

GAME, rage (*Jargon*, 1836 : *habin engamé*, chien enragé) ; — Vendée *game*, accès de rage (Poitou *engamer*, crier, enrager), Mayenne *game*, colère bruyante (normand : écume qui vient à la gueule d'un animal et forte remontrance, soufflet).

GAVÉ, *gaviolé,* ivre (Vidocq), répond au Bas-Maine *gavion*, ivresse, *gavionner*, se griser (propr. se gorger, se gaver).

GAULÉ, cidre (Vidocq) ; — normand *gaullay* (Dav. Ferrand), boisson faite avec les pommes abattues par la gaule (de *gauller*, abattre les fruits avec la gaule).

GOUGNOTTE, tribade (Fr. Michel) ; — Berry

gougne, prostituée (Genève *gogne,* crapule, pri
mitivement truie).

GOUPINER, voler (Vidocq), à côté de *gouspin,*
jeune apprenti voleur, voyou (*Id.*) ; — Mayenne
gouspiner, grappiller, vagabonder, *gouspin,* petit
berger, galopin (Champagne *gouper,* duper) ; dans
le langage populaire parisien, *gouspin,* polisson,
est déjà attesté en 1649 (Nisard, *Parisianismes,*
p. 125). Le provençal a *gouspilha* et *goupilha,* griveler, dérober secrètement, friponner.

HAPPIN, chien (*Jargon,* 1728), à côté de *habin*
(*Vie,* 1596 ; *Jargon,* 1628), tiré du dial., Cha
rente-Inf., *happer,* aboyer ; cf. mourmé *nabin,*
chien (= *un habin*), et argot breton de Vannes
abin, id., termes empruntés à l'argot.

JALO, chaudronnier (*Jargon,* 1836), rapproché
du Bas-Maine *jalot,* cuvier (*jale,* grand pot de
terre).

JASPINER, bavarder (*Jargon,* 1728), à côté de
jaspin, oui (*Ibid.,* 1628), auj. bavardage (Richepin);
— picard, normand, berrichon et poitevin *jaspiner,* bavarder, propr. japper cf. *jaspinement,*
aboiement, Vidocq).

LICHER, boire (Fr.-Michel) ; — normanno picard
licher, boire en se délectant (Berry, *licher,* lécher).

MARGOULIN, marchand peu aisé (Fr. Michel) ; —
normand *margoulin,* petit marchand forain (Lyon :
colporteur ; provençal : ouvrier jeune et petit

charretier), d'où Mayenne *margouliner*, aller vendre de bourg en bourg (de l'anc. fr. *margouler*, rouler dans la boue).

MENESSE, prostituée, maîtresse (Halbert, 1849) ; — poitevin *menesse*, femme ou fille peu riche qui affecte des airs de grandeur ridicule, d'un pri mitif *mène*, chatte (provençal *meno*, id.), répondant au Bas Maine *minine*, fille fainéante et dévergondée.

MEULARD, veau (Vidocq), tiré du H. Maine *meuler*, meugler.

MILLE, fille (Bouchet, III, 130 : une garce, c'est une *mille*) et femme (*Vie*, 1596), à côté de *millards*, mendiants qui portaient des bissacs sur le dos (*Jargon*, 1628), *millogère*, chambrière (*Vie*, 1596), *milloget*, valet (*Ibid.*), et *millerie*, loterie (*Jargon*, 1836), propr. mendicité ; — cf. normand (Mortain) et Mayenne *millaud*, mendiant, vagabond, et *millauder*, vagabonder, dérivant de *miller* (à Châlons), crier d'une manière perçante, d'où mendier : *mille* signifie primitivement gueuse. Le terme argotique a passé dans les parlers spéciaux : bellau *mille*, femme, et mourmé *millie*, pauvre, indigent (*milliache*, misérable), à côté de *mellie*, enfant, garçon (*milliacho*, petit) ; l'argot breton de Vannes a *milhen*, fille [1].

---

1. Voir *Revue celtique*, vol. XXVI, p. 90, où M. Ernault rapproche le poitevin *meille*, pis de vache, et grosse et vilaine femme.

MITTES, cachot (Chauffeurs, 1800 : mettre aux *mittes*), à côté du mod. *mitard, mite, mitre* (ce dernier dans Vidocq) ; — fr. dial. *mite*, boue, vase (et fr. *mitte*, vapeur qu'exhalent les fosses d'aisance) : le terme argotique signifie proprement creux d'eau, fosse (cf. Yonne *mitoue*, mare, citerne rustique), et répond ainsi au synonyme ancien *mathe* (v. ce mot).

MORGANER, mordre (Vidocq), d'où *morgane*, sel (*Id.*), propr. ce qu'on grignote, rapproché du lorrain *mouargola*, mordiller, grignoter.

MORNAS, bouche (*Jargon*, 1628), propr. museau, d'un primitif *morne*, id. (conservé par le patois créole des Antilles au sens de monticule), d'où Champagne *mornicaut*, museau ; le bellau *murgna*, nez, est emprunté à l'argot.

MORNE, mouton, brebis (*Jargon*, 1628), tiré du poitevin *mourner*, mugir (la forme *marmier*, berger, Vidocq, est, peut être, une fausse leçon, au lieu de *mornier*).

PAUTRE, grabat (*Jargon*, 1728 : *pôtre*) ; — champenois *pautre*, lit, paillasse (*se pautrer*, se coucher) ; cf. fourb. *poltro*, lit, Val Soana *pautro*, id.

PIF, nez (Vidocq) ; — normand *pif*, grand et gros nez (identique avec l'anc. fr. *pifre*, fifre), terme passé dans le langage populaire (savoyard *pifard*, homme qui a un gros nez).

PIGER, prendre sur le fait (*L'Intérieur des prisons*,

1846) ; — Berry, Yonne *piger*, prendre en faute.

PINICLE, parties naturelles (Chauffeurs, 1800, d'où *espenicler*, châtrer) ; — Bresse, etc., *pine*, membre viril.

PIRE, fressure (*Jargon*, 1660) ; — poitevin, aunisien *pire*, estomac, foie.

POGNE, main (*Jargon*, 1836), auj. force ; — normand *poigne*, main (cf. fr. *empoigner*) ; dans Granval, *pogne* a le sens de « voleur », répondant au synonyme moderne *main*, voleur qui fouille les poches (Delesalle).

POQUE, main (Chauffeurs, 1800) ; — Mayenne *poque*, id.

POUCHON. bourse (*Jargon*, 1728) ; — Mayenne *pouchon*, poche, sac.

POUSSIER, poudre (*Jargon*, 1836), et argent monnayé (Vidocq), répondant au synonyme *poudre*, argent (cf. cant *dust*, argent, propr. poussière) ; — Berry, etc., *poussier*, poussière.

RECORDER, prévenir quelqu'un de ce qui doit lui arriver (Vidocq) et tuer (*Jargon*, 1836) ; — dial. et anc. fr. *recorder*, rappeler, instruire quelqu'un.

RENAUDER, bisquer (Vidocq) ; — dial. et anc. fr. *renauder*, murmurer ; Mayenne *arnauder*, se fâcher, chercher querelle.

ROANT, porc (Vidocq) ; — haut breton (Ille-et-Vilaine) *rohant*, id., propr. grognon.

ROUPILLER, dormir (*Jargon*, 1628) ; — picard

roupiller, ronfler en dormant ; le fr. *roupiller,* sommciller (xviii° siècle), est également d'origine dialectale.

SABRENAUT, savetier (*Jargon,* 1628 ; 1700 : *sabrenoll,* 1728 : *sabrenot*), et *salblenaut,* id. (*Jargon,* 1690 ; Vidocq) ; — dial. et fr. *sabrenaud,* id. (à côté de l'anc. fr. *sallebrenaud,* fat, Rabclais, V, 18, propr. savctier).

TRIMBALLER, conduire, transporter (Vidocq) ; — poitevin *trimbaler,* porter un fardeau sur les épaules et traîner à sa suite.

VERVER, pleurer, crier (*Jargon,* 1690) ; — normand *verver,* gronder.

B. — *Avec changement de sens.*

ACRÉ ! gare ! méfiance (Halbert), et *crès !* vile ! (*Jargon,* 1836), à côté de *acrès,* méfiance (Delesalle), et de *cresto !* attention ! (Bruand) ; — picard (St.-Pol) *acré !* sacré ! *cresti !* sacristi ! Lille *acré ! cré ! cristi !* jurons par aphérèse de *sacré ! sacristi (sapristi) !*

ARNACHE, tromperie (Vidocq), tiré d'une forme dialectale *arnacher* pour *renacher,* gronder (*Jargon,* 1836), parallèle à *renauder,* id. (v. ci dessus) : la tromperie est conçue comme une criaillerie.

ARNAQUE, agent de sûreté (Halbert), tiré de *renaquer,* forme dial. et anc. fr. à côté de *renacler,* crier après quelqu'un (*Jargon*, 1728) : en français, renifler.

ATTRIQUER, acheter des effets volés (Vidocq), rapproché du dialectal (Mayenne) *attriquer*, jeter une trique dans un arbre pour abattre les fruits.

BAGOU, *bague*, nom propre (*Rat*, 1790, p. 14 : Quel *bagou* aurait eu pris ? Vidocq ; *Jargon*, 1836 : *bagouler*, nommer), propr. bavardage, sens de *bagou* (tiré de l'anc. fr. *bagouler*, bavarder), terme à la fois patois et populaire très répandu.

BIGE, ignorant, et *bigeois*, imbécile (*Jargon*, 1836), rapproché du berrichon *biget*, chevreau.

BOCCARD, bordel (Vidocq), propr. bouc (cf. wallon, lorrain, etc. *boc*, et Yonne *boucard*, id.), type de la lascivité.

BONIQUE, vieux (« terme des voleurs normands », Vidocq), à côté de *bonique*, bonne femme, maî tresse (Chauffeurs, 1800), *bonicard*, bonhomme, maître de maison (*Ibid.*) ; — cf. Anjou *bonique*, vieille, et *bonicard*, vieux (appellations euphé miques).

BOULOTER, assister (Vidocq) : — cf. Mayenne *bou loter*, amasser, économiser (Pas de Calais : être en bonne santé).

BRINGEANTS, cheveux (*Jargon*, 1836, et *brin geante*, perruque), propr. semblables à des brins ou tiges des plantes (Mayenne *bringe*, brin, tige).

BROQUE, double liard (*Jargon*, 1628, p. 41 : il

n'y a ny rond, ny herplus, ny *broque* en ma fe-
louse), auj. centime (Rigaud), propr. pointe (picard *broque,* broche, *broquette,* dé) ou aiguillon,
c'est-à-dire âpre au toucher (cf. ci dessus *herplus,*
sou, et le synonyme moderne *rèche,* id., *broche,*
petite valeur commerciale) ; le valsoanin *borc,*
sou, vient de l'argot.

BROQUILLE, bague (*Jargon,* 1836), propr. épingle,
d'où *broquilleur* ou *grinchisseur à la broquille,* voleur de bijoux (v. Vidocq, I, 218-220).

BUQUER, voler dans une boutique en deman-
dant de la monnaie (Vidocq), propr. frapper,
heurter (picard *buquer*), c'est à-dire faire un
coup.

CADICHON, montre (Vidocq), rapproché du berrichon *cadichon,* cadet : la montre est assimilée à
une fillette.

CAGNE, cheval (Vidocq), propr. rosse (normand
d'Yères *cagne,* id., primitivement chienne, en fr.,
mauvais chien), à côté de *cagne,* gendarme (Fr.-
Michel), même image que le synonyme moderne
cabot ferré, c'est-à-dire chien ferré (cf. fourb.
bracco, sbire, propr. chien braque, et germ. *mas-
tin,* officier de justice, propr. mâtin).

CALOT, dé à coudre, et, au pluriel, coquilles de
noix (Vidocq) ; — Poitou *calot,* coquille de noix.

CARGE, balle (*Jargon,* 1836), propr. charge.

CASCARET, écu de trois francs (Vidocq), propr.

misérable (dans le langage populaire et dialectal : picard *cascaret*, homme ou animal de chétive taille) ; bas-gâtinais *cascaret*, fou, toqué : le sens argotique paraît avoir été influencé par *casquer*, payer (v. p. 149).

CHAHUTER, faire tapage pour s'amuser (Vidocq) ; — Vendôme *chahuter*, crier comme un chat-huant (français populaire : danser en imitant le cri du chat-huant et faire du vacarme, d'où *chahut*, tapage et sorte de cancan).

CHAUMIR, perdre (Vidocq), rapproché du Bas-Maine *chaumir*, briser, pâlir, flageoler (*chaumi*, pris de boisson).

CHIPETTE, tribade (*Id.*), diminutif de *chipe*, anc. fr. et dial. chiffon, répondant aux synonymes modernes *chiffonnée, guenippe, torchon*.

CHOLETTE, demi litre (*Id.*, rapproché du picard *cholette*, balle de bois.

CONCE (*de castus*), celui qui porte les saletés de l'hôpital à la rivière (*Jargon*, 1628) ; — cf. Genève *conche*, bassin de fontaine (Lyon : pierre creusée sous l'évier pour évacuer les eaux).

COQUER, dénoncer (Vidocq) ; — lyonnais *coquer*, baiser, par allusion à l'action de Judas Iscariote (v. *judacer*).

CROSSER, sonner (*Dictionnaire* de 1829), propr. glousser, sens dialectal du mot (cf. poitevin *crousser*, glousser et blaisois *crosser*, râler) ; de là, *crosse*, heure. Dans le vocabulaire des Chauffeurs (1800), *crosser* a le sens de « jaser ».

DARON, maître, père (*Jargon*, 1728 ; Chauffeurs, 1800), *daronne*, mère (*Ibid.*), rapproché du Bas Maine *darin*, ventru, anc. fr. et normand *daru*, id., de *dare*, gros ventre, bedaine ; dans Le Roux, *daron* a le sens de « vieillard fin et rusé » (cf. *dariolet*, entremetteur, dans Régnier) ; le lillois *daron*, maître de ·la maison, mari, est emprunté à l'argot. C'est ainsi que, dans le jargon de Val Soana, *dürbi*, vieux, père (*dürbia*, vieille, mère), signifie propr. ventru (du provençal *durbo*, be daine).

DÉFOURAILLER, s'enfuir, s'évader (Vidocq), et *être enfouraillé*, être arrêté (*Id.*, XXVI) ; — Mayenne *défourailler*, tirer peu à peu d'une cachette.

DÉMURGER, s'en aller (*Jargon*, 1728), auj. sortir de prison (Rigaud), propr. franchir un obstacle (Berry *murgée*, tas de pierres dans les vignes), Mayenne *demeurger*, faire sortir d'un lieu, forcer à remuer.

ESTOC [1], esprit, finesse, malice (Vidocq) ; — lyonnais et genevois *estoc*, esprit, capacité, propr. souche (sens du mot en anc. fr.) ; cf. Oudin, 1643 : « *de son estoc*, de son propre, de soy mesme »

---

1. La variante *estio*, qu'on lit dans la dernière édition du *Jargon*, 1836, représente la prononciation *esto(c)*.

(auj., dans la Mayenne, faire quelque chose de son *estoc*, de son initiative).

FILOCHE, bourse (Vidocq), propr. filet, sens du bressan *filoche* (provençal *filocho,* filet de soie).

FRIPOUILLE, misérable (Vidocq), propr. fripe, guenille ; cf. Champagne *frapouille,* guenille, et *frapouillat,* gueux ; normand *fripouille,* canaille (terme également passé dans la langue populaire).

GALINE, jeune pédéraste (« terme de bagne », Vidocq), propr. truie, sens du morvandeau *galine* (v. ci dessus *gougnotte*).

GAMBILLER, danser (Vidocq) ; — picard *gambiller,* jouer des jambes (en fr., agiter les jambes pendantes), danser, analogue à *gigoter.*

GARGUE, bouche (Vidocq), et *gargoine,* bouche sale (*Id.*), propr. gosier, gorge, sens du picard *gargouenne* ; à côté de *gourgane,* gosier (Chauffeurs, 1800), forme également dialectale.

GODELAN, cidre (Chauffeurs, 1800) ; — cf. Pas de Calais *godale,* mauvaise bière (ailleurs : boisson).

GOSSELIN, veau mort né (Vidocq), et enfant qui vient de naître (*Id.*) ; — fr. pop. *gosse,* garçon, terme d'origine dialectale.

GOUALER, chanter (*Id.*) ; — genevois *goualer,* crier d'une voix aigre, forme parallèle à *gouailler,* grogner (cf. les synonymes *coualer* et *couailler*); Mayenne *oualer,* chanter à tue tête.

GRINCHE, voleur adroit (Chauffeurs, 1800), et

grincher, voler (*Ibid.*), à côté de *grinchisseur*, voleur (Vidocq), et de *grinchir*, voler (*Id.*), propr. griffer ou accrocher ; — picard *agrincher*, accrocher (provençal *grinchec*, petit crochet, et *grincho*, voleur, ce dernier pris à l'argot) ; de la même origine : *grinche*, amoureux (Chauffeurs, 1800, et *grincher*, aimer), propr. crampon ; le mourmé *grinche*, garde, surveillant, répond, sous le rapport du sens, à l'argot *gaffe* (v. ce mot).

GUENETTE, peur (*Jargon*, 1836), propr. foire, sens du dialectal, Vienne, *guène* (cf. *chiasse*, peur).

JACTER, parler (Fr. Michel), c'est-à-dire *jaqueter*, anc. fr., jacasser, du nom dialectal du geai, *Jacques* ou *Jacquet*, d'où également *rejaquer*, crier (*Id.*), propr. crier comme le geai.

LARBIN, mendiant (sens donné par le glossaire des *Mémoires d'un forçat* de 1828) et domestique (Vidocq) : c'est le même mot que *habin*, chien (v. ci dessus), avec l'article agglutiné, *labin* (d'où *larbin*), comme le synonyme *lubin*, domestique (Fr.-Michel), pour *l'hubin*, autre nom argotique du chien (v. p. 115).

MARAILLE, peuple (*Jargon*, 1628, p. 19 : Que de beaux, la *maraille* enterve, c'est prenez garde, on entend ce que vous dites), forme parallèle à *ma raudaille*, tas de gueux.

MARLOU, malin (Vidocq, d'où *marlouserie*, malice) et souteneur (Fr.-Michel) ; — normand de

Bessin *marlou*, malin (Berry : maquereau, Lorraine : souteneur), propr. matou (dans la Haute-Marne), type à la fois du rusé et du rôdeur nocturne.

MARONER, bisquer, se fâcher (Vidocq) ; — wallon *maroner*, miauler en grondant (d'où également fr. *maronner*, gronder).

MIRETTE, œil (Vidocq), tiré du verbe dialectal *mirer*, regarder (d'où également fr. *mire*, visée).

MISTICK, voleur étranger (glossaire des *Mémoires d'un forçat*, 1828), à côté de *mistringue*, id. (*Rat*, 1790, p. 17 : les *mistringues* aboulent), rapprochés du normand *mistin*, *mistringue* (Caen), chat, type de voleur (cf. *faire miau*, voler, locution fréquente dans la *Muse Normande* de David Ferrand).

NÈPE, espèce de voleur (Vidocq, I, 282), rapproché du morvandeau *nièpe*, guêpe, et *nipien*, vaurien (cf. anc. fr. *niepesseries*, grimaces, dans Tallemant des Réaux : v. la citation dans Fr.-Michel).

PANOUFLE, perruque (Vidocq), rapproché du berrichon *panoufle*, fourrure qui retombe sur le devant d'un sabot (anc. fr. *panufle*, guenille).

PÉGOCE pou (Fr. Michel) ; — Yonne *pégosse*, id., propr. qui pique (Poitou *pigocer*, piquer), répondant au synonyme *picanti* (v. p. 77).

PELOUET loup (*Jargon.* 1836), propr. le petit *pelou* ou bête fourrée (H. Maine *pelou*, pelu, velu).

PIGE, année (Vidocq), tiré du berrichon *pige*, mesure de longueur, et répondant au synonyme argotique *longue*; cf. argot roumain *cot*, année (= aune).

PINGRE, pauvre (*Jargon*, 1836), malheureux, misérable (Vidocq), voleur (Fr.-Michel) ; — dial. *pingre*, pauvre (provençal : piètre, mesquin), d'où également fr. pop. *pingre*, usurier, avare.

PLACARDE, place publique (Vidocq), propr. rue boueuse ; — berrichon *placard*, petite mare (*plaque*, flaque).

RAPIAT, Auvergnat, Savoyard (Vidocq), propr. crasseux ; — suisse *rapiat*, galeux (aux pieds des chevaux) ; cf. *rapioter*, visiter les condamnés en route pour le bagne (*Rat*, 1790, p. 17 : on me *rapiote* ; Vidocq) ; le fr. pop. *rapiat*, grippe-sou (Littré, *Suppl.*), et le normand *rapiat*, vagabond, dérivent de la même source.

REBOUISER, regarder (Vidocq) ; — fr. pop. *rebouiser*, id. (v. Fr.-Michel), propr. donner le bouis ou faire reluire quelque chose (sens vulgaire du verbe français), répondant à *reluit*, œil.

SINVE, *sinvre,* niais (Vidocq, *Mémoires*, IV, 322 : boivent aux dépens de *sinve*, c'est le nom qu'ils donnent à la dupe) ; — Vosges *sinvre, sinve,* senevé sauvage, moutarde sauvage (normanno-picard *sinfe*, id.) ; cf. pour le sens, l'anc. fr. *amoustarder*, tromper, duper. Le sens du mot argotique est niais simulé (cf. *L'Intérieur des prisons*, 1846 : *sinfe*, volé qui tient le voleur) pour mieux attraper les autres, répondant à peu près à l'ancien *saupiquet*, subtil (v. ce mot).

SUBRER, attraper (*Vie*, 1596, p. 21 : de l'autre costé l'on *subre*, c'est à dire attrape), rapproché du poitevin *soubrer*, manger avidement, tirailler, tracasser (Mayenne *subrer*, têter avidement).

TIQUER, voler à la carre (Vidocq) ; — champenois *tiquer*, frapper : le sens argotique répond exactement au synonyme *buquer* (v. ci-dessus).

TRÈPE, affluence de peuple (« terme des saltimbanques et des voleurs parisiens », Vidocq), propr. troupeau (sens du mot en savoyard).

VANNE, peur (Chauffeurs, 1800), propr. vesse ; — berrichon *vêne* (anc. fr. *vesne*, id.), d'où *vanner*, s'enfuir (Fr.-Michel).

III. — Patois Provençaux.

Un passage du *Jargon* nous explique la provenance des mots provençaux dans l'argot (p. 21) : « Les Estats generaux estoient tenus anciennement juxte la vergne de Fontenay le Comte, et à present transtolez au Languedoc... »

Nous avons montré plus haut le rôle en quelque

sorte international que la Provence a probablement joué entre les divers argots romans et dont
certains termes communs font encore foi. Un
autre stock de termes de la même origine, et parti-
culiers à l'argot seul, remonte au xvᵉ xvιᵉ siècle,
tandis que la grande majorité de ces emprunts
appartient à l'époque moderne.

Voici tout d'abord la série des emprunts anciens
dont quelques-uns ont subi un changement de
sens propre à l'argot [1] :

AMADOU, sorte de drogue (*Jargon*, 1628 : de
l'*amadouë*, c'est de quoy les Argotiers se frottent
pour faire devenir jaunes et paroistre malades ;
Ibid., p. 10 : de l'*amadouë* de plusieurs sortes,
l'une avec de l'herbe qu'on nomme Esclaire [2],...
l'autre avec du coulant et du sang), d'où *amadouer*, frotter avec de l'amadoue (*Ibid.*, p. 27 : Les
sabouleux *s'amadoüent* avec du sang et prennent
du savon blanc dans la bouche, ce qui les fait

---

1. Notre source est ici le *Trésor du félibrige* de Fr. Mistral (1879-
1886).

2. L'*herbe à l'éclaire*, c'est la grande chélidoine. Les mendiants se
servaient également des feuilles fraîches de la clématite des haies
ou *herbe des gueux*, pour se faire venir des ulcérations aux bras
ou aux jambes, et par là exciter la commisération. Ces ulcères,
superficiels et larges à volonté, se guérissaient facilement en les
couvrant avec des feuilles de poirée. Les gueux, prétendus estropiés et infirmes, une fois rentrés dans leur quartier, dans la *Cour
des Miracles*, y redevenaient sains et saufs comme par enchante-
ment.

escumer) ; — *amadou*, aimant, épithète appliquée par les argotiers à une substance spongieuse, laquelle, tout en leur donnant l'air malade, faisait apitoyer les personnes charitables : l'*amadouë*, c'est l'amoureuse des voleurs, la drogue qui les rend sympathiques aux autres, et *ama douer*, oindre avec cette drogue, a fini par signifier « se marier » (*Jargon*, 1836), répondant au synonyme moderne *collage*, ou *mariage à la colle*, qui se dit d'une liaison illégitime.

AUZARD, âne (*Vie*, 1596) ; — *asard*, gros âne (*ase*, âne).

CASTU, hôpital (*Jargon*, 1628 ; Vidocq : *castus*) et prison (Vidocq : *castux*) ; — *castèu*, château, forteresse : « Le prisonnier, en argot, est un *malade* et la détention une *maladie ;* il devait donc arriver que l'hôpital et la prison fussent désignés par les mêmes expressions » (Bruant s. v. *hôpital*) ; le terme argotique a pénétré dans le patois de la Mayenne : *castu* (*castorin*, *castouille*), chambre de sûreté, violon.

COSNY[1], mort (*Vie*, 1596 ; Vidocq : *coni*), et *cosne*, la mort (*Jargon*, 1628 ; 1836 : *cône*), à côté de *conir*, assassiner (Chauffeurs, 1800) ; — *cauno*, terrier où les animaux se retirent, et *cauni*, tré-

____

1. De là, semble t-il, *déconir*, arracher (Chauffeurs, 1800), propr. arracher à la mort. David Ferrand (v. le glossaire de l'édition Héron) a tiré de *cône*, mort, la locution *envoyer à Cône*, faire mourir.

passé, c'est-à-dire retiré dans un terrier. Le terme argotique a pénétré dans les parlers spé ciaux de la France : bellau *coni*, mourir ; mourmé *coegne,* mort, *coegni*, mourir, *counio*, la mort ; terratsu *couna*, la mort (et *counu*, médecin !).

DROGUER, mendier (*Jargon*, 1728), et *drogue*, mendicité (*Ibid.*, 1628, p. 49 : As tu jamais esté en *drogue* en ce pasquelin de Berry ?), *endroguer*, chercher à faire fortune (*Ibid.*), à côté de *droguerie* (Villon, 102 : Rassurez vos en *droguerie*), mod. demande (Vidocq) ; — *drouga*, frauder, trimer, courir, muser ; cf. Mayenne *endroguer*, emporter (« l'gyabe m'*endrogue !* » juron).

FARANDEL, camarade (*Jargon,* 1728), à côté de *fanandel*, id. (*Ibid.*, 1628 ; 1700 : *fanande*, ce dernier encore dans Richepin) ; — *farandel,* écervelé, jeune fou ; cf. Reims *rifandel*, complice (Tarbé, II, 228).

FAROT, monsieur (*Jargon*, 1728), à côté de *pharo*, gouverneur d'une ville (*Ibid.*, 1628) ; — *farot, faraud*, petit-maître, élégant, coquet.

GOUSSER, manger (*Viel Testament*, 1460 : Quand nous *goussames* les harans ; Bouchet, III, 131 : *gousser*, c'est manger ; *Vie*, 1596) ; — *goussa*, manger de grand appétit, propr. dévorer comme un chien (cf. *gousso,* appétit, litt. appétit de chienne), répondant aux synonymes argotiques modernes *cléber*, *cléboter* (de *cleb*, *clebot*, chien).

Le terme argotique a pénétré dans l'argot breton de Vannes : *gousse* (*housse*), nourriture.

MOUSCAILLE, matière fécale (*Jargon*, 1628 : *mous cailler*, aller à la selle) ; — *mouscalho*, ordure, gadoue, propr. grande quantité de mouches.

PALLOT, paysan (*Jargon*, 1628) ; — *palot*, rustre.

PECHON, enfant et apprenti voleur (*Vie*, 1596, p. 8 : *Pechon*, c'est quand on a la première balle et du premier voyage), et *pechonnerie*, apprentissage (*Ibid.*, p. 5 : sortait de *pechonnerie*) ; — *pechoun*, petit, enfant.

RIPE, *rippe*, dame, demoiselle (*Vie*, 1596 : et *franche ripe*, reine), *ripault*, gentilhomme (*Ibid.*, p. 6 : les *ripaux*, rippes et milles ; *franc ripault*, roy), à côté de *ripois*, prince, et *ripaudier*, gouverneur (*Ibid.*) ; — cf. dauphinois *ripo*, femme méchante, Lyon *ripa*, vaurien, vagabond.

RUBI (*de*), éveillé (*Vie*, 1596, p. 41 : Pechon de *rubi*, enfant éveillé ; p. 11 : Pechon de *rubi*, sur quoy voulez vous marcher ?), rapproché du provençal *rubi*, portefaix de la dernière classe.

SUC, cou (Villon, 43 : Dont l'amboureux lui rompt le *suc*) ; — *suc*, tête, occiput ; le terme, employé également par Marot (Ballade XI :... l'abattit et lui cassa le *suc*), se retrouve dans le patois champenois (*suque*, haut de la tête).

VERDOUZE, une pomme ou une poire (*Jargon*, 1628, et *verdouzier*, un jardin ou jardinier) ;

— *verdouso*, verte, verdoyante ; cf. argot vénitien *verdoso*, jardin.

Voici maintenant la série des emprunts modernes disposés suivant le critère sémantique déjà appliqué, à savoir :

A. — *Avec le sens conservé.*

AGANTER, attraper au vol, et *enganter*, voler (Vidocq, XVIII : *j'engantais* sa toquante) ; — *aganta, enganta*, empoigner, saisir.

AGOUT, eau à boire (Halbert), et *lagout* (= *l'agout*), rapproché de *aigo*, eau.

ARGANEAU, anneau de fer de la chaîne qui joint les forçats suspects (Vidocq) ; — *arganel*, gros anneau de fer.

ARPION, main (*Jargon*, 1628 : *harpion*) ou pied (Vidocq) ; — *arpioun*, griffe, patte, doigt (Lyon, Poitou *arpion*, id.) ; cf. bellau *arpiot*, pied (du dialectal *harpe*, patte).

ARTOUPAN, garde-chiourme (Delvau ; — *artoupan*, terme injurieux (dans le Gard) ; Lyon *artou pan*, vaurien (forme amplifiée et de la même famille que *artet*, rusé, et *artignole*, menteur, propr. artificieux).

BACHASSES, galères, travaux forcés (*Rat*, 1790, :p. 14 : trois plombes de *bachasses* ; *Jargon*, 1836) ;

— *bachasso*, bac servant à franchir les torrents débordés.

BARGAYA, couteau (Chauffeurs, 1800) ; — *bargo*, couteau d'un brisoir de chanvre (*barga*, broyer le chanvre ou le lin).

BARROUX, bois, forêt (*Ibid.*) ; — *barri*, rempart, muraille *barro*, montagne de forme allongée).

BÈGUE, avoine (Vidocq) ; — *bego*, gesse, vesce.

CADÈNE, chaîne des forçats ; — *cadeno*, id. (déjà en anc. fr., chez Nicot et Oudin, auj. dans la Mayenne).

CAMBROUSE, chambrière, servante (*Jargon*, 1628 ; Chauffeurs, 1800 : *cambreline*) ; et *cambrou*, domestique (Vidocq) ; — *cambrouso*, femme de chambre, *cambrous*, valet de chambre ; cf. havrais *cambrouse*, mauvaise servante vient de l'argot).

CIVADE, avoine (*Jargon*, 1836) ; — *civado*, id.

ESBIGNER (*s'*), se sauver (Fr. Michel) ; — *s'esbigna*, *s'esbina*, décamper, prendre la fuite (de *bigno*, *bino*, vigne), propr. franchir la vigne, image analogue à *démurger* (v. ce mot) ; de là, également, dans les patois : Berry, Picardie, Normandie *s'esbigner*, *s'ébigner*, s'esquiver, s'en aller (Mayenne : se fatiguer, se faire du mauvais sang ; en normand, *esbigner*, tuer) et dans le langage populaire : *s'esbigner*, *s'exbigner*, s'échapper (v. Littré, *Suppl.*) ; cf. fourb. *sbignare*, *svignare* (« correre »).

ESBROUFFE, embarras (Vidocq) ; — *esbrouf*, id.

(d'où également picard et fr. mod. *esbrouffe*, id.).

ESCAPER, assassiner (Vidocq), propr. ôter la cape et par suite la tête qui la recouvre (v. le mot suivant).

ESCAPOUCHE, assassin (« terme des voleurs du midi », Vidocq), *escapoucher*, assassiner (*Id.*) ; — *escapoucho*, chenapan, vaurien, scélérat, tiré de *escapoucha*, tuer, propr. ôter le capuce ou capu chon, même image que *escoffier* (v. ci dessous) ; cf. fourb. *scapuzzador*, assassin.

ESCARPER, assassiner pour voler (Chauffeurs, 1800 ; Vidocq), d'où *escarpe*, assassin (*Id.* ; Chauffeurs, 1800 : *escarpe*, monde tué) ; — *escarpi*, écharper, déchirer.

ESCLOT, sabot (Vidocq) ; — *esclot*, id.

ESCOFFIER, tuer assassiner (Chauffeurs, 1800 ; Vidocq), à côté de *coffier*, id. (*Jargon*, 1728) ; — *escoufia*, tuer, dépouiller, voler (wallon, normand, picard, lorrain, berrichon *escoffier*, tuer), propr. ôter la coiffe et par suite la tête.

ESGANACER, rire (*Jargon*, 1728) ; — *esganassa*, rire à gorge déployée.

ESQUINTER, fracturer, briser (Vidocq), et *esquinte*, abîme (*Id.*) ; — *esquinta*, déchirer, briser de fati gue, éreinter (sens du fr. *esquinter*, Berry : assom- mer, normanno-picard : tuer).

ESTOURBIR, tuer (Vidocq, XVI) ; *estourbi*, étourdir, assommer, tuer (propr. troubler, comme le synonyme argotique *étourdir*, tuer), Lyon *estourber*, tuer.

ESTRANGOUILLER, étrangler (Vidocq) ; — *estrangoulha*, id. ; Lyon et Mayenne *estrangouiller*, id.

FLAQUE, sac (*Jargon*, 1728 ; Vidocq : *flacul*), *flaquet*, gousset (Fr. Michel), à côté de *enflaquer*, faire arrêter (Vidocq, *Mémoires*), propr. ensacher et *être enflaqué*, être condamné (*Id.*) ; — cf. *flaco*, outre, gourde, poire à poudre.

FRALIN, frère (Vidocq) ; — *frale*, id.

GOUSSE, fille publique (Rigaud) ; — *gousso*, id., propr. chienne.

GUIBON, jambe (*Jargon*, 1728), à côté de *guibolle* (Fr. Michel) et de *guibe* (Vidocq) ; — *guibolo*, jambe, longue jambe ; cf. normand, Orne, *guibolle*, id. (ne se dit qu'en mauvaise part), Yonne, Poitou *guibe*, *guibole*, id.

JORNE, jour (Vidocq) ; — *jorn*, id.

LOFFE, imbécile (Fr. Michel), et *loffitude*, sottise (Vidocq : *coquer la loffitude*, donner l'absolution ; v. *luron*) ; — *lofi*, nigaud, imbécile et vesse, bêtise ; Val Soana *loffi* (« cattivo), du provençal [1].

MAGNUCE, putain (*Jargon*, 1690 : ponisse ou

---

[1]. Le dérivé ultérieur *loufoque*, fou (Rigaud), dérive de la même source (v. p. 47). Le terme *lofe*, *loffe*, se rencontre également dans *binelle lofe*, banqueroute (*Jargon*, 1836), propr. mauvaise faillite, et dans *lazi loffe*, mal vénérien (Vidocq), probablement mal de St Lazare (la prison des vénériennes est appelée en argot *St Laze*).

magnuce), rapproché de *magno*, minauderie, *ma gnac*, gentil.

MANQUE (*à la*), à gauche (Vidocq), auj. mauvais, laid (*tronche à la manque*, mauvaise mine) ; — *manc, manco*, gauche (bras, main).

MÈCHE, moitié (*Jargon*, 1836 ; *être de mèche*, être de moitié, partager, Vidocq) ; — *mech*, demi, moyen.

MIRADOU, miroir (Vidocq) ; — *miradou*, belvédère, vedette.

MOUZU, mamelle (*Jargon*, 1690 : *mouzu*, teston ; 1700 : *mounzu*), tiré de *mouse, mounze*, traire.

PAGNE, assistance que les voleurs reçoivent de leurs camarades lorsqu'ils sont prisonniers (Vidocq) ; — *pagn*, pain.

PALETTE, main (« terme usité parmi les voleurs italiens et provençaux », Vidocq) ; — *paleto*, main, petite fourche (terme de marine), propr petite pelle.

PALLAS (*faire*), faire le grand seigneur, de l'em barras avec peu de chose (« terme des camelots et des saltimbanques », Vidocq), rapproché de *faire palalan*, faire montre ou parade de quelque chose (de là, dans Oudin, *faire le palalan*, faire le grand) ; cf. germ. *hacer pala* (« ponerse un ladron delante de uno a quien se quiere robar para ocuparle la vista »), et argot milanais *fa pala* (« far comparsa o parata ») ; dans l'argot moderne [1], *pallas*, c'est le forain chargé de l'annonce dans les parades (d'où *faire le pallas*, faire le boniment).

PANTRE, *pante*, homme simple, facile à tromper, paysan (Vidocq) ; — *panto, pantre*, rustre, pataud (Poitou *pantre*, avare).

PANTURNE, catin (*Jargon*, 1836) ; — *panturlo*, id.

PÈGRE, voleur (Vidocq : d'où *pègrenne*, faim) ; — *pego*, larron des quais, voleur des marchandises à Marseille, propr. poix (cf. béarnais *qu'ha pegue aux doigtz*, il a de la poix aux doigts, c'est à-dire il est enclin au vol), évolution de sens analogue à *poisse, poissard* (v. ce mot) ; dans le patois champenois, *pègre* signifie espiègle, polisson (= voleur, terme emprunté à l'argot).

PESSIGUER, tirailler (Larchey, *Suppl.*), et *pessi gner*, arracher, prendre avec violence (Vidocq, XV), à côté de *pesciller*, id. (*Id.*) ; — *pessiga, pessigna*, pincer, attraper, escroquer, prendre ; cf. fourb. *pizzicare*, id. (= pincer).

PEZOUILLE, paysan (Chauffeurs 1800), rapproché de *pesoulh*, pou (cf. *guenaux*, p. 174).

PEZOUL, pois vert (*Ibid.*) ; — *pesou*, petit pois.

PICORAGE, butin provenant d'un vol de grand chemin (« terme des voleurs du midi de la France », Vidocq), à côté de *pécoreur*, voleur de

---

1. L'homonyme moderne *palas*, beau (Richepin), est le provençal *palas*, très pâle.

grande route (*Id.*) ; — *picoura,* picorer, aller à la picorée (en fr., *picorée,* dès le xvi° siècle).

ROBIGNOLLE, petite boule de liège (Vidocq) dont se servent certains voleurs pour faire des dupes (d'où *robignol,* très amusant, et *roubignoleur,* floueur, malin, Rigaud), et testicules (Delesalle) ; — *roubignoli,* les testicules.

ROUSTIR, tromper (Vidocq), à côté de *rousti,* ruiné (« c'est à dire rôti, variante de *cuit, flambé, fricassé, fumé* », Rigaud), *roustisseur,* parasite éhonté (Larchey, *Suppl.*), et *roustissure,* volerie (*Id.*) ; — *rousti,* rôtir, griller, mettre un joueur à sac, décaver, duper escroquer, voler ; cf. calâo *rustir* (« comer »), et Mayenne *ça sent le rousti,* ça sent le brûlé, et perdre ses ressources.

SABLER, assommer les voyageurs avec une peau d'anguille remplie de sable (« ce terme n'est employé que par les assassins du midi de la France », Vidocq) ; — *sabla,* assassiner quelqu'un en le frappant avec un sachet de sable.

SAPIN, soldat (Vidocq) ; — *sapin,* id. (v. p. 28).

SERPE, couteau (« terme des roulottiers du midi de la France », Vidocq) ; — *serpo,* serpe.

SOUQUER, rudoyer, battre (Fr.-Michel) ; — *souca,* heurter, frapper.

TAFFE, peur (Vidocq) ; — *tafo,* id. (*tifo tafo, tif-taf,* tic tac, palpitation ; Oudin, 1643 : le cul luy fait *tif taf,* il a grand'peur) ; cf. argot milanais *taff*, derrière, et argot breton de Vannes *daf*, peur (ce dernier, tiré de l'argot).

TAULE, maison (Vidocq) ; — *taule*, compartiment d'une saline (dans les patois du Nord, *taule* signifie « table »). De là : *entôler*, entrer dans une maison avec le dessein d'y voler (*Id.*), et *entôleuse*, terme passé dans la langue courante.

TRUC, une des diverses manières de voler, profession d'un voleur (Vidocq), d'où *truquer*, tromper, ruser, et *truqueur*, habile, malin, (Rigaud) ; — *truc*, heurt, choc, coup, habitude, secret, facilité de faire (*avé lou truc*, avoir l'art ; *counèis bon truc*, il connaît la manière de s'en servir) ; cf. fourb. *trucco*, bâton et excuse pour attraper de l'argent. Le terme est familier aux patois : berrichon, *truc*, habileté de faire, adresse ; picard *donner le truc*, ne rien donner, *savoir le truc*, savoir comment il faut s'y prendre, *avoir le truc*, être habile, ingénieux, fin, adroit ; normand *truc*, finesse, fraude. Le fourbesque a, en outre, *truccante*, mendiant, voleur, *truccare*, mendier, voler.

TURNE, maison (Chauffeurs, 1800), et *enturner*, entrer dans une maison (*Ibid.*) ; — *turno*, taverne (v. p. 159) ; de là, normand *turne* (*tune*), masure, St. Pol *turne*, taudis, Champagne (Clairvaux) *turne*, maison sale, Mayenne *teurne*, et français populaire *turne*, échoppe, cabane.

B. — *Avec changement de sens.*

ABADIS, foule, multitude, rassemblement (Vidocq), propr. abbaye (provençal *abadié*), répondant au fourbesque *badialita*, lieu où beaucoup de personnes s'assemblent.

BIGARD, trou (*Jargon*, 1836, et *bigarder*, percer), rapproché de *bigord*, fosse au fond d'une cave.

BLASÉ, enflé (Vidocq), rapproché de *blasi, blesi*, meurtri.

BLAVIN, mouchoir de poche (*Rat*, 1790, p. 15 : douze *blavins* ; Chauffeurs, 1800 : *blave, blavin* ; Vidocq) ; — *blaven*, bleuâtre ; cf. argot *bleu*, manteau (Vidocq).

BOUCANADE, corruption (*Id.*); — *boucanado*, gronderie, c'est-à-dire causerie bruyante pour corrompre (v. ci-dessus *arnache*).

BOUSCAILLE, boue (Vidocq) ; — *bouscalho*, menu bois, broutille (cf. anc. fr. *gloe*, bûche et boue).

BRANQUE [1], âne (*Jargon*, 1836) ; — *branco*, traînard ; cf. Val Soana *branci*, id. (terme tiré de l'argot).

BRISER, escroquer (Vidocq), d'où *briseur*, escroc, et *brisure*, escroquerie (*Id.* : « termes des escrocs

---

1. Cf. *branque*, ministre (« dans le jargon des voleurs, » Rigaud) avec le français dialectal *ministre*, âne (par ex. St.-Pol *minisse*, baudet, terme burlesque).

auvergnats ») ; — *brisa*, briser, drousser la laine *brisaire*, briseur, drousseur).

CAMBROUSE, province (Vidocq), à côté de *cambrousse*, campagne (*Id.* ; *Jargon*, 1836 : *campelouse*), et *combrousier*, paysan (« terme des forains ou marchands qui suivent les foires », Fr.-Michel); — *cambrousso*, *combrousso*, bouge, cambuse : le terme argotique a d'abord désigné la baraque foraine et puis l'endroit où elle se trouvait. Cf. Yonne, *cambrouche*, homme très grand, très fort (= paysan).

CARCAGNO, usurier (Vidocq), rapproché de *carcagno*, décrépite, vieille grondeuse.

COSTEAU, musclé, fort, et *costel*, souteneur (Halbert, 1849) ; — *costo*, côte.

DRAGUE, chirurgien (*Jargon*, 1836), et *dragueur*, escamoteur, charlatan, banquiste (Vidocq) ; — *drago*, lutin femelle, fée (cf. *fa lou drac*, faire le diable, faire merveille).

ESCANER, ôter (*Jargon*, 1836), rapproché de *escana*, étrangler, égorger.

ESTUQUE, part du vol (Vidocq ; *Jargon*, 1728 : *stuc*, 1836 : *stuque*) ; — *estuc*, réservoir, cachette, propr. étui ; cf. Champagne *stuquer*, frauder l'octroi (terme emprunté à l'argot).

FADE, part dans un vol (Vidocq), et *fader*, partager les objets volés (*Id.*) ; — *fado*, fée et don de fée (*fada*, donner).

FARGUE, charge (Vidocq, d'où *farguer*, charger, et *farguement*, chargement « se dit aussi pour rougir de honte », *défargueur*, témoin à décharge), rapproché de *fargo*, forge, enclume (et ce qu'on forge).

GANCE, bande, clique (*Jargon*, 1728) ; — *ganço*, ganse, propr. crampon ; de là, fr. pop. *gance*, id. : se *ficher la gance*, se battre, *un luron de la gance*, un querelleur (v. Nisard, *Parisianismes*, p. 118).

GIRONDE[1], aimable (Fr.-Michel), et jolie femme (Rigaud) ; — *girondo*, hirondelle (= fluette comme une hirondelle).

GODILLER, éprouver un accès de priapisme, rapproché de *goudilha*, plaisanter.

GOUAPE, vagabondage, vaurien, vagabond (d'où *gouapeur*, id., Rigaud ; *gouèpeur*[2], id., Vidocq) ; — *gouapo*, viveur, libertin, gourmand ; cf. Mayenne *gouèpe*, mavais sujet, *gouépeux*, qui mène une vie déréglée ; Yonne *gouape*, ivrogne, débauché, et larcin, maraude (« aller à la *gouape* »), Savoie *gouapo*, buveur.

HOSTEAU, prison (Rigaud), et *osto*, chambre, maison (*L'Intérieur des prisons*, 1846) ; — *ostau*, *oustau*, maison (*lou grand oustaou*, l'hospice,

---

1. Le terme manque dans le vocabulaire de Vidocq, mais on le rencontre dans ses *Mémoires* (III, 185 : je ne suis pas si *gironde*).

2. La forme *gouèpe* pourrait être rapprochée du champenois *gouèpe*, guêpe, à l'exemple du morvandeau *nipien*, vaurien, de *nièpe*, guêpe.

l'hôpital), Yonne, *osteau, oustau, housteau,* domicile, Poitou *hosteau,* logis (et *à l'housteau* à la
maison, Lalanne), anc. fr. *hostel,* id. ; bellau *hos-
tau,* maison. Cf. Mayenne *ostau* (*ostrau*), dans la
locution : *aller à l'ostau,* aller en prison, et se
perdre, se détériorer, à côté du picard (St.-Pol) *à
l'osteau,* en prison, en violon (locutions d'origine
argotique).

LÈGRE, foire (Vidocq : et *legrier,* marchand
forain), rapproché de *alegre,* gai, dispos ; cf.
germ. *alegria,* cabaret, et argot roumain *veselie,*
assemblée publique (= gaieté).

MANCHE, quête (Vidocq : *faire la manche,* implo-
rer, au coin des rues, la commisération publique);
— *mancho,* id., propr. manche (*faire la mancho,*
faire la quête dans le public).

MEC, maître (Vidocq : *mec des mecs,* Dieu ;
grand mec, roi ; *mec de la rousse,* préfet de police,
et *méquer,* commander), auj. souteneur (Richepin);
— *mec,* niais et poseur, *meco,* le meilleur (terme
d'argot marseillais : *lou grand meco d'adaut,* le
Très Haut).

MISTON, vol, dans la locution *allumer le miston,*
préparer un vol (litt. regarder le bambin), répondant au synonime *nourrir un môme* ou un *poupon;*
— *mistoun,* bambin, mioche.

MOUISE, soupe économique (Vidocq) ; — *mouisse,*
humide.

PITRE, paillasse d'escamoteur ou de saltimbanque (Vidocq), propr. plastron (cf. *servir de pitre*, amuser les autres en faisant rire de soi), terme devenu populaire ; — *pitre*, poitrine.

PITROU, pistolet (*Id.*) ; — *pitrou*, solive, chevron, répondant aux synonymes modernes *bâton creux*, et *tringle*, fusil.

SOULASSE, *la grande soulasse*, l'assassinat (Vidocq), à côté de *soulasse*, trompeur (« se lier avec une personne pour la tromper ensuite d'une manière quelconque », *Id.* ; *Mémoires*, IV, 376 : les grèces ou *soulasses* sont presque tous des gens de province) ; — *soulas*, *soulaci*, soulagement, contentement, divertissement (*faire soulas*, tenir compagnie dans une circonstance difficile) et guide qu'on donne à quelqu'un pour le rassurer (v. *soulager*, p. 126).

VALLADE, poche de derrière d'un habit (Vidocq) ; — *valade*, bas fond, vallée.

IV. — Termes d'origine obscure.

Les termes de cette catégorie représentent des formes et des sens pour lesquels tout rapprochement nous manque. On peut les répartir en deux classes, suivant qu'ils sont antérieurs au xɪxᵉ siècle, ou qu'ils appartiennent à sa première moitié.

A. — *Termes anciens (1455-1800).*

AFFE, la vie (*Jargon*, 1728 ; 1836 : *laffe*), d'où *eau d'affe*, eau-de-vie (Vidocq).

ANGLER, pendre (Bouchet, III, 129 : il a esté *angué*, c'est à dire pendu).

AQUIGER, aux sens nombreux : 1° tromper (*Vie*, 1596, et *aquigeur*, trompeur) et attraper (*Ibid.*, p. 27 : *aquige ornie*, goujat, propr. attrape-poules), mod. prendre (Richepin) ; 2° faire (*Jargon*, 1628), et spécialement faire mal (*Vie*, 1596, p. 7 : les eourbes m'*aquigeoient* fermis, c'est-à-dire que les espaules me faisoient mal), et battre, blesser (Vidocq : on *aquige* aussi les cartes pour les reconnaître au passage et les filer au besoin), à côté de *attiger*, blesser (Fr.-Michel), mod. *atigé*, malade (Rigaud), et *atiger*, torturer, *atigeur*, bourreau (Colombey).

AVERGOT, œuf (*Jargon*, 1628).

BATOCHES, testicules (*Vie*, 1596 : *batoches* et *battouers*), à côté de *baloches*, id. (Vidocq, et *balocher*, tripoter, faire des affaires illicites), ce dernier synonyme de « ballant ».

BAUDRU, fouet (*Jargon*, 1728), et fil (*Jargon*, 1836), d'où *baudrouiller*, filer (*Ibid.*).

CAIRE [1], argent (Coquill., 1455 : Ils appellent argent... *caire* et puille ; *Apôtres*, 1486 :... mince de *caire* ; Villon, 71 : Les duppes sont privez de *caire*), terme fréquemment employé par Guillaume Coquillart, p. ex. (vol. I, p. 45) : « Tant est pour et mince de *caire* » (cf. plus bas, chez le même : « Mince d'argent et mince de pécune »).

COMBRIEZ, pièce de vingt sols (*Jargon*, 1628), à côté du bellau *cambrée*, pièce d'un franc.

CORPAULT, pot (Bouchet, III, 130 : *corpault*, c'est un pot ; *il a pié un corpault de pivois*, c'est à dire il a bu un pot de vin).

DAULVAGE, mariage (*Vie*, 1596), *daulvé*, marié (*Ibid.*).

DITRÉ, fressure (*Jargon*, 1628, p. 20 : une fressure se nommoit *ditre*, à present c'est encensouer).

FAUGER, trahir (Coquill., 1455 : Quand il dit : estoffe, ou je *faugeray* ! c'est-à-dire que qui ne luy baillira sa part, il encusera le fait).

FOUQUER, donner (*Vie*, 1596, p. 7 : et la goussions ou *fouquions* pour de l'aubert, c'est-à-dire

1. Schwob (*Mémoires*, VII, 312) identifie *caire*, argent, avec Caire, ville de l'Egypte, en invoquant l'analogie de *thune*, pièce d'argent, en rapport avec *Thunes*, Tunis ; mais ce sens de *thune* est récent, étant précédé par celui d'aumône et d'hospice de mendiants (v. p. 118). On rapproche également à tort le germ. *cayre* (« gain que fait une femme avec son corps »), qui est inséparable de *cairel*, frange d'une chemise, et de *cairelota*, chemise de couleur (v. Salillas, p. 38) : cf. argot mod. *linge*, prostituée élégante.

manger ou vendre ; *Jargon*, 1628 : *fouquer* ou foncer, donner), et *foucauderie*, ce qu'on a volé (*Jargon*, 1628 : épouser la *fricaudrie* [sic ! 1700 : *foucaudière*, 1836 : *fauconnière !*], c'est quand les coupeurs de bourse jettent ce qu'ils ont desrobé de peur d'estre surpris..., solist il la *foucaudrie ?*).

FRAPIER, verre à boire (*Jargon*, 1728 ; 1700 : *frappier* ; 1690 : glace ou *fraper* ; 1660 : *frapet*).

FROC, double liard (*Vie*, 1596).

GUINDRELLE, épée (*Jargon*, 1728).

HAIRGUE, un grand blanc (Coquill., 1455).

HAN (*son*), lui (Bouchet, III, 131 : J'ay chanté à son *han*, j'ay parlé à luy).

LIEFFRE, prêtre (*Ibid.*).

MIRQUIN, bonnet (*Jargon*, 1628, p. 55 : deux *mirquins* de battouse ; 1836 : *mirquin*, bonnet).

MUICHE, dé (Coquill., 1455).

OVENDE, livre (*Vie*, 1596, p. 6 : *ovendes* sont livres).

PUILLE, argent (Coquill., 1455 : v. ci-dessus *caire* ; Halbert : *pouiffes*).

ROUASTRE, du lard (*Jargon*, 1628, p. 35 : un morceau de *rouastre* ; 1836 : *rouâtre*).

RUPIN, un gentilhomme (*Jargon*, 1628 ; 1836 : *rupin*, bourgeois ; Halbert : *rupine*, dame bien mise), et fameux (Halbert), auj. généreux, distingué (Larchey), *rupe*, *rupin*, riche, élégant, malin (Rigaud), à côté de *urphe* (= *rupe*), élégant, soigné (*Id.*), *urpino*, distingué, coquet (Boutmy). Le terme a passé dans l'argot breton (*rupin*, richard, monsieur, Quellien, p. 27) et dans les patois : Normandie (canton de Pieux) *rupin*, rusé, et *être en rupin*, être en gaîté, être joyeux ; Poitou *avoir l'air rupin*, c'est avoir l'air vif, entreprenant (G. Levrier), avoir le visage rubicond et éveillé, joyeux (Lalanne).

SABRE, fouet (Bouchet, III, 131 : le *sabre*, c'est le fouët ; *il a eu le sabre sur son endosse*, c'est à dire il a eu le fouët), et bâton (*Jargon*, 1628, p. 34 : un bout de leur *sabre* ou baston), bois (*Ibid.* : *sabre*, du bois ; 1690 : *sable* ; Vidocq : *sable*, bois à brûler, et *sabri*, fôret, bois), *sabrieux*, un voleur (*Jargon*, 1628), *sabrée*, aune (Vidocq). Le terme a passé dans les parlers spéciaux : mourmé *sabre*, bois (*sabra*, couper du bois, boiser), et bellau *sapre*, bois. Cf. Mayenne *sabre*, bruyère.

TARGUE, ville (*Vie*, 1596, p. 10 : et ambiasmes le pelé juste la *targue*, c'est à dire nous enfilasmes promptement le chemin de la prochaine ville).

TIRNOLES, *trinoles*, guêtres (*Vie*, 1596).

TRUCHER, mendier (*Jargon*, 1628, p. 4 : lequel mestier s'appelle *trucher* ou argoter le plus franc), d'où *truche*, action de mendier (*Ibid.*, p. 1: j'enterve *trache* et doubler), *trucheux*, gueux (*Ibid.*) ; cf. anc. fourbesque *truccare*, aller (xvᵉ siècle, Pulci).

ZERVER, crier (*Vie*, 1596, p. 7 : là attrimions

l'ornie sans *zerver* ; *Jargon*, 1628), d'où *zervart*, prédicateur (*Vie*, 1596), et *zervinois*, procureur, juge (*Ibid.*).

Pour être complet, il faudrait y ajouter les termes obscurs du *Jargon* de Villon ; mais nous préférons renvoyer simplement au lexique de l'édition Longnon. Il suffit de faire remarquer que ces termes se répartissent nettement en deux catégories : A la première, appartiennent les mots ancien français dont on ignore le *sens argotique* (par exemple : *arderie*, *arerie*, *assegi*, *assieger*, *assosé*, etc.), et c'est la grande majorité ; à la deuxième, les mots dont on ignore à la fois *l'ori gine* et *le sens* (par exemple : *arvant*, *baudrouse*, *flogie*, *hevaige*, *hirenalle*, *hurne*, *hurquer*, *pirenalle*, *spelican*). Des découvertes de documents contem porains, semblables au dossier du Procès des Coquillards, pourraient seules jeter du jour sur cet amas de ténèbres.

B. — *Termes modernes· 1800 1850* .

BAUCOTER [1], impatienter (Vidocq).

BAYAFE, **pistolet** (« terme des voleurs de grande route du midi de la France », Vidocq).

BÉRIBONO, *béricain*, homme simple (*Id.*).

---

[1]. Les dictionnaires d'argot (Delvau, Rigaud) transcrivent à tort *bocotter*.

BOUBANE, perruque (*Id.*).

BOUCARD, boutique (Chauffeurs, 1800 ; Vidocq).

BOUIS, bordel (Vidocq).

BRIDOU, liard (Chauffeurs, 1800), auj. *bredoche*, sou.

BROBÈCHE, liard (Vidocq).

BRUGE[1], serrurier (*Id.*), *brugerie*, serrurerie (*Id.*).

CAROUBLE, fausse clé (*Id.*, d'où *caroubleur*, variété de cambrioleur), à côté de *caroufle*, id. (Larchey, *Suppl.* : 1830) et *carreau*, id. (*Ibid.*).

CONDÉ, certificat (dans le *Jargon* de 1836, *condé* est substitué à l'ancien *luque*), permission de tenir des jeux illicites (Vidocq), et chef (Fr.-Michel : *grand condé*, préfet ; *petit condé*, maire).

COQUILLON, pou (Vidocq).

CRIQUE, eau-de-vie (Vidocq, II, 287).

ESTORGUE, fausseté, méchanceté (*Id.*).

FERLINGANTE, faïence, cristal, verrerie (*Id.*), à côté de *fermingant*, plat (Chauffeurs, 1800).

FLIGADIER, sou (Vidocq), auj. *flèche*, id.

FRANGIN, *frangine*, frère, sœur (*Id.*) ; cf. dans le canut lyonnais, *frangin*, camarade (tiré de l'argot).

GANDIN, duperie (cf. *monter un gandin*, duper, Larchey), et décoration (*gandin d'altèque*, id., Vidocq), répondant au synonyme *trompe-l'œil*, à côté de *gaudineur*, décorateur (Vidocq).

---

1. Fr.-Michel dérive *bruge* de l'italien *bruciare*, brûler (étymologie admise par Ascoli, *op. cit.*, p. 121).

GIVERNEUR, vagabond qui passe toutes les nuits dans la rue (« terme des cochers parisiens », Vidocq).

MACARON, traître, dénonciateur (Vidocq), *macaroner*, découvrir (*Dictionnaire* de 1829), d'où, dans l'argot milanais, *macarona* (« riconoscere »).

MANDRILLON, pistolet (Chauffeurs, 1800), à côté de *mandolet*, id. (Halbert).

MIRZALE, boucle d'oreille (Vidocq).

MISELOQUE, théâtre, et *miseloquier*, comédien (*Id.*).

PON, cheval (Vidocq, II, 277), et *ponne*, jument (Chauffeurs, 1800).

POULAINTE, vol par échange (Vidocq).

RADE, pièce de monnaie (*Jargon*, 1836), et tiroir de comptoir (Vidocq : et *radeau*), *radin*, gousset (*Id.*).

ROUBION, fille publique laide (cf. Fr.-Michel, Introd. XVIII).

ROUBLARD, laïd, défectueux (Vidocq) et agent de police (1830 : Larchey, *Suppl.*), à côté de *roubler*, témoigner, se plaindre (*Id.*), et de *roubleur*, délateur (*L'Intérieur des prisons*, 1846).

ROUCHI, gredin (Vidocq, *Mémoires*, III, 180 : ce vilain *rouchi*), et *rouchie*, sale femme, sale prostituée (Rigaud).

ROUFIER, soldat (glossaire des *Mémoires d'un forçat*, 1829), à côté de *ruf*, argousin (Fr. Michel).

ROUMARD, roué, rusé (glossaire des *Mémoires d'un forçat*, 1829).

ROUSPANT, souteneur de pédéraste (Vidocq) ; cf. *rouspeter*, être de mauvaise humeur (dans le jargon des ouvriers, Rigaud).

ROUSTONS, testicules (Vidocq, II, 332).

SIME, patrouille grise (« désignait autrefois le guet », Vidocq), et *cimer*, aller, voyager (Chauffeurs, 1800 = patrouiller ?)

SITRE, bon (Vidocq), à côté de *sitrin*, noir (*Jargon,* 1836).

. SIVE, poule (Vidocq).

TALBIN, huissier (*Jargon*, 1836), et billet de complaisance (Vidocq), à côté de *talbine,* halle (Halbert).

TIGNE, foule (Vidocq ; *s'esbattre dans la tigne*, chercher à voler dans la foule), à côté de *tigner,* coïter (*Id.*).

TOC, cuivre, mauvais bijou (Vidocq), et *toque, tocasse*, méchant, malin (*Id.*) ; de là, popul. *toc,* faux, en parlant d'un bijou (Littré, *Suppl.*).

TOUSER, aller à la selle au commandement des argousins pendant le voyage de la chaîne (Vidocq).

TRAQUE, peur (Vidocq, II, 281 : taffe ou *tracque*).

TRIFAILLES, enfants (Reims : Tarbé, II, 228).

TRIMILET, fil (Vidocq).

VADE, foule, rassemblement (*Id..*).

ZIF, marchandise supposée (Vidocq, II, 82 : un échantillon de ce nouveau produit, auquel on a donné le nom de *ziph,* mot grec qui signifie parfait).

ZOZE (*boucle de*), pain bis (Vidocq).

Le vocabulaire des Chauffeurs contient en outre : *bouisse,* prostituée ; *corbette,* vache (*corbéterie,* étable) ; *crole,* fier ; *dague,* poule (*dagotier,* poulailler) ; *gé,* or ; *jorer,* parler ; *nivet,* trou ; *rouanne,* grange ; *savate,* poule ; *tiche,* chemin ; *turbette,* prison.

Et le Jargon de 1836 : *abour,* sas ou tamis (*aboudier,* sasser) ; *attilles,* testicules ; *bion,* employé dans les gabelles ; *bricard,* escalier ; *butre,* plat ; *coire,* ferme, métairie ; *corbuche,* ulcère ; *crôme,* crédit ; *escarrer,* empêcher ; *javard,* lin ; *lermond,* étain (*lermonner,* étamer) ; *méruche,* poële ; *melet,* petit ; *monfier,* baiser ; *nisette,* olive ; *orphie,* oiseau ; *ovale,* huile ; *quoquar,* arbre ; *quoqueret,* rideau ; *rabiage,* rente ; *rapatu,* morpion ; *regon,* dettes ; *reng,* cent ; *rome,* chou ; *rustu,* greffe (*rustique,* greffier) ; *salbin,* serment ; *stafer,* dire.

Si l'on tient compte du but poursuivi par toute langue secrète, de son effort constant pour s'écarter du courant de la langue générale, on ne sera pas surpris du nombre de ces termes obscurs. Toute langue à évolution normale dégage un résidu plus ou moins considérable de problèmes étymologiques ; à plus forte raison lorsqu'il s'agit d'un langage conventionnel, dans lequel les associations d'idées restent absolument isolées.

QUATRIÈME PARTIE

INFLUENCE DE L'ARGOT

Nous allons énumérer, dans les pages suivantes, les diverses actions que l'argot français a exercées soit sur les langues secrètes de la France et du sud de l'Europe, soit sur les parlers populaires et tout particulièrement sur le français.

I, — Actions externes.

Nous avons dressé ailleurs le bilan des termes que l'argot a successivement fournis à la germania, au fourbesque et au calâo. Il suffit ici de les caractériser sommairement.

L'apport argotique dans la germania n'est pas sans intérêt et il remonte assez haut. Le recueil de Juan Hidalgo (1609), le premier document de la germania, enregistre déjà des termes argotiques, tels que *coyme* (= *coesme*), *dupa* (= *dupe*), *entre var* (= *entrever*), etc. Hâtons nous d'ajouter que les traces de la germania dans l'argot remontent encore plus haut et que des termes de cette origine, comme *godiz* et *taquinade*, se trouvent déjà dans le Procès des Coquillards (1455).

Les emprunts que le fourbesque a faits à l'argot sont presque tous modernes et sans grande portée, comme d'ailleurs les contributions que le fourbesque a fournies à son tour à l'argot. En revanche, les termes argotiques dans le calâo, tout en étant récents, sont nombreux et caractéristiques.

C'est ici le lieu de dire un mot sur quelques vestiges isolés de l'argot dans la rédaction bas allemande du *Liber Vagatorum* (1510). On y lit : *crew*, fleisch (= *crie* ; Kluge, p. 76), *lyms*, hemd (= *lime* ; *Id.*, p. 77), *morf*, mundt (= *morfe* ; *Ibid.*), à côté de *planten* (= *planter*), dans un vocabulaire rotwelsch de 1847 (« ein sehr gebrauchtes wort, so viel als wegbringen, wegstehlen », Kluge, p. 385). Les trois premiers termes manquent dans la rédaction haut allemande du même document. Cependant, les termes patois français[1] communs aux deux rédactions — *quien*, hund ; *caval*, ein ross ; *cabas*, houpt (Kluge, p. 53, 54, 76, 77) — nous

---

1. Cf. en outre, dans le glossaire de Bâle, de 1733, les deux termes : Fleisch, *carne*, et Schloss, *Castel* (Kluge, p. 200, 202), d'origine italienne.

renvoient à une source normande, d'où dérivent également les quelques mots argotiques mentionnés plus haut. On sait, en effet, que la Normandie a été un des centres du royaume de l'Argot.

II. — **Actions internes.**

Une stricte démarcation s'impose ici entre les langages dont le but est de rester secrets, et les parlers populaires ou patois. Les uns et les autres exigent un traitement à part.

1. — Langues secrètes

Nous avons indiqué à diverses reprises l'influence de l'argot d'un côté sur le breton des nomades de la Basse-Bretagne, et d'autre côté sur le *bellau* du Haut-Jura, sur le *mourmé* de la Haute-Savoie et sur le *terratsu* de la Tarentaise. A ces parlers spéciaux on pourrait ajouter le *canut*[1] des

---

1. Voir, sur ce parler, l'ouvrage posthume de Nizier du Puitspelu, *Le Littré de la Grand'Côte*, Lyon, 1903, et Ad. Vachet, *Glossaire des Gones de Lyon, d'après M. Toulmonde* (— Tout le Monde) *et les meilleurs auteurs du Gourguillon et de la Grand'Côte*, Lyon, 1907. Je dois la connaissance de ces ouvrages à l'obligeante indication de M. Clédat. — Voir également C. Latreille et L. Vignon, « Les grammairiens lyonnais et le français parlé à Lyon à la fin du xviiiᵉ siècle », dans les *Mélanges de philologie offerts à F. Brunot*, 1904, p. 237-257.

ouvriers en soie lyonnais, qui a servi en quelque sorte d'intermédiaire entre l'argot proprement dit et le patois lyonnais, exceptionnellement riche en réminiscences argotiques. Le *canut* remonte à la fin du xviii° siècle. Il fait son apparition aux alentours de la Révolution. Les artisans lyonnais se créent alors un langage hybride, mélange de termes techniques, d'argot, de français et de patois local. Après avoir alimenté le théâtre populaire, il s'est aujourd'hui à peu près fondu dans le patois lyonnais.

2. — BAS BRETON

Le bas breton a été fortement influencé par l'argot, et plusieurs termes de son vocabulaire en font foi [1]. Tels, par exemple : *bauche,* farce (cf. *baucher,* plaisanter), *borne,* as (= *borgne*), *couer* [2], paysan (cf. *coêre,* gueux), *fouillezet,* bien dissipé (cf. *fouillouse,* bourse), *grullu,* blé noirci intérieurement (cf. *grelu,* blé), *mous,* fiente (= *mousse*), *trimo,* prostituée (cf. *trimer,* vagabonder), *trucha,*

1. Voir E. Ernault, *Revue celtique,* vol. XIV, p. 283 289, et vol. XV, p. 364 367.
2. M. Ernault rapproche également le haut breton *couyer,* id. (« ce mot, connu dans tout le département d'Ille-et Vilaine, est presque une injure », Orain) : c'est l'argot *couillé,* nigaud, rustre (Vidocq, *Mémoires,* III, 113 : Tu n'y est pas, *couillé*), qu'on rencontre également dans le bas-gâtinais *couiller,* valet de charrue.

gueuse (*truchen*, une gueuse, et *trucher*, séduc
teur), remontant à *trucher*, au même sens [1]).

3. — BAS-LANGAGE

Il est à peine besoin de dire un mot du *poissard*,
genre contenu tout entier dans les œuvres de
Vadé et de l'Ecluse, parues en 1796. C'est au fond
le bas-langage parisien de la fin du xviii° siècle,
augmenté de quelques termes d'argot, tels que
solir, vendre, *poussier*, argent, *pivois*, vin, etc.
Voici, comme spécimen, ces trois vers de la *Pipe
cassée* de Vadé (vers la fin du chant III) :

> Des gnilles ! V'la ce qui faut faire,
> Faut les solir cheuz l'tapissier,
> Hé puis partager le poussier.

Quant au parler populaire proprement dit,
remarquons qu'après avoir alimenté dans le passé
le vocabulaire de l'argot, il a subi, à son tour et
de nos jours, une forte influence argotique. Les
soldats et les ouvriers ont été les principaux fau-
teurs de cette pénétration. Comme cette influence
s'est faite sentir principalement après 1850, il
suffit ici de l'avoir indiquée.

1. Victor Henry (*Lexique étymologique du breton*, au mot *bigria*)
voit dans ce *bigria*, qui signifie « braconnier », un dérivé du terme
argotique *pègre*, gueuserie. Dottin ajoute avec plus de raison en
note : cf. Mayenne *bigre*, mauvais garnement. En français, *bigre*
est l'altération euphémique de *bougre*.

4. — Patois

La part de l'argot dans le vocabulaire dialectal n'est pas du tout insignifiante. Nous en avons fait le relevé toutes les fois que se présentait un rapprochement de cette nature. Non seulement des vocables isolés, mais des locutions argotiques, telles que *battre l'antifle* ou *battre le job*, sont devenues familières aux patois normand et lyonnais.

Cette influence n'est pas d'ailleurs partout la même : tel patois la connaît à peine, tel autre en est pénétré. C'est le cas, par exemple, du bourguignon, et voici un spécimen que nous empruntons au vocabulaire de Mignard (1869), au mot *ornie* : « Voici un mot, nous dit ce patoisant, dont la signification est un mystère. Lacombe dit que le mot *ornie* signifie « voisine » ; toutefois, dans la langue romane, *oro*, venant d'*oraculum*, c'est à-dire oratoire, signifiait aussi *église*, et ce dernier mot est bien en effet selon le sens des vers bourguignons que je vais citer (*Le Mausôlei de Jaicôpin*) :

> On ne voit que trop de cafard,
> Qui pour attraper quelque bazar,
> Se forre dans lé confrérie,
> Curiou d'*égrailler l'ornie*,
> Et de vivre au dépens du trône,
> Sans craindre le qu'en diré t on. »

Or, le mot en question n'est que l'argot *ornie*, poule (*Vie*, 1596), et *égrailler l'ornie*, est une locution argotique courante du *Jargon*, depuis l'édition de 1628 jusqu'à celle de 1836, au sens de : prendre la poule avec un hameçon, et par suite, voler.

Voici maintenant le relevé systématique d'un patois voisin, celui de la Bresse Louhannaise[1] : *Baluchon* (« terme d'argot partout populaire »), *bastringue* (bruit, tapage), *bénéf* (« j'ai cent sous de *bénéf* »), *boule* (« perdre la *boule* », la tête, la raison), *eau d'affe* (eau-de-vie), *escoffier* (tuer), *estourbir* (tuer), *estrangouiller* (étrangler), *flageolets* (jambes), *flûtes* (id.), *frangin*, *frangine* (frère, sœur : « ils ne sont pas *frangins*, ils sont ennemis »), *fouillouse* (poche : « mets ça dans la *fouillouse* »), *frit* (perdu), *gouape* (vagabond, ivrogne), *guelin* (diable et enfant qui renverse et casse tout : « ce petiot est un vrai *guelin* »), *marlou* (sale type, entremetteur des marchés honteux), *môme* (enfant), *pantre* (paysan, rustre, injure : « quel *pantre* ! »), *pioncer* (dormir), *quilles* (jambes : « il a de mauvaises *quilles* »), *quinquet* (œil), *rouscailler* (agir en libertin), *rousti* (être *rousti*, avoir perdu au jeu), *trombine* (figure, binette), *turbiner*

---

1. D'après L. Guillemant, *Dictionnaire patois de la Bresse Louhannaise (Arr. de Louhans, Saône-et-Loire) et une partie de la Bourgogne*, Louhans, 1894-1902.

(travailler), *turne* (masure, taudis, se prend tou
jours en mauvais tour : « quelle *turne !* »), *zigue*
(joyeux drille, bon compagnon : « c'est un bon
zigue »).

Le patois normand possède, dans la *Muse Nor
mande* (1625-1653) de David Ferrand, un docu
ment précieux pour les mœurs et l'esprit du
peuple rouennais de la première moitié du
XVIIe siècle. Ce livre éminemment populaire est
écrit dans le langage *purinique*, ou gros normand, parlé par les ouvriers drapiers appelés
purins [1] : c'est le patois de la Haute-Normandie,
et spécialement celui du pays de Caux, enrichi
d'un certain nombre de mots d'argot, familiers à
la population ouvrière de Rouen. C'est à ce titre
que nous allons l'examiner [2].

David Ferrand a admis, dans son œuvre, les
termes argotiques suivants :

ARTOIS, pain (I, 121 : Se fournisset de bechon
[*boisson*] et d'*artois*).

ATRIMER, prendre (III, 97).

1. Cf. normand d'Eure *purin* : 1. Partie la plus liquide du fumier ;
2. Surnom des ouvriers qui travaillent la laine, probablement à
cause de la saleté de leur profession ; 3. Langage qu'on parle à
Rouen (E. Robin, Le Prevost, etc. *Dictionnaire du patois normand*,
1879 1882).

2. D'après l'excellente édition qu'en a donnée M. A. Héron : *La
Muse Normande de David Ferrand, publiée d'après les livrets origi-
naux 1625-1653, et l'inventaire général de 1655, avec introduction,
notes et glossaire,* 5 volumes, Rouen, 1891 1894.

BALLE, dans l'expression argotique *froler*[1] *sur la balle* (chez Ferrand : *fouler sur la balle*), médire, se moquer (III, 96 : Et yoncore pour mieux *fouler sur notte balle...*).

BAZOURDY, tué (III, 174 : Ly en eust un *bazourdy* par un chef de nos guerres).

BIARDANT, fuyant (I, 156), à côté de *s'embiarder*, s'enfuir (II, 7 : Pis *s'embiarder* comme une levrière).

BILLE, argent (IV, 90 : Car il n'y passoit pas chrestien Qui ne leur fonça de la *bille*).

BILLER, payer (III, 63 : Sen compagnon ossytost *bille* Et s'encourt...).

BOUTANCHE, boutique (IV, 279 : Harau su vou et su votte *boutanche !*)

BROQUE, double liard (II, 22 : Je delaisse o tresor six liars avec deux *broques*).

BROQUETTE, bijou (II, 85 : Une *broquette* d'or oprès de la prunelle).

CAGOU, voleur (II, 23 : O *cagou* de Rouen je delaisse neuf double).

CASSEUX, filou, c'est-à-dire *casseux de hanes* (I, 69 : Par un *casseux* qui sondayst l'escarchelle).

CONIR, tuer (IV, 280 : Tout est *cony* ; l'estat en decadence...)

COURTAUX DE BOUTIQUE, commis (II, 8 : Et les

---

1. L'éditeur traduit inexactement par : opprimer, gêner.

bourgeois et les *courtaux de boutique* Vous pourret bien bailler su le muzel).

COLLE, mensonge (II, 78 : Le chicaneur a biau fiché la *colle*).

GOURDE PIE, bonne boisson (I, 4 : Criant Roy bois ; j'avallions *gourde pie*).

GOURDEMENT, abondamment (I, 21 : Lors à part moy si *gourdement* me traicte).

JAFFLIER, soupière (II, 102 : Sans le secours d'un *jafflier* de mattes).

MAQUILLER, travailler (IV, 61).

MATOIS, argot, appliqué ici au gros normand (II, 30 : Cant Royal fait en gros *matois*).

MICHON, magot (II, 197 : I vaudrait mieux que tout sen ptit *michon* I l'épergnit dedans se n'équercelle).

PATURONS, pieds (IV, 62 : Quand un grand embarras de chevaux et carrosses Me firent des taller craignant mes *paturons*).

PIENCHE, boisson (II, 81 : Va, tire nou un day de ta *pienche*) ; et *piencher*, boire (III, 135), à côté de *pion*, ivrogne (II, 194).

REBIGNER, regarder attentivement (I, 56, etc.).

TRIMARDER, cheminer (I, 17).

TROTIN, mouton (I, 161), et pied (III, 107 : Et les *trotins* [du bœuf] à la sauce nouvelle).

TROTOIR, bavardage (IV, 38 : No mit sur *tro-*

toir..., c'est à dire on mit sur le chapitre, on parla de...).

David Ferrand était d'ailleurs un excellent connaisseur de l'argot, et il a écrit dans ce langage une ballade qui est restée jusqu'ici inconnue aux bibliographes. Nous la reproduisons en l'accompagnant de quelques remarques.

Elle est précédée par cet avertissement (IV, 16) :

« L'Autheur estant en l'eglise de Nostre Dame presta l'oreille à deux mendians qui devisoient ensemble en jargon de la deffence de la Truche en la ville de Roüen : c'est pourquoy il a faict cette ballade en mesme langage. »

BALLADE

Lanceillez [1], petits gueux d'hostiere,
Coquillars, calles [2], morpions [3],
Narquois ou traineurs de rapieres,
Cagoux, francs mitoux, polissons,
Hubins, convertis, francs capons,
Prenez mesme melancolie :
Par le zerver des ratichons [4]
La Truche est dans Roüen conie [5].

Dans ceste bonne vergne n'a gueres
Deux rouaux cerfs des patturons,

1. Forme inconnue à nos documents, pour *lanscailler*, pleurer.
2. Pour *callots*, classe spéciale de gueux.
3. Méprise de l'auteur ou de son imprimeur, au lieu de *orphelins*. Les morpions étaient le fléau des argotiers, et non pas une classe spéciale de gueux.
4. C'est-à-dire : par la prédication des prêtres.
5. La mendicité est morte dans Rouen : c'est le refrain de cette ballade.

Portant deux mornes aux derrieres
De leurs tabars en esquchons [1],
Attriment ainchin que larrons
Argotier et argoterie,
Et leur font dire en des prisons :
La Truche est dans Roüen conie.

Lancillez ossi, morphilieres [2]
Qui ne rouscaillez nos jargons,
Qui faisiez les entremettieres
Ballaudant aux bonnes maisons ;
Vos marmousets jusqu'aux tisons
Vos rifodiez à chaque hye.
Maquillez quittant vos haillons ;
La Truche est dans Roüen conie.

Puisqu'on n'atrime que floutieres [3]
Dans Renelle et aux environs,
Il faut trimarder mes bons frères,
Dans les boules et fremions,
Egraillant tous les ornichons
Sans oublier la doublerie.
Qui nous fait faire ces lichons ?
La Truche est dans Roüen conie [4].

5. — FRANÇAIS

Les auteurs du *Dictionnaire Général* ont les pre
miers tenu compte de l'argot comme l'une des

1. Forme normande pour *écusson*.
2. Dérivé inconnu à nos documents : l'auteur l'a tiré du verbe argotique *morphiller*, manger, au sens de « gourmandes. »
3. Parce qu'on n'attrape rien...
4. Cette ballade est facile à comprendre : en dehors de remarques faites ci dessus, elle ne contient que des termes d'argot courants.

sources qui ont alimenté le vocabulaire français. La liste des mots d'origine argotique que donne l'Introduction de cet ouvrage, est, comme premier essai, tout à fait remarquable [1]. La voici :

bagou	flamberge	guibole	mioche
caboulot	flouer	gueux	narquois
cambrioleur	frusquin	larbin	trimer
escarpe	gouaper	maquiller	trucher
escofier	gourer	matois	voyou.

Il n'y aurait que peu de réserves à faire : *bagou*, *caboulot* et *voyou* n'ont jamais appartenu à l'argot proprement dit, c'est à dire au langage des voleurs ; *bagou* manque complètement à l'ancien argot et dans l'argot moderne (p. ex. chez Vidocq), il a le sens de « nom propre », car le voleur, désirant rester anonyme, considère la déclaration de son nom comme un bavardage compromettant ; *caboulot* n'a pas franchi le parler populaire, auquel il appartient en propre, en même temps que *voyou*, dont l'équivalent argotique est *atrimeur*, *atrimois*, c'est à dire voleur de grande route. Ajoutons que *guibole* est d'origine dialectale, et que *maquiller*, au sens de farder, est pure

<hr>

1. On trouvera des remarques intéressantes sur le même sujet dans la *Grammaire historique de la langue française* de Kr. Nyrop, vol. I², 1904, p. 43, 105, etc. (des termes comme *bataclan, chiquenaude, magot* n'ont jamais appartenu à l'argot), ainsi que dans l'*Histoire de la langue française* de F. Brunot, vol. I, 1905, p. 508-510 (le terme *anicroche* n'a rien de commun avec l'argot).

ment français remontant très haut (xiiiᵉ siècle : le vis *masquilliés*) ; l'acception argotique de « voler » en est tirée par une association d'idées familière à l'argot.

En revanche, les recherches spéciales que nous avons entreprises nous permettent d'apporter quelques contributions nouvelles. Ces données, jointes à celles de la liste ci dessus, forment un ensemble qui n'est pas dépourvu d'intérêt et que nous allons étudier suivant l'époque de la pénétra tion de chaque mot dans la langue littéraire[1]. Voici cet ordre chronologique :

XVᵉ SIÈCLE

CHANTER, au sens de parler, dire, association d'idées foncièrement argotique, commune à la fois à l'ancien argot, au fourbesque, à la germania et au cant, ce dernier nom en étant lui même une réminiscence (v. p. 66). On en trouve le pre mier écho dans la *Farce de Pathelin* (éd. Jacob, p. 44) :

GUILLEMETTE.   Benedicite ! Maria !
                 Qu'ung denier ? Il ne se peut faire !
PATHELIN.   Je vous donne cest œil à traire,
                S'il en a plus eu, ne n'aura,
                Jà si bien *chanter* ne sçaura.

---

1. Voir l'Index sur les emprunts faits à l'argot par l'ancien français du xvᵉ et du xviᵉ siècles.

On lit dans un texte du xvi° siècle (dans Littré) :
« La depesche de Thomas de Granson ne *chantoil*
pas la mesme chose » ; et dans Molière : « Que
chantes-tu là ? (*Bourg. Gentilh.*, II, 6) ; Ne nous
chantez plus d'impertinents propos » (*L'Etourdi*,
I, 8). Le sens de « faire des aveux », en parlant
d'un criminel mis à la torture, en est tiré par induction : « Il le faut *faire chanter*, il faut qu'il parle ou
qu'il confesse (Oudin, 1640) » ; de là, *faire chanter*
quelqu'un, lui faire faire quelque chose par con-
trainte (v. Littré), et, de nos jours, l'obliger à
donner de l'argent en le menaçant de révélations
scandaleuses (Vidocq, I, 60 64), d'où *chanteur* et
chantage, derniers représentants d'une évolution
sémantique qui remonte au xv° siècle.

GUEUX, mendiant (v. p. 201), se rencontre
d'abord dans une chanson du xv° siècle (éd.
G. Paris, p. 129) :

> S'ele est fine, soyez songneux
> Que de ses fins tours vous gardez ;
> Car souvent les plus rouges *gueux*
> Y sont surprins, bien l'entendez.

Le terme devient courant au xvi° siècle : Cotgrave enregistre *gueux* et *gueus* (masculin de
gueuse, qui est le primitif), d'où un féminin
gueue (dans Noël Du Fail) ; le sens du provençal
moderne *gus*, *gu*, gueux, est emprunté au fran

çais [1]. L'ancienne locution (*gueus de*) *l'ostiere*, mendiant qui va de porte en porte, semble survivre dans le normanno picard *lostre* (= l'ostiere), *losse*, vaurien, polisson, malpropre.

Ajoutons que *gueux* possède dans les patois un sens hypocoristique analogue aux synonymes français *câlin* et *coquin*, qui signifient à la fois mendiant et gentil, galant. Dans le Pas de Calais, *mon gueux!* est un terme d'amitié donné aux enfants et même aux adolescents des deux sexes (Edmont), et, dans la Champagne et ailleurs, *engueuser* a le sens de : séduire, tromper par de belles paroles (Baudouin). Rappelons que les Coquillards s'appelaient *les galans de la Coquille*, comme les brigands Feuillards, *les galans de la feuillie*. Le terme poitevin *truon* (c'est-à dire *truand*) signifie galant, jeune homme à marier, et le lorrain *miston*, mendiant, répond au blaisois *miston*, galant, amoureux, Meuse *caman* (= caymand), mendiant et langoureux (cf. en fourbesque, *cortegiano*, gueux). Ces associations d'idées, en apparence incompatibles (cf. fr. *câlin*, séduisant, avec le berrichon *câlin*, mendiant, fainéant, imbécile) s'expliquent par l'attitude des mendiants ou des gueux, par leurs manières à la fois humbles et

1. L'acception familière du provençal *gus*, à savoir ventre, panse, est seule indigène (cf. le dérivé *gusié*, gésier).

séduisantes quand ils veulent capter la sympathie d'autrui. C'est à cette attitude calculée que fait allusion l'auteur du *Jargon* lorsqu'il parle des gueux (éd. 1628, p. 5) : « Vous les verrez les plus humbles, les plus doux et affables », en opposition avec les soudards « au visage furibond et affreux, jurant, frappant... »

XVI° SIÈCLE

AMADOU n'est attesté que dans le premier quart du XVIII° siècle, et le *Dictionnaire de l'Académie* n'enregistre le mot qu'à partir de 1740 ; mais comme il est inséparable de *amadouer*, qui re monte au XVI° siècle, nous en traiterons en même temps. *Amadoue*, forme attestée [1] à côté de *amadou*, est encore vivace dans les patois (Saintonge : de la bonne *amadoue*) : c'est le terme argotique *amadoüe*, substance spongieuse (v. p. 232). Le verbe *amadouer*, frotter avec de l'amadoue, garde encore ce sens matériel dans le premier texte littéraire connu, le prologue du tiers livre de *Pantagruel* « ... bassouoit, enclouoit, *amadouoit*, goildronnoit, mittonnoit, tastonnoit... », d'où frotter

---

1. La Chaussée, *Rapatr.*, sc. VII : « Enfin, je te revois, beau briquet de ma flamme, Douce et chère *amadoue*, étoupe de mon âme ».

doucement[1], appliqué spécialement à la fourrure du chat (Régnier, *Satires*, VIII, 35 : Je devins aussi fier qu'un chat *amadoué*), d'où l'acception morale d'adoucir, de flatter, qu'on rencontre déjà dans Calvin (*Institution*, p. 683) : «... une fiance, laquelle *amadoue* l'âme et lui donne un repos souef pour l'endormir[2]. »

BRIBE, pain mendié (Cotgrave : Il n'est vie que de coquins quand ils ont amassé leurs *bribes* ; Oudin : amasser ses *bribes*, mettre ses *bribes* ensemble, manger de compagnie), auj. gros morceau de pain, propr. aumône (sens du mot en wallon), d'où *briber*[3], mendier (en ancien français et dans les patois), et *bribeur*, mendiant (*ibid.*), termes d'origine argotique (v. p. 143). C'est également du fourbesque que dérivent les mots correspondants italiens : *birba*, *birbante*[4], coquin, et

1. Cf. Le Roux, *Dictionnaire comique*, s. v. *amadouer* : « Dans son sens naturel, ce mot signifie flatter un chat, le frotter pour l'apprivoiser ; et au figuré, il veut dire caresser une personne, l'attirer par de belles paroles. »

2. La forme wallonne *amadouler* a subi l'action analogique du synonyme *amiouler*, et sa variante *amidouler* (picard *amitouler*) répond au Mayenne *amidonner*, *amitonner*, caresser, qui se rapporte à une autre origine.

3. La forme nasalisée *brimber* est attestée antérieurement (XIV° siècle), mais elle suppose la forme primitive *briber*, dérivée de *bribe*, bas latin *briba* (transcription du provençal), morceau de pain destiné au mendiant.

4. L'italien *birbante* a voyagé jusqu'en Pologne (*birbant*, flâneur) et en Moldavie (*berbant*, libertin); v. Cihac, *Dictionnaire d'étymologie daco romane*, vol. II, p. 548.

birbo, *birbone*, id. (d'où *birboneggiare*, gueuser), à côté de l'esp. *briba*, gueuserie, et *bribon*, gueux.

COFFRER, emprisonner (Thierry, 1564 : *coffrer aucun en prison* ; Molière, l'*Etourdi*, V, 1 : Ton affaire allait bien, le drôle est *coffré*), tiré de *coffre*, prison, image proprement argotique (v. p. 87), qu'on ne rencontre pas en français avant le xvi° siècle ; cf. Condé, *Mémoires*, p. 571 : « Lettres patentes, afin de faire ouvrir les *coffres des prisons*, et mectre en liberté les prisonniers detenuz pour le faict de la religion. »

DAVIER, pince (Rob. Estienne, 1549), à côté de la forme plus ancienne *daviet* (Rabelais, II, 16 : un *daviet*, un pellican, un crochet), propr. petit David, et *david* (Ménage et Th. Corneille), encore auj., dans la Champagne, outil de fer : la forme et le sens primitifs dérivent de l'argot (v. p. 114).

DUPE, niais, à côté de *duppe*, id. (encore dans le *Dictionnaire de l'Académie* de 1718), d'abord chez Oudin, 1640 (« Une *duppe*, celui qui trompe et celui qui se laisse tromper ; prendre pour *duppe*, tromper et prendre pour un niais »), d'où *duper*, tromper (Oudin, 1640 : *dupper*, attraper, tromper). *Dupe*, comme *niais* et *pigeon* (cf. *coulon*), se rencontre avec ce sens d'abord dans des documents exclusivement argotiques (v. p. 106).

MATOIS, rusé (d'abord dans Oudin, 1640, et *matoiserie*, ruse, finesse), sens déduit de celui de

voleur (v. p. 176), acception courante au xvi⁰ siècle
(v. Littré).

narquois, rusé (d'abord dans Oudin, 1640 :
narquois, un fin gueux, un meschant frippon, un
rusé ; La Fontaine, XII, 8 : Maint vieux chat, fin,
subtil et *narquois*), même évolution que celle du
terme précédent : sens primitif, voleur (v. p. 183 ;
cf. Oudin : *parler narquois*, parler le langage des
gueux), ou filou (sens du bourguignon *narquois*,
La Monnoie) ; Champagne *narquois*, grimaces et
ruses des gueux.

piot, boisson, vin (Rabelais, II, 2 : ceste necta-
rique... liqueur qu'on nomme le *piot* ; Régnier,
Satires, 10 : Leur voyant de *piot* la cervelle
échauffée), auj. dans la Champagne et dans la
Normandie (dans celle-ci, au sens de « cidre »,
d'où *pioter*, s'enivrer), à côté de *pion*, buveur,
ivrogne (Berry, Mayenne, Vaud, d'où *pioner*, se
griser), et de *piolée*, quantité de vin absorbée par
un ivrogne (Yonne), termes d'origine argotique,
(v. p. 108, et Oudin, 1643 : *pier*, parola zerga,
bevere), qui avaient pénétré en moyen français dès
le xv⁰ siècle.

XVII⁰ SIÈCLE

argot, terme d'origine jargonesque (v. p. 34),
qui a fini par désigner en français, à partir de la

fin du xviie siècle, le langage des voleurs, appelé antérieurement *jargon*.

DRILLE, soudart, se trouve d'abord dans Scarron (*Virgile travesti*, 1648) et dans la 1re édition (1694) du *Dictionnaire de l'Académie*. C'est un synonyme argotique du *narquois*, et son sens secondaire de bon compagnon (La Fontaine, *Fables*, XI, 3 : On vous sangle le pauvre *drille*) est analogue à l'évolution de *grivois* (v. ci dessous) ; cf. provençal *drilho*, luron (v. p. 193).

FOURBE, trompeur (d'abord dans Corneille) et tromperie (xve siècle), propr. celui qui fourbit ou nettoie en frottant, association d'idées foncièrement argotique (v. p. 62), répondant à l'italien *furbo*, malin, qui dérive d'une source analogue (du fourbesque *furbo*, voleur). L'argot militaire connaît encore la forme dérivée *fourbi*, petit vol, truc (« connaître son *fourbi* »), terme qui a pénétré dans le patois de la Mayenne : *fourbi, feurbi,* objets, bien en général, ouvrage, travail à entreprendre (*du fourbi*, de drôles d'affaires).

GRIVOIS, épithète appliquée vers la fin du xviie siècle (1690) au soldat de bonne humeur, bon compagnon, sans gêne (*Dictionnaire de l'Aca démie*, 1718 : *Grivois*, terme qui se dit d'un drille, d'un soldat qui est éveillé et alerte), mot d'origine argotique (dérivant de *grive*, guerre, v. p. 107), d'où *grivoise*, tabatière portée par les grivois

(Furetière, 1701 : les *grivoises* s'appellent ainsi sans doute parce que les soldats s'en servent)[1]. Le sens figuré de *grivois* fait allusion, comme celui de *narquois*, à l'humeur libre et hardie de la sol datesque argotique. Dans le patois savoyard, *grivois* est un terme d'affection : *md dou grivoué !* (à Rumilly) ; *grivoise*, à Samoëns. est également employée dans un sens favorable : femme dégourdie (Constantin et Desormaux).

MION, jeune enfant (Oudin, 1640 : un petit *mion*, un petit badin, un jeune sot), terme argotique (v. p. 205), passé également dans les patois : Berry et Mayenne *mion*, enfant (Champagne : petit homme).

POLISSON, petit vagabond, terme qui a désigné d'abord une classe spéciale de gueux (v. p. 62) ; on appelle aujourd'hui, à Genève, *polisse* ou *polissons*, les enfants qui courent les rues pour faire des espiègleries (Humbert).

TRUCHER, mendier (Oudin), et *trucheur*, men diant, termes d'argot (v. p. 252), encore vivaces dans les patois : picard *trucher*, id. (Mayenne : mendier sans besoin), et *trucheux*, mendiant (suisse *truchon*, id.).

---

1. Voir, sur les fausses interprétations de ce mot, une belle page de Gaston Paris (*Mélanges linguistiques*, 1906, p. 308 309).

XVIIIe SIÈCLE

ABASOURDIR, étourdir (1721), même mot [1] que l'argot *basourdir*, tuer (v. p. 143), avec le sens atténué en français (cf. argot *étourdir*, tuer) ; le primitif *basir*, id., qu'on rencontre déjà en 1455, figure dans le *Testament de Pathelin*, au sens d'être mort (éd. Jacob, p. 185 : « Je suis *basi*, si Dieu ne m'ayde ! » p. 207 : « Ha ! Nostre Dame de Monfort ! Le bon maistre Pierre est *basi* »), sens encore vivace dans la Saintonge et le Poitou (*bazir*, mourir). Le correspondant italien *sbasire*, mourir, défaillir, est également d'origine fourbesque et se retrouve dans les patois de la Haute-Italie (Côme *sbasi*, « morire, impallidire, illanguidire », Monti).

FLAMBERGE, épée (Molière, *Etourdi*, III, 4 : Mettons *flamberge* au vent et bravoure en campagne), forme et sens qu'on rencontre d'abord dans l'argot (v. p. 91).

FRUSQUIN, ce qu'on possède, en argent ou en effets (Senecé, *Serpent mangeur de kaïmac* : Puis dans deux petits sacs mettant tout son *frusquin*), et *saint frusquin* [2], id. (« il a mangé tout son *saint-*

---

1. Cf. *Dictionnaire Général*, s. v. : « *Abasourdir*, mot fait avec sourd sur le modèle de *abalourdir*. »
2. Voir, pour l'épithète *saint*, p. 131.

frusquin »), à côté de la forme moderne *frusques,* effets, formes et sens d'origine argotique (v. p. 53), qu'on rencontre dans le parler populaire (d'Hautel, 1808 : *frusquin,* bagage, trousseau, tout ce que l'on a de vaillant) et dans les patois : Mayenne *frusquin,* brassière ; Genève *frisquin, saint frisquin,* bagage ; provençal *fresquin,* habit vieux, pauvre hère, *frusca* (ado), nippé, *frusco, frusquin,* hardes, défroques.

GOURER, falsifier et duper (v. p. 173).

TRIMER, aller et venir (Comte de Caylus, *Blanc et Noir,* sc. VII : J'aperçois vos deux amants qui *triment* par ce côté), auj. marcher beaucoup et avec fatigue, sens familier aux patois : Berry *trimer,* travailler péniblement (Morvan : aller et venir avec fatigue et ennui ; Champagne : marcher vite, avoir du mal), St. Pol *trimer,* travailler sans relâche pour ne retirer qu'un maigre profit (*tri mage,* travail éreintant et peu payé), Ille-et-Vilaine *trimarder,* faire autre chose que son métier, Mayenne *atrimarder,* réunir, assembler, et Morvan *trimardier,* vagabond, à côté du wallon de Liège *trimard,* vacarme ; suisse *trima,* travailler sans relâche, aller fort vite, et provençal *trima,* marcher vite, courir, peiner, travailler rudement (*trimo,* course, labeur, fatigue), Querci *atrima,* être en train de marcher, de travailler (v. p. 210).

XIX SIÈCLE*

La plupart des termes qui suivent manquent encore dans le *Dictionnaire* de Bescherelle, le plus complet des travaux lexicographiques jusqu'à Littré. Nous ne tenons compte que des mots qui se trouvent chez ce dernier et dans le *Dictionnaire Général*, à savoir :

ACCROCHE-CŒURS, petite mèche de cheveux collée sur la tempe, terme argotique enregistré par Vidocq, qui lui donne le sens de « favoris » (v. p. 102).

ARLEQUINS, restes de repas, terme qui remonte également à cette origine, d'où il passa dans la langue populaire (v. p. 83).

BALADER (*se*), se promener çà et là (Littré, *Suppl.*, p. 358), propr. aller demander l'aumône en chantant des ballades (v. p. 120), terme devenu familier au parler populaire et aux patois : Normandie *se balader*, se promener pour se faire voir, Mayenne *balader*, flâner, courir les boutiques (cf. Vidocq : *balader*, choisir, chercher), et *balauder*, colporter une nouvelle (Dottin), Poitou, *balade*, assemblée champêtre (Lalanne) ; fr. pop. *balade*, promenade (« être en *balade*, faire la *balade* »), *balader*, promener, marcher (*se balader*, ne rien

faire), *baladeur*, flâneur, et *baladeuse*, petite voiture
de marchand ambulant.

BONIMENT, propos de saltimbanque pour séduire
(*Dict. Gén.*), tiré du verbe argotique *bonir*, dire,
raconter (v. p. 121).

CAMBRIOLEUR, voleur qui dévalise spécialement
les chambres (*Ibid.*), terme argotique (p. 216).

CAMELOT, colporteur[1] qui vend des marchandises de peu de valeur (*Ibid.*), descendant moderne
de l'ancien *coesmelot*, petit mercier (v. p. 189), d'où
également *camelotier*, gueux (Oudin ; = *coesmelotier*, mercier), et *cameloter*, gueuser (Oudin, 1643 :
« mot de narquois »), mod. *camelote*, toute
espèce de marchandise (Chauffeurs, 1800 ; Vidocq),
termes également passés dans les patois : Genève
camelote, contrebande (*camelotier*, contrebandier),
Mayenne *camelote*, marchandise, surtout draperie.
cameloter, porter la balle sur le dos comme font
les colporteurs, et *camelotier*, marchand de drap
ou de toile (Dottin) ; H. Maine *camelote*, complot,
et *cameloter*, comploter, ou parler l'un à l'autre
à voix basse.

CHOUETTE, parfait en son genre (Littré), digne
d'admiration (*Dict. Gén.*), mot populaire récent

---

1. On confond généralement ce *camelot*, colporteur, et ses dérivés, avec *camelot*, grosse étoffe (déjà dans Joinville) et ses dérivés :
le sens et la chronologie s'opposent également à une pareille iden-
tification.

emprunté à l'argot (v. p. 106). Le patois d'Ille-et-Vilaine a formé sur *chouette* un masculin *chouet*, beau, joli, bien fait (« V'là un travail qui est *chouet* »).

DAUPHIN, pince de voleur, sens purement argotique passé dans la langue générale (v. ci-dessus *davier* et plus bas *monseigneur*) : cette appellation n'a aucun rapport avec le cétacé du même nom (cf. *Dict. Gén.* : « pince... dont la forme rappelle une queue de poisson »), elle se rattache au procédé familier à l'argot de rendre cet outil soit par un nom propre, soit par un titre de noblesse.

DÉBINE, gêne où l'on se trouve faute d'argent (admis par l'Académie en 1878), et *débiner*, tomber dans la misère (qu'on trouve chez d'Hautel, 1808), allusion à l'opération faite par les vignerons pour débiner la vigne (association d'idée argotique et répondant à *bêcher*, id. : v. p. 67) ; cf. Yonne *débiner*, décrier (dérivant de la même source).

DÈCHE, manque d'argent, misère (terme récent emprunté à l'argot : v. p. 216) ; cf. normand *dèche*, id. (« être ou tomber dans la *dèche* »), et Savoie *dèche*, gêne, indigence (« argot récemment patoisé »).

ESCARPE, voleur, assassin (v. p. 238).

ESCOFIER, tuer, terme argotique également familier aux patois (v. p. 238).

FLOUER, escroquer (v. p. 64).

GOUAPE, *gouapeur*, nom donné à Paris aux vagabonds sans aveu (Littré, *Suppl.*), et *gouaper*, vagabonder (v. p. 246).

GREC, tricheur au jeu (v. p. 114).

LARBIN, laquais (v. p. 228).

MIOCHE, jeune enfant (v. p. 205).

MONSEIGNEUR, pince de voleur (v. ci dessus *dauphin*, et p. 114).

MOUTON, homme apposté par la police dans la cellule d'un prévenu, pour gagner sa confiance et en obtenir des aveux (*Dict. Gén.*), appellation argotique (v. p. 107).

QUILLE, jambe (*Ibid.*), vieille image argotique (v. p. 98).

ROUBLARD, rusé dans la défense de ses intérêts (*Dict. Gén.*), terme récent emprunté à l'argot (v. p. 255).

ROULOTTE, voiture où logent, couchent ceux qui mènent une vie errante (*Ibid.*), image égale ment argotique (v. p. 79).

VIOLON, prison de corps de garde (« mettre quelqu'un au *violon* »), propr. barreau de prison, association d'idées à la fois familière à l'argot (v. p. 130) et au langage populaire : cf. bourguignon *bandore*, prison, propr. mandore, espèce de mandoline, répondant au synonyme anc. fr. *salterion*, prison, qu'on lit dans une lettre de grâce de 1411 (citée par Fr. Michel, p. 420) : « Ce prisonnier et lui furent mis au *salterion.* »

ZIGUE, *zig*, terme populaire, celui qui a de l'entrain, de la gaieté dans le caractère, de la rondeur et de la simplicité dans les allures : *Un bon zig* (Littré, *Suppl.*), mot d'origine argotique (v. p. 68), familier aussi aux patois. « Terme intraduisible dont les mots *homme* ou *garçon* peuvent seuls donner une idée approximative, mais toute la valeur dépend uniquement des qualificatifs qui l'accompagnent : Un bon *zigue*, un sale *zigue*, un pauvre *zigue*, appartiennent à trois catégories bien différentes. Quand on emploie ce mot sans adjectif : c'est un *zigue*, on peut traduire par : c'est un homme » (Ad. Vachet, *Glossaire des Gones de Lyon*).

Voilà les éléments lexiques dont le français est redevable à l'argot. Ils représentent le côté le plus frappant de l'influence sociale exercée par cette classe réprouvée des gueux et des voleurs. On constate partout le même phénomène. Le rotwelsch et le cant ont également fourni leurs contributions au vocabulaire allemand[1] et anglais[2].

---

1. Voir la sixième édition du *Dictionnaire étymologique de la langue allemande* de Fr. Kluge, Strasbourg, 1899.

2. Cf. John S. Farmer et W. E. Henley, *Slang and its Analogues, Past and Present, A dictionary historical and comparative of the heterodox Speech of all classes of Society for more than three hundred years with synonyms in English, French, German, Italian,* etc., 7 volumes, London, 1890-1904.

Plus profonde encore a été l'action du fourbesque et de la germania, dont les premiers recueils argotiques ont presque intégralement passé dans les dictionnaires des langues littéraires de l'Italie et de l'Espagne. C'est ainsi que les divers argots, après avoir tiré la substance de leur lexique des parlers indigènes, ont à leur tour réagi sur ces derniers. C'est ce double rapport que nous nous sommes efforcé de mettre en lumière.

CONCLUSION

Les matériaux dont on s'est servi jusqu'ici pour
caractériser l'argot, ont été incomplets et troubles.
On a confondu à la fois les époques et les langages
spéciaux qu'on désigne aujourd'hui en français
par le nom collectif d'*argot*. De là, des apprécia
tions générales qui sont loin de répondre à la
réalité[1]. Aussi, pour exposer sommairement
les traits les plus frappants du langage des malfaiteurs, le mieux à faire est de faire ressortir en
même temps leurs côtés positifs et négatifs.

Nous dirons donc que l'argot proprement dit,
tel qu'il a été constitué pendant quatre siècles
(1455-1850), ignore toute formation onomato
péique ; que, ne connaissant que la dérivation, il
ignore également les procédés déformateurs (tels

---

1. Voir, par exemple, les Notes sur l'argot d'Edmond Mayor
(dans l'*Archivio di Psichiatria*, IV, 1883, p. 481-500, d'après Lorédan
Larchey), notes qui ont servi de base à Lombroso pour son chapitre consacré à l'argot (*L'Uomo delinquente*, chap. IX : *Gerghi*,
p. 467-490), ainsi qu'au travail d'Alfredo Niceforo, *Il gergo nei nor-
mali, nei degenerati e nei criminali*, Torino 1897.

ne peut clâmer les fruits de ce fonds pendant la saisie héréditale des immeubles du renonciateur, le vaudevilliste qui dit : *on a égayé l'ours*[1], le comédien qui dit : *j'ai fait four*, le philosophe qui dit : *triplicité phénoménale*, le chasseur qui dit : *voileci allais, voileci fuyant*, le phrénologue qui dit : *amativité, combativité, sécrétivité*, le fantassin qui dit : *ma clarinette*, le cavalier qui dit : *mon poulet d'Inde*, le maître d'armes qui dit : *tierce, quarte, rompez*, l'imprimeur qui dit : *parlons batio*, tous, imprimeur, maître d'armes, cavalier, fantassin, phrénologue, chasseur, philosophe, comédien, vaudevilliste, huissier, joueur, agent de change, marchand, parlent argot.

Le peintre qui dit : *mon rapin*, le notaire qui dit : *mon saute-ruisseau*, le perruquier qui dit : *mon commis*, le savetier qui dit : *mon gniaf*, parlent argot. A la rigueur, et si on le veut absolument, toutes ces façons diverses de dire la droite et la gauche, le matelot *bâbord* et *tribord*, le machiniste, *côté-cour* et *côté-jardin*, le bedeau, *côté de l'épitre* et *côté de l'évangile*, sont de l'argot. Il y a l'argot des mijaurées comme il y a eu l'argot des précieuses. L'hôtel de Rambouillet confinait quelque peu à la Cour des Miracles. Il y a l'argot des duchesses, témoin cette phrase écrite dans un billet doux par une très grande dame et très jolie femme de la Restauration : « Vous trouverez dans ces potins-là « une foultitude de raisons pour que je me libertise[2]. » Les chiffres diplomatiques sont de l'argot ; la chancellerie pontificale en disant 26 pour *Rome, grkztntgzyal* pour *envoi* et *abfxustgrnogrkzu tu* xi pour *duc de Modène*, parle argot. Les médecins du moyen âge qui, pour dire carotte, radis et navet, disaient : *opoponach,*

---

1. On a sifflé la pièce.

2. Vous trouverez dans ces commérages-là une multitude de raisons pour que je prenne ma liberté.

*perfroschinum, reptitalmus, dracatholicum, angelorum,
postmegorum* parlaient argot. Le fabricant de sucre qui
dit : *vergeoise, tête, claircé, tape, lumps, mélis, bâtarde,
commun, brûlé, plaque,* cet honnête manufacturier
parle argot. Une certaine école de critique d'il y a vingt
ans qui disait : — *La moitié de Shakespeare est jeux de
mots et calembours,* — parlait argot. Le poète et l'artiste qui, avec un sens profond, qualifieront M. de
Montmorency « un bourgeois », s'il ne se connaît pas
en vers et en statues, parlent argot. L'académicien
classique qui appelle les fleurs *Flore,* les fruits *Pomone,*
la mer *Neptune,* l'amour *les feux,* la beauté *les appas,*
un cheval *un coursier,* la cocarde blanche ou tricolore
la rose de Bellone, le chapeau à trois cornes *le triangle
de Mars,* l'académicien classique parle argot. L'algèbre,
la médecine, la botanique, ont leur argot. La langue
qu'on emploie à bord, cette admirable langue de la
mer, si complète et si pittoresque, qu'ont parlée Jean
Bart, Duquesne, Suffren et Duperré, qui se mêle au
sifflement des agrès, au bruit des porte-voix, au choc
des haches d'abordage, au roulis, au vent, à la rafale,
au canon, est tout un argot héroïque et éclatant qui est
au farouche argot de la pègre ce que le lion est au
chacal.

Sans doute. Mais, quoi qu'on en puisse dire, cette
façon de comprendre le mot argot est une extension,
que tout le monde même n'admettra pas. Quant à
nous, nous conservons à ce mot sa vieille acception
précise, circonscrite et déterminée, et nous restreignons
l'argot à l'argot. L'argot véritable, l'argot par excellence, si ces deux mots peuvent s'accoupler, l'immémorial argot qui était un royaume, n'est autre chose,
nous le répétons, que la langue laide, inquiète, sournoise, traître, venimeuse, cruelle, louche, vile, profonde, fatale, de la misère. Il y a, à l'extrémité de tous
les abaissements et de toutes les infortunes, une der-

nière misère qui se révolte et qui se décide à entrer en lutte contre l'ensemble des faits heureux et des droits régnants ; lutte affreuse où, tantôt rusée, tantôt violente, à la fois malsaine et féroce, elle attaque l'ordre social à coups d'épingle par le vice et à coups de massue par le crime. Pour les besoins de cette lutte, la misère a inventé une langue de combat qui est l'argot.

Faire surnager et soutenir au-dessus de l'oubli, au-dessus du gouffre, ne fût-ce qu'un fragment d'une langue quelconque que l'homme a parlée et qui se perdrait, c'est-à-dire un des éléments, bons ou mauvais, dont la civilisation se compose ou se complique, c'est étendre les données de l'observation sociale, c'est servir la civilisation même. Ce service, Plaute l'a rendu, le voulant ou ne le voulant pas, en faisant parler le phénicien à deux soldats carthaginois ; ce service, Molière l'a rendu, en faisant parler le levantin et toutes sortes de patois à tant de ses personnages. Ici les objections se raniment. Le phénicien, à merveille ! le levantin, à la bonne heure ! même le patois, passe ! ce sont des langues qui ont appartenu à des nations ou à des provinces ; mais l'argot ? à quoi bon conserver l'argot ? à quoi bon « faire surnager » l'argot ?

A cela nous ne répondrons qu'un mot. Certes, si la langue qu'a parlée une nation ou une province est digne d'intérêt, il est une chose plus digne encore d'attention et d'étude, c'est la langue qu'a parlée une misère.

C'est la langue qu'a parlée en France, par exemple, depuis plus de quatre siècles, non seulement une misère, mais la misère, toute la misère humaine possible [1].....

---

1. [Les digressions sont remplacées par des points. Nous mettons les notes entre crochets pour les distinguer de celles de Victor Hugo].

L'argot n'est autre chose qu'un vestiaire où la langue, ayant quelque mauvaise action à faire, se déguise. Elle s'y revêt de mots masques et de métaphores haillons.

De la sorte elle devient horrible.

On a peine à la reconnaître. Est-ce bien la langue française, la grande langue humaine ? La voilà prête à entrer en scène et à donner au crime la réplique, et propre à tous les emplois du répertoire du mal. Elle ne marche plus, elle clopine ; elle boite sur la béquille de la Cour des miracles, béquille métamorphosable en massue ; elle se nomme truanderie ; tous les spectres, ses habilleurs, l'ont grimée ; elle se traîne et se dresse, double allure du reptile. Elle est apte à tous les rôles désormais, faite louche par le faussaire, vert-de-grisée par l'empoisonneur, charbonnée de la suie de l'incendiaire ; et le meurtrier lui met son rouge.

Quand on écoute, du côté des honnêtes gens, à la porte de la société, on surprend le dialogue de ceux qui sont dehors. On distingue des demandes et des réponses. On perçoit, sans le comprendre, un murmure hideux, sonnant presque comme l'accent humain, mais plus voisin du hurlement que de la parole. C'est l'argot. Les mots sont difformes, et empreints d'on ne sait quelle bestialité fantastique. On croit entendre des hydres parler.

C'est l'inintelligible dans le ténébreux. Cela grince et cela chuchote, complétant le crépuscule par l'énigme. Il fait noir dans le malheur, il fait plus noir encore dans le crime ; ces deux noirceurs amalgamées composent l'argot. Obscurité dans l'atmosphère, obscurité dans les actes, obscurité dans les voix. Epouvantable langue crapaude qui va, vient, sautèle, rampe, bave, et se meut monstrueusement dans cette immense brume grise faite de pluie, de nuit, de faim, de vice, de mensonge d'injustice, de nudité, d'asphyxie et d'hiver, plein midi des misérables...

II

RACINES

L'argot, c'est la langue des ténébreux.

La pensée est émue dans ses plus sombres profondeurs, la philosophie sociale est sollicitée à ses méditations les plus poignantes, en présence de cet énigmatique dialecte à la fois flétri et révolté. C'est là qu'il y a du châtiment visible. Chaque syllabe y a l'air marquée. Les mots de la langue vulgaire y apparaissent comme froncés et racornis sous le fer rouge du bourreau. Quelques-uns semblent fumer encore. Telle phrase vous fait l'effet de l'épaule fleurdelysée d'un voleur brusquement mise à nu. L'idée refuse presque de se laisser exprimer par ces substantifs repris de justice. La métaphore y est parfois si effrontée qu'on sent qu'elle a été au carcan.

Du reste, malgré tout cela et à cause de tout cela, ce patois étrange a de droit son compartiment dans ce grand casier impartial où il y a place pour le liard oxydé comme pour la médaille d'or, et qu'on nomme la littérature. L'argot, qu'on y consente ou non, a sa syntaxe et sa poésie. C'est une langue. Si, à la difformité de certains vocables, on reconnaît qu'elle a été mâchée par Mandrin, à la splendeur de certaines métonymies, on sent que Villon l'a parlée.

Ce vers si exquis et si célèbre :

Mais où sont les neiges d'antan ?

est un vers d'argot. Antan — *ante annum* — est un mot de l'argot de Thunes qui signifiait *l'an passé* et par extension *autrefois*. On pouvait encore lire il y a trente-cinq ans, à l'époque du départ de la grande chaîne de 1827, dans un des cachots de Bicêtre, cette maxime gravée au clou sur le mur par un roi de Thunes condamné aux galères : *Les dabs d'antan trimaient siempre pour la pierre du coësre.* Ce qui veut dire : *Les rois d'autrefois allaient toujours se faire sacrer.* Dans la pensée de ce roi-là, le sacre c'était le bagne.

Le mot *décarade*, qui exprime le départ d'une lourde voiture au galop, est attribué à Villon, et il en est digne. Ce mot, qui fait feu des quatre pieds, résume dans une onomatopée magistrale tout l'admirable vers de La Fontaine :

Six forts chevaux tiraient un coche.

Au point de vue purement littéraire, peu d'études seraient plus curieuses et plus fécondes que celle de l'argot[1]......

Une foule d'âmes mauvaises, basses ou irritées, qui ont traversé la vie et sont allées s'évanouir dans l'éternité, sont là presque entières et en quelque sorte visibles encore sous la forme d'un mot monstrueux.

Veut-on de l'espagnol ? le vieil argot gothique en fourmille. Voici *boffette*, soufflet, qui vient de *bofeton* ; *vantane*, fenêtre (plus tard *vanterne*), qui vient de *vantana* ; *gat*, chat, qui vient de *gato* ; *acite*, huile, qui vient de *aceyte*. Veut-on de l'italien ? Voici *spade*, épée, qui vient de *spada* ; *carvel*, bateau, qui vient de *caravella*. Veut-on de l'anglais ? Voici le *bichot*, l'évêque, qui vient de *bishop* ; *raille*, espion, qui vient de *rascal*, *rascalion*, coquin ; *pilche*, étui, qui vient de *pilcher*, fourreau. Veut-on de l'allemand ? Voici le *caleur*, le garçon, *kellner* ; le *hers*, le maître, *herzog* (duc). Veut-on du latin ? Voici *frangir*, casser, *frangere* ; *affurer*, voler, *fur* ; *cadène*, chaîne, *catena*. Il y a un mot qui reparaît dans toutes les langues du continent avec une

1. [Voir le passage qui suit et le commentaire correspondant à la p. 134 et suiv.].

sorte de puissance et d'autorité mystérieuse, c'est le mot *magnus* ; l'Ecosse en fait son *mac*, qui désigne le chef du clan, Mac-Farlane, Mac-Callummore, le grand Farlane, le grand Callummore [1] ; l'argot en fait le *meck*, et plus tard, le *meg*, c'est-à-dire Dieu. Veut-on du basque ? Voici *gahisto*, le diable, qui vient de *gaiztoa*, mauvais ; *sorgabon* [2], bonne nuit qui vient de *gabon*, bonsoir. Veut-on du celte ? Voici *blavin*, mouchoir, qui vient de *blavet*, eau jaillissante ; *ménesse*, femme (en mauvaise part), qui vient de *meinec*, pleine de pierres ; *barant*, ruisseau, de *baranton*, fontaine ; *goffeur*, serrurier, de *goff*, forgeron ; la *guédouze*, la mort, qui vient de *guenn-du*, blanche-noire. Veut-on de l'histoire enfin ? L'argot appelle les écus *les maltèses*, souvenir de la monnaie qui avait cours sur les galères de Malte.

Outre les origines philologiques qui viennent d'être indiquées, l'argot a d'autres racines plus naturelles encore et qui sortent pour ainsi dire de l'esprit même de l'homme.

Premièrement, la création directe des mots. Là est le mystère des langues. Peindre par des mots qui ont, on ne sait comment ni pourquoi, des figures. Ceci est le fond primitif de tout langage humain, ce qu'on en pourrait nommer le granit. L'argot pullule de mots de ce genre, mots immédiats, créés de toute pièce on ne sait où ni par qui, sans étymologies, sans analogies, sans dérivés, mots solitaires, barbares, quelquefois hideux, qui ont une singulière puissance d'expression et qui vivent. Le bourreau, *le taule ;* la forêt, *le sabri ;* la peur, la fuite, *taf ;* — le laquais, *le larbin ;* le général, le préfet, le ministre, *pharos ;* le diable, *le rabouin* [3]. Rien n'est plus étrange que ces mots qui

1. Il faut observer pourtant que *mac*, en celte, veut dire fils.

2. [*Sorgabon* est un composé fantaisiste de *bonne sorgue*. Voir ci-dessus la remarque sur les étymologies basques de Victor Hugo.]

3. [Voir sur tous ces termes l'index de notre livre].

masquent et qui montrent. Quelques-uns, *le rabouin* par exemple, sont en même temps grotesques et terribles, et vous font l'effet d'une grimace cyclopéenne.

Deuxièmement, la métaphore. Le propre d'une langue qui veut tout dire et tout cacher, c'est d'abonder en figures. La métaphore est une énigme où se réfugie le voleur qui complote un coup, le prisonnier qui combine une évasion. Aucun idiome n'est plus métaphorique que l'argot. *Dévisser le coco*, tordre le cou, *tortiller*, manger ; *être gerbé*, être jugé ; *un rat*, un voleur de pain ; *il lansquine*, il pleut, vieille figure frappante, qui porte en quelque sorte sa date avec elle, qui assimile les longues lignes obliques de la pluie aux piques épaisses et penchées des lansquenets, et qui fait tenir dans un seul mot la métonymie populaire : *il pleut des hallebardes* [1]. Quelquefois, à mesure que l'argot va de la première époque à la seconde, des mots passent de l'état sauvage et primitif au sens métaphorique. Le diable cesse d'être *le rabouin* et devient *le boulanger*, celui qui enfourne. C'est plus spirituel, mais moins grand ; quelque chose comme Racine après Corneille, comme Euripide après Eschyle. Certaines phrases d'argot, qui participent des deux époques et ont à la fois le caractère barbare et le caractère métaphorique, ressemblent à des fantasmagories. — *Les sorgueurs vont solliciter des gails à la lune* (les rôdeurs vont voler des chevaux la nuit). — Cela passe devant l'esprit comme un groupe de spectres. On ne sait ce qu'on voit.

Troisièmement, l'expédient. L'argot vit sur la langue. Il en use à sa fantaisie. Il puise au hasard, et il se borne souvent, quand le besoin surgit, à la dénaturer sommairement et grossièrement. Parfois, avec les mots usuels ainsi déformés, et compliqués de mots d'argot

---

1. [*Lansquiner* n'est pas d'origine française ; v. p. 53 et 136].

pur, il compose des locutions pittoresques où l'on sent le mélange des deux éléments précédents, la création directe et la métaphore : *Le cab jaspine, je marronne que la roulotte de Pantin trime dans le sabri,* le chien aboie, je soupçonne que la diligence de Paris passe dans le bois. *Le dab est sinve, la dabuge est merloussière, la fée est balive,* le bourgeois est bête, la bourgeoise est rusée, la fille est jolie. Le plus souvent, afin de dérouter les écouteurs, l'argot se borne à ajouter indistinctement à tous les mots de la langue une sorte de queue ignoble, une terminaison en aille, en orgue, en iergue ou en uche. Ainsi : *Vouziergue trouvaille bonorgue ce gigotmuche?* Trouvez-vous ce gigot bon ? Phrase adressée par Cartouche à un guichetier, afin de savoir si la somme offerte pour l'évasion lui convenait. — La terminaison en *mar* a été ajoutée assez récemment.

L'argot étant l'idiome de la corruption, se corrompt vite. En outre, comme il cherche toujours à se dérober, sitôt qu'il se sent compris, il se transforme. A rebours de toute autre végétation, tout rayon de jour y tue ce qu'il touche. Aussi l'argot va-t-il se décomposant et se recomposant sans cesse ; travail obscur et rapide qui ne s'arrête jamais. Il fait plus de chemin en dix ans que la langue en dix siècles. Ainsi le larton[1] devient le lartif ; le gail[2] devient le gaye ; la fertanche[3], la fertille ; le momignard, le momacque ; les siques[4], les frusques ; la chique[5], l'égrugeoir ; le colabre[6], le colas. Le diable est d'abord gahisto, puis le rabouin, puis le boulanger ; le prêtre est le ratichon, puis le sanglier ;

1. Pain.
2. Cheval.
3. Paille.
4. Hardes. [Ce mot figure comme *fiques,* chez Delesalle et Bruant ; l'ancien argot l'ignore].
5. L'église.
6. Le cou.

le poignard est le *vingt-deux*, puis le *surin*, puis le *lingre* ; les gens de police sont des *railles*, puis des *roussins*, puis des *rousses*, puis des *marchands de lacets*, puis des *coqueurs*, puis des *cognes* ; le bourreau est le *taule*, puis *Charlot*, puis *l'atigeur*, puis le *becquillard*. Au xvii° siècle, se battre, c'était *se donner du tabac* ; au xix°, c'est *se chiquer la gueule*. Vingt locutions différentes ont passé entre ces deux extrêmes. Cartouche parlerait hébreu pour Lacenaire. Tous les mots de cette langue sont perpétuellement en fuite comme les hommes qui les prononcent.

Cependant, de temps en temps et à cause de ce mouvement même, l'ancien argot reparaît et redevient nouveau. Il a ses chefs-lieux où il se maintient. Le Temple conservait l'argot du xvii° siècle ; Bicêtre, lorsqu'il était prison, conservait l'argot de Thunes. On y entendait la terminaison en *anche* des vieux thuneurs. *Boyanches-tu* (bois-tu ?)? *il croyanche* (il croit). Mais le mouvement perpétuel n'en reste pas moins la loi.

Si le philosophe parvient à fixer un moment, pour l'observer, cette langue qui s'évapore sans cesse, il tombe dans de douloureuses et utiles méditations. Aucune étude n'est plus efficace et plus féconde en enseignements. Pas une métaphore, pas une étymologie de l'argot qui ne contienne une leçon. — Parmi ces hommes, *battre* veut dire *feindre* ; on *bat* une maladie ; la ruse est leur force.

Pour eux l'idée de l'homme ne se sépare pas de l'idée de l'ombre. La nuit se dit *la sorgue* ; l'homme *l'orgue*. L'homme est un dérivé de la nuit.

Ils ont pris l'habitude de considérer la société comme une atmosphère qui les tue, comme une force fatale, et ils parlent de leur liberté comme on parlerait de sa santé. Un homme arrêté est un *malade*; un homme condamné est un *mort*.

Ce qu'il y a de plus terrible pour le prisonnier dans les quatre murs de pierre qui l'ensevelissent, c'est une sorte de chasteté glaciale ; il appelle le cachot le *castus*[1]. — Dans ce lieu funèbre, c'est toujours sous son aspect le plus riant que la vie apparaît. Le prisonnier a des fers aux pieds ; vous croyez peut-être qu'il songe que c'est avec les pieds qu'on marche ? non, il songe que c'est avec les pieds qu'on danse ; aussi qu'il parvienne à scier ses fers, sa première idée est que maintenant il peut danser, et il appelle la scie une *bastringue*. — Un *nom* est un *centre* ; profonde assimilation. — Le bandit a deux têtes, l'une qui raisonne ses actions et le mène pendant toute sa vie, l'autre qu'il a sur ses épaules le jour de sa mort ; il appelle la tête qui lui conseille le crime, la *sorbonne*, et la tête qui l'expie, la *tronche*. — Quand un homme n'a plus que des guenilles sur le corps et des vices dans le cœur, quand il est arrivé à cette double dégradation matérielle et morale que caractérise dans ses deux acceptions le mot *gueux*, il est à point pour le crime, il est comme un couteau bien affilé, il a deux tranchants, sa détresse et sa méchanceté ; aussi l'argot ne dit pas « un gueux » ; il dit un *réguisé*.   Qu'est-ce que le bagne ? un brasier de damnation, un enfer. Le forçat s'appelle *un fagot*.

Enfin, quel nom les malfaiteurs donnent-ils à la prison ? *le collège*. Tout un système pénitentiaire peut sortir de ce mot.

Le voleur a lui aussi sa chair à canon, la matière volable, vous, moi, quiconque passe ; le *pantre* (*Pan*, tout le monde).....

Dans ce monde des actions sombres, on se garde le secret. Le secret, c'est la chose de tous. Le secret pour ces misérables, c'est l'unité qui sert de base à l'union. Rompre le secret, c'est arracher à chaque membre de

---

1. [Le mot signifie simplement *château*].

cette communauté farouche quelque chose de lui-même. Dénoncer, dans l'énergique langue d'argot, cela se dit : *manger le morceau*. Comme si le dénonciateur tirait à lui un peu de la substance de tous et se nourrissait d'un morceau de la chair de chacun.

Qu'est-ce que recevoir un soufflet ? La métaphore banale répond : *C'est voir trente-six chandelles*. Ici l'argot intervient, et reprend : *Chandelle, camoufle*. Sur ce, le langage usuel donne au soufflet pour synonyme *camouflet*. Ainsi, par une sorte de pénétration de bas en haut, la métaphore, cette trajectoire incalculable, aidant, l'argot monte de la caverne à l'académie, et Poulailler disant : *J'allume ma camoufle*, fait écrire à Voltaire : *Langleviel La Beaumelle mérite cent camouflets*.

Une fouille dans l'argot, c'est la découverte à chaque pas. L'étude et l'approfondissement de cet étrange idiome mènent au mystérieux point d'intersection de la société régulière avec la société maudite.

L'argot, c'est le verbe devenu forçat....

NOTE ADDITIONNELLE

Aux parlers spéciaux (dont il est question ci dessus, p. 260), il faut ajouter le jargon de Montmorin, commune du canton de Serres, que parlent entre eux les moisson neurs de cette localité des Hautes Alpes. Chaque année, au mois de juin, près de cent habitants partent de Mont morin pour faire la moisson dans les départements voisins. Arrivés sur les plaines de la Provence, ils se servent d'un langage particulier qu'on appelle *l'argot de Montmorin* (v. Lesbros, dans le *Bulletin de la Société d'études des Hautes-Alpes,* II, 1883, Gap, p. 232 à 235). Il mérite plei nement ce nom pour les nombreux termes qu'il a tirés de l'argot proprement dit. Voici ces emprunts (sur l'ori gine desquels on peut se reporter à l'index) : *arpéou,* liard ; *arton,* pain ; *borna,* nuit (= *bruna*) ; *brémas,* cartes à jouer ; *bridou,* riche (en argot : liard) ; *cambris,* franc (= *combriez*) ; *crieia,* viande ; *davi,* sergent (= *david,* propr. cro chet) ; *dura,* pierre ; *engoulème,* bouche (= *Angoulesme*) ; *entrévé,* regarde (— comprends) ; *faraut,* riche (= mon sieur) ; *fretilla,* grenier à foin, et *fritilla,* paille ; *gallier,* mulet (en argot : cheval) ; *gourt,* bon ; *goussaïe,* repas ; *granata,* ferme (= *grenaffe*) ; *grivet* soldat = *grivier*) ; *gulart,* sac (*gueulard*) ; *limousa,* chemise ; *lingré,* couteau ; *longea,* semaine (en argot : année) ; *mala* (*gran mala*), ville (*grand'malhe,* Villon) ; *oste,* pauvre (cf. gueux de l'*hos tiere*) ; *pachifle,* soulier, et *passiflaire,* cordonnier ; *pléou,* lit (cf. *piau* ; *rouillarda,* bouteille ; *toucanta,* montre ; *tournanta,* clef ; *trouncha,* tête. Le fait qu'on rencontre des traces si nombreuses du langage des malfaiteurs dans une commune des Hautes Alpes prouve une fois de plus l'ex pansion de l'argot et sa pénétration dans les classes profes sionnelles les plus diverses : moissonneurs, couvreurs, maçons, tailleurs de pierre, terrassiers, ouvriers en soie, ouvriers drapiers, peigneurs de chanvre, etc.

INDEX

---

1. Les termes en italique appartiennent à l'argot moderne ; l'astérisque désigne les formes erronées, et le point d'interrogation les formes douteuses.

que le *largongi* et l'altération des finales) qui ont pris une grande extension dans l'argot contemporain ; que tandis que celui-ci pour réaliser le but immédiat de toute langue secrète, l'incompréhensibilité, altère à la fois la forme et le sens des mots courants, l'ancien argot atteint le même but exclusivement par des ressources sémantiques. Et c'est là, au fond, le caractère essentiel de ce langage conventionnel, le seul où l'esprit est en jeu, tandis que les tendances déformatrices modernes ont quelque chose d'enfantin et d'aventureux.

L'argot, comme le fourbesque et la germania, ignore tout élément non roman : pas de trace d'influence germanique ou celtique, orientale ou bohémienne (ces deux dernières très importantes dans le rotwelsch). Il est entièrement constitué par des éléments indigènes et dérivant soit de la langue générale soit des parlers populaires.

Les divers argots romans possèdent en commun un petit fonds de termes caractéristiques, et ils ont exercé les uns sur les autres une action plus ou moins importante. Ils n'offrent aucun point de contact avec les argots germaniques et slaves, et les quelques coïncidences sémantiques qu'on y rencontre sont dues à une même manière de voir, à un même tour d'esprit.

Le véritable cachet de l'argot réside, on ne saurait assez le répéter, dans la modification du sens des mots qu'il adopte. Cette transformation sémantique accuse une mentalité à part, à la fois divergente de l'intelligence populaire et de l'esprit des auteurs des langues internationales, tels que le volapuk ou l'espéranto[1]. L'argot diffère de la langue populaire et des patois par son manque de spontanéité, trait qu'il partage avec les langues soi-disant universelles, tout parler conventionnel supposant nécessairement la réflexion ; mais il diffère également de ces dernières, en ce qu'il ne touche pas à la structure de la langue générale, à sa morphologie et à sa syntaxe, que les langues internationales tendent à simplifier ou à uniformiser.

Nous avons touché à diverses reprises cette forme d'esprit propre à l'argot. Il suffit ici d'en relever un seul trait. Longtemps avant les constatations de la criminologie moderne, l'argot envisageait la prison comme un hôpital et le détenu comme un malade, et le même mot y désigne l'une et l'autre : *castu*, par exemple, qui a le sens d'hôpital, dans le *Jargon* de 1628, signifie propr. prison, c'est à dire castel, forteresse.

On a déjà relevé le fait que l'argot se transforme

---

1. Voir L. Couturat et Leau, *Histoire d· la langue universelle*, Paris, 1905. Le travail de R. M. Meyer (dans le XII· volume des *Indogermanische Forschungen*, 1901) offre un exposé sommaire des divers langages conventionnels.

avec le temps, et que le lexique, par exemple, du
Procès des Coquillards (1455) ou des *Ballades* de
Villon (1489) diffère de celui de la *Vie Genereuse*
(1596) ou du *Jargon* (1628). Est ce à dire que ces
changements se font avec une rapidité surpre
nante ? Nous ne le pensons pas. A entendre Victor
Hugo, tous les mots de l'argot « sont perpétuellement en fuite comme les hommes qui les pro
noncent » (*Les Misérables*, V, 220) : et Jean Richepin
d'ajouter : « C'est du vif argent. Il passe, court,
roule, coule, se déforme, se reforme, meurt,
renaît, flotte. flue, file, fuit, échappe à la notation »
(Préface au *Dictionnaire* de Delesalle).

Ces assertions ne doivent pas être prises à la
lettre. L'argot change, évidemment, comme toute
langue, naturelle ou conventionnelle, dès que
l'ancien état des choses ne répond plus aux
conditions de l'époque nouvelle. Les sens mul
tiples du terme *argot*, véritable mot protée, qui
revêt vingt aspects différents suivant les milieux
et les spécialités, continuent à exercer leur
influence troublante sur la valeur primitivement
unique de ce terme : le langage des malfaiteurs.
Certes, si l'on comprend par argot le langage du
peuple, celui de la caserne et de l'atelier, et tout
particulièrement celui de la presse, « le principal
organe de transmission, l'instrument de diffu
sion des nouveautés quotidiennes, dont elle mul

tiplie les chances de succès »[1], on voit naître des mots tous les jours et vingt fois par jour.

Ainsi présentée, la question reste dans le vague, et pour lui donner plus de précison, nous allons lui substituer cette autre : Y a t il dans l'argot assez d'éléments stables qui se soient perpétués à travers les siècles jusqu'à nos jours? Et c'est précisément la *Chanson des Gueux* (1881) qui nous fournira les meilleurs éléments pour y répondre. Cette édition définitive d'un des documents les plus précieux de l'argot contemporain est accompagnée d'un glossaire argotique où l'on lit cette déclaration de l'auteur : « J'affirme hautement que tous les sens présentés par ce Glossaire sont rigoureusement exacts, puisés à la bonne source, à la seule bonne, c'est à dire recueillis de la bouche même des gens qui s'expriment en argot aussi naturellement que nous nous exprimons en français. » Nous sommes ainsi pleinement rassurés sur la valeur réelle des termes contenus dans la liste donnée par le poète, à l'exception, ajoute-t il, de deux sonnets (*Sonnet bigorne, Autre sonnet bigorne*), où il a « tâché d'enchâsser un échantillon de l'argot classique

---

1. Ferd. Brunot, *Histoire de la langue française* (extrait de l'*Histoire de la langue et de la Littérature française des origines à 1900*, publiée sous la direction de L. Petit de Julleville), p. 840. Voir, aux pages 841 à 851, un tableau intéressant « des mots nouveaux relevés dans les journaux quotidiens parus le 16 mars 1899 à Paris et les hebdomadaires de la même semaine. »

qui a flori de Cartouche à Vidocq et dont ce dernier a laissé le vocabulaire ». En en faisant donc abstraction, la liste argotique nous fournit les résultats suivants :

1. Les termes : *aquiger, auber, briffer, cambrouse, chenu, colle, criole, dab, daronne, douillard, enterver, fanande, foncer, frusquiner, jaspin, lansquine, larton, limace. maquiller, marpau, marquise, mezig, mousse, nib, niort, nouzailles, palpitant, pieu, piole, pioncer, pivois, poisser, ponife, proye, rond, rouillarde, rupin, salivergne, suer (faire), tézig, thune, trimard, trucher* — se retrouvent dans les documents argotiques du xv° au xvii° siècle.

2. Les termes : *abouler, arlequins, arpion, balle, balocher, baluchon, bath, birbe, blot, boule, braise, brisant, buter, cambriole, camoufler, casquer, chouette, cogne, conobrer, culbutant, fade, fer lampier, figne, flouer, flûte, frangin, frime, girond, gonce, gonzesse, gosseline, goualer, gouapeur, grinche, guibole, larbin, largue, manque (à la), marlou, mec, micheton, môme (mômignard), mouche* (« laid »), *pante, Pantin, pègre, plombe, plomber, poivrot, pommer, pouchon, rappliquer, refroidir, remoucher, rincer, riole, roue de derrière, roulotte, rousse, roussin, surbine, surin, taf, tarter, trac, traviole, trombine, truc, turbiner, turne, volant, zigue* — figurent dans le vocabulaire de Vidocq (1837), qui continue la tradition argotique du xviii° siècle.

C'est ainsi que des 250 mots que contient environ le glossaire argotique de Richepin, une cinquantaine remonte aux plus anciennes couches du vocabulaire argotique, et une centaine à peu près au xviii° siècle. Un tiers à peine est moderne et tiré en grande partie des patois ou du lan gage populaire. On peut donc soutenir sans la moindre exagération que le fonds ancien con tinue à subsister dans l'argot contemporain, et que celui ci, en dehors des procédés déformateurs qui le déparent, montre en général très peu d'originalité dans l'assimilation des termes dia lectaux et populaires. Un observateur compétent dit à cet égard : « Les voleurs d'aujourd'hui en sont généralement réduits à des réminiscences, à des plagiats, à des pastiches plus ou moins heureux... C'est ce qui faisait dire à un policier célèbre, dans un moment de mauvaise humeur : « La pègre n'a plus d'argot, l'argot se perd, l'argot est perdu [1]. »

L'argot est devenu de nos jours l'intermédiaire entre les patois et le langage populaire d'un côté, entre ce dernier et la langue littéraire, de l'autre. Il a d'ailleurs subi l'influence de tous les jargons environnants et il continue à perdre, dans ces divers milieux, ses traits distinctifs pour

---

1. Lucien Rigaud, *Dictionnaire du Jargon parisien, l'Argot ancien et l'Argot moderne*, Paris, 1878, p. x.

fondre peu à peu dans ce tohu bohu linguistique qu'on appelle *argot parisien*. Il compense ce manque d'originalité par une action des plus intenses sur la vie contemporaine. Non seulement la caserne et l'atelier, mais le roman et le théâtre contemporains en sont de plus en plus pénétrés, et la presse met à son service ses fécondes ressources d'expansion. Un des savants les mieux placés pour observer les divers courants du français contemporain, M. Ferd. Brunot, l'a dit en excellents termes, et nous nous plaisons à reproduire ce passage[1] comme la meilleure conclusion de notre travail : « Depuis une trentaine d'années nous assistons à une véritable invasion. Tout conspire à favoriser le progrès de l'argot, l'anarchie qui est dans la langue et la démocratie qui grandit dans l'état... Partout, à Paris, à la Bourse, dans les rédactions des journaux, dans les cafés littéraires, les « brasseries d'art », c'est une mêlée confuse de français et de jargons, qu'on a plaisamment essayé de classer... Cet état de la langue parlée devait avoir sa répercussion sur la langue écrite, et elle l'a eue... Desormais l'argot a droit de cité dans les romans et au théâtre, dans les scènes dialoguées et les journaux, les monologues et la poésie, dans les études et dans les fantaisies. »

---

1. *Ouvrage cité,* p. 834 838.

APPENDICE

L'Argot jugé par Balzac et Victor Hugo.

Il nous a paru intéressant de reproduire, dans cet Appendice, les opinions que les deux grands écrivains ont émises à peu d'intervalle, sur le langage des malfaiteurs. Il ne s'agit pas, cela va sans dire, d'appréciations objectives, mais d'impressions générales, de sentiments diversement colorés par l'imagination minutieuse et réaliste de Balzac, colossale et oratoire de Victor Hugo.

Il serait oiseux d'encadrer ces jugements dans un commentaire. Il suffit de dire que la source principale où ont puisé les deux romanciers (ainsi que leur contemporain Eugène Sue), est le vocabulaire de Vidocq (1837), déjà contenu en grande partie dans ses *Mémoires* (1828).

Ils doivent peu de chose à leur enquête personnelle; mais il faut ajouter que, chez Victor Hugo, la plupart des termes qu'il cite comme argotiques, n'ont jamais appartenu à l'argot proprement dit. Comme il insiste lui-même sur le fait qu'il n'a en vue que le langage des classes dangereuses, « la langue de la misère, le patois de la caverne et du bagne, » on est surpris de rencontrer sous sa plume des termes qui n'ont rien de commun non seulement avec l'argot des voleurs, mais avec aucune variété vivante du français. Tel est le cas pour *acite*, huile, *frangir*, casser, *spade*, épée, etc. D'autres, comme *carvel*, bateau (= *caravelle*), *goffeur*, serrurier, *hers* (= *hère*), maître, pourraient passer pour de l'ancien français, tandis que *bofete*, soufflet, *gat*, chat, etc., seraient du provençal. Mais à aucune époque, je le répète, ces mots n'ont fait partie de l'argot[1].

Ils manquent non seulement chez Vidocq et chez Fr.-Michel, mais encore chez Delvau et en partie chez Rigaud[2] ; et ce qui est plus singulier, aucun de ces prétendus termes argotiques ne figure dans les nombreux passages des *Misérables*, où l'auteur met de l'argot dans la bouche de ses personnages.

Comment expliquer cette singulière méprise?

---

1. Ils passèrent chez Colombey, *Le monde des voleurs, leur esprit et leur langue*, Paris, 1862. Son dictionnaire d'argot (p. 269-347) est un extrait du vocabulaire de Vidocq, augmenté de trouvailles de Victor Hugo (Colombey cite les *Misérables* dans son avant propos . On y trouve toutes les fantaisies argotiques du grand écrivain (*bichot*, évêque, *caleur*, garçon, *dévisser le coco*, tordre le cou, *gahisto*, diable, *gat*, chat, *goffeur*, serrurier, *guédouze*, la mort, *hers*, maître, *pilche*, étui, *sorgabon*, bonsoir, *spade*, épée); et, par l'intermédiaire de Colombey, elles firent le tour de la lexicogra phie argotique : Larchey 1872), Delesalle (1899), Bruant (1901 .

2. Celui-ci a admis : *gahisto*, *goffeur*, *guédouze* et *hers*. Le pre mier de ces termes (s'il a jamais été argotique) et *guédouze* n'ont rien de commun avec le basque : *gahisto*, diable, est béarnais *gaho*, *gahin*, croc, crochet : propr. celui qui accroche ou saisit avec la gaffe), et *guédouze*, la mort, est une forme dialectale (cf. Lyon *gandouze*, gadoue) qui signifie propr. salope.

On connaît la prédilection du poète pour les séries verbales, soit noms propres, soit termes communs ; il rappelle à cet égard l'autre grand forgeron du lexique, Maître François Rabelais. Victor Hugo s'était assimilé des vocabulaires spéciaux, historiques ou professionnels, et malgré sa prodigieuse mémoire, ces connaissances toutes formelles se confondaient parfois dans son esprit. Entraîné par l'élan de son verbe, l'auteur des *Misérables* a utilisé sans discernement ce qui se trouvait au courant de sa plume. De là, cet amalgame de termes de toute provenance qu'il appelle argot des voleurs, et dont la bizarrerie n'a de comparable que l'étrangeté de ses étymologies.

H. DE BALZAC, *La dernière Incarnation de Vautrin*, Paris, 1847 [1].

Un mot sur la langue des grecs, des filous, des voleurs et des assassins, nommé l'*Argot*, que la littérature a, dans ces derniers temps, employé avec tant de succès, que plus d'un mot de cet étrange vocabulaire a passé sur les lèvres roses des jeunes femmes, a retenti sous les lambris dorés, a réjoui les princes dont plus d'un a pu s'avouer *floué*.

Disons-le, peut-être à l'étonnement de beaucoup de

1. Nous utilisons l'édition de 1855, p. 28 à 30. Voir sur les sources de ce roman, A. Le Breton, *Balzac, l'homme et l'œuvre*, Paris, 1905, p. 172 174. L'auteur voit en Vidocq l'original de Vautrin. M. Mario Roques (*Manuscrits et éditions du Père Goriot*, p. 5 du tirage à part) a noté l'analogie du nom de Vautrin avec celui de Watrin, nom d'un malfaiteur dans Froment, *Histoire de Vidocq d'après lui-même*, Paris, 1829, vol. I, p. 244.

gens, il n'est pas de langue plus énergique, plus colorée que celle de ce monde souterrain qui, depuis les origines des empires à capitale, s'agite dans les caves dans les sentines, dans le *troisième-dessous* des sociétés, pour emprunter à l'art dramatique une expression vive et saisissante. Le monde n'est-il pas un théâtre ? Le troisième-dessous est la dernière cave pratiquée sous les planches de l'Opéra, pour en recéler les machines, les machinistes, la rampe, les apparitions, les diables bleus que vomit l'enfer, etc.

Chaque mot est une image brutale, ingénieuse ou terrible. Une culotte est une *montante* ; n'expliquons pas ceci. En argot, on ne dort pas, on *pionce*. Remarquez avec quelle énergie ce verbe exprime le sommeil particulier à la bête traquée, fatiguée, défiante, appelée voleur, et qui, dès qu'elle est en sûreté, tombe et roule dans les abymes d'un sommeil profond et nécessaire sous les puissantes ailes du Soupçon planant toujours sur elle. Affreux sommeil, semblable à celui de l'animal sauvage qui dort, qui ronfle, et dont néanmoins les oreilles veillent doublées de prudence.

Tout est farouche dans cet idiome. Les syllabes qui commencent ou qui finissent les mots sont âpres et étonnent singulièrement. Une femme est une *largue*. Et quelle poésie ! La paille est *la plume de Beauce*. Le mot minuit est rendu par cette périphrase : *Douze plombes crossent !* Cela ne donne-t-il pas le frisson ? *Rincer une cabriole*[1], veut dire dévaliser une chambre. Qu'est-ce que l'expression se coucher comparée à *se piausser*[2], revêtir une autre peau. Quelle vivacité

---

1. Lire : *cambriole.*

2. Le verbe *piausser*, identique à *pioncer* (qui en est la forme nasalisée), signifie simplement se mettre dans le *piau*, nom argotique du lit. Il n'y a pas trace de poésie ou d'image. Balzac et surtout Victor Hugo découvrent dans l'argot des métaphores qui s'échappent à la première analyse.

d'images ! *Jouer des dominos,* signifie manger ; comment mangent les gens poursuivis ?

L'argot va toujours, d'ailleurs ! il suit la civilisation, il la talonne, il s'enrichit d'expressions nouvelles à chaque nouvelle invention. La pomme de terre, créée et mise au jour par Louis XVI et Parmentier, est aussitôt saluée par l'argot d'*orange à cochons* [1]. On invente les billets de banque, le bagne les appelle des *fafiots garatés* [2], du nom de Garat, le caissier qui le signe. *Fafiot !* n'entendez-vous pas le bruissement du papier de soie ? Le billet de mille francs est un *fafiot mâle,* le billet de cinq cents est un *fafiot femelle.* Les forçats baptiseront, attendez-vous-y, les billets de cent ou de deux cents francs de quelque nom bizarre.

En 1790, Guillotin trouve, dans l'intérêt de l'humanité, la mécanique expéditive qui résout tous les problèmes soulevés par le supplice de la peine de mort. Aussitôt les forçats, les ex-galériens, examinent cette mécanique placée sur les confins monarchiques de l'ancien système, et sur les frontières de la justice nouvelle, ils l'appellent tout à coup l'*Abbaye de Monte-à-Regret* [3] ! Ils étudient l'angle décrit par le couperet d'acier, et trouvent pour en peindre l'action, le verbe *faucher !* Quand on songe que le bagne s'appelle le *pré,* vraiment ceux qui s'occupent de linguistique doivent admirer la création de ces affreux *vocables,* eût dit Charles Nodier.

Reconnaissons d'ailleurs la haute antiquité de l'argot ! Il contient un dixième de mots de la langue romane, un autre dixième de la vieille langue gauloise de Rabe-

1. Cette appellation burlesque est inconnue à l'argot. Le vocabulaire de Vidocq enregistre *orange,* dans ce sens.

2. Le terme *fafiot,* papier, se trouve d'abord dans le vocabulaire de Vidocq (1837 : il ne peut donc remonter à Garat.

3. Cette appellation, qui date du xvi⁰ siècle, a d'abord désigné la potence, et elle fut ensuite appliquée à la guillotine.

lais. *Effondrer* (enfoncer), *otolondrer* (ennuyer), *cambrioler* (tout ce qui se fait dans une chambre), *aubert* (argent), *gironde* (belle, le nom d'un fleuve dans la langue d'Oc), *fouillouse* (poche), appartiennent à la langue du xiv° et du xv° siècle [1]. L'*affe*, pour la vie est de la plus haute antiquité [2]. Troubler l'*affe* a fait les *affres*, d'où vient le mot *affreux*, dont la traduction est *ce qui trouble la vie*, etc.

Cent mots au moins appartiennent à la langue de Panurge, qui, dans l'œuvre rabelaisienne, symbolise le peuple, car ce nom est composé de deux mots grecs qui veulent dire : *Celui qui fait tout*. La science change la face de la civilisation par le chemin de fer, l'argot l'a déjà nommé *le rouleur vif* [3].

Le nom de la tête, quand elle est encore sur les épaules, la *sorbonne* [4], indique la source antique de cette langue dont il est question dans les romanciers les plus anciens, comme Cervantes, comme les *nouvelliers* italiens et l'Arétin [5]. De tout temps, en effet, *la fille*, héroïne de tant de vieux romans, fut la protectrice, la compagne, la consolation du grec, du voleur, du tire-laine, du filou, de l'escroc.

---

1. Dans cette liste, *aubert* et *fouillouse* remontent seuls au xv° siècle ; *cambriole* est cité en 1790 et *gironde* se trouve d'abord chez Vidocq ; *effondrer* est purement français, tandis que *otolondrer* ne se trouve mentionné nulle part (Rigaud, qui donne seul ce terme, l'a pris à Balzac).

2. Le mot *affe* n'est pas antérieur au xviii° siècle : il figure d'abord dans le poème de Gramval (1725).

3. Les dictionnaires d'argot donnent *roulant vif*, dans ce sens.

4. Voir sur ce terme tout moderne, les pages 117 et 118 de notre travail.

5. Pour Cervantes, voir ci-dessus, p. 13. Les *novellieri* ignorent le fourbesque, et quant à l'Arétin, il évite expressément dans ses *Ragionamenti*, le *giergo furfante*, « de peur de compromettre sa réputation. » Voir l'étude déjà citée de R. Renier.

Victor Hugo, *Les Misérables*, Paris, 1862.
Livre septième : l'Argot.

I

ORIGINE

Pigritia est un mot terrible.

Il engendre un monde, *la pègre*, lisez *le vol*, et un enfer, *la pégrenne*, lisez *la faim*.

Ainsi la paresse est mère.

Elle a un fils, le vol, et une fille, la faim.

Où sommes-nous en ce moment ? Dans l'argot.

Qu'est-ce que l'argot ? C'est tout à la fois la nation et l'idiome ; c'est le vol sous ses deux espèces, peuple et langue.

Lorsqu'il y a trente-quatre ans le narrateur de cette grave et sombre histoire introduisait au milieu d'un ouvrage écrit dans le même but que celui-ci [1] un voleur

---

1. *Le dernier Jour d'un Condamné.*
[Les phrases en argot qu'on y lit, au chap. XXIII, sont tirées des *Mémoires* de Vidocq. Au chap. V, on lit une caractéristique de l'argot qui n'est pas sans intérêt pour le développement des idées de Victor Hugo sur la matière. La voici : « L'argot est toute une langue, entée sur la langue générale comme une espèce d'excroissance hideuse, comme une verrue. Quelquefois une énergie singulière, un pittoresque effrayant : *il y a du raisiné sur le trimard* (du sang sur le chemin), *épouser la veuve* (être pendu), comme si la corde du gibet était veuve de tous les pendus. La tête d'un voleur a deux noms : *la sorbonne*, quand elle médite, raisonne et conseille le crime ; *la tronche*, quand le bourreau la coupe. Quelquefois de l'esprit de vaudeville : *un cachemire d'osier* (une hotte de chiffonnier), *la menteuse* (la langue) ; et puis partout, à chaque instant, des mots bizarres, mystérieux, laids et sordides, venus on ne sait d'où : *le taule* (le bourreau), *la cône* (la mort), *la placarde* (la place des exécutions). On dirait des crapauds et des

parlant argot, il y eut ébahissement et clameur. — Quoi! comment! l'argot? Mais l'argot est affreux! mais c'est la langue des chiourmes, des bagnes, des prisons, de tout ce que la société a de plus abominable! etc., etc., etc.

Nous n'avons jamais compris ce genre d'objections.

Depuis, deux puissants romanciers, dont l'un est un profond observateur du cœur humain, l'autre un intrépide ami du peuple, Balzac et Eugène Süe, ayant fait parler des bandits dans leur langue naturelle comme l'avait fait en 1828 l'auteur du *Dernier Jour d'un Condamné*, les mêmes réclamations se sont élevées. On a répété : Que nous veulent les écrivains avec ce révoltant patois? l'argot est odieux! l'argot fait frémir!

Qui le nie? Sans doute.

Lorsqu'il s'agit de sonder une plaie, un gouffre ou une société, depuis quand est-ce un tort de descendre trop avant, d'aller au fond? Nous avions toujours pensé que c'était quelquefois un acte de courage, et tout au moins une action simple et utile, digne de l'attention sympathique que mérite le devoir accepté et accompli. Ne pas tout explorer, ne pas tout étudier, s'arrêter en chemin, pourquoi? S'arrêter est le fait de la sonde et non du sondeur.

Certes, aller chercher dans les bas-fonds de l'ordre social, là où la terre finit et où la boue commence, fouiller dans ces vagues épaisses, poursuivre, saisir et jeter tout palpitant sur le pavé cet idiome abject qui ruisselle de fange ainsi tiré au jour, ce vocabulaire pustuleux dont chaque mot semble un anneau immonde d'un monstre de la vase et des ténèbres, ce n'est ni une

araignées. Quand on entend parler cette langue, cela fait l'effet de quelque chose de sale et de poudreux, d'une liasse de haillons que l'on secouerait devant nous »].

tâche attrayante ni une tâche aisée. Rien n'est plus
lugubre que de contempler ainsi à nu, à la lumière de
la pensée, le fourmillement effroyable de l'argot. Il
semble en effet que ce soit une sorte d'horrible bête
faite pour la nuit qu'on vient d'arracher de son cloaque.
On croit voir une affreuse broussaille vivante et héris-
sée qui tressaille, se meut, s'agite, redemande l'ombre,
menace et regarde. Tel mot ressemble à une griffe, tel
autre à un œil éteint et sanglant ; telle phrase semble
remuer comme une pince de crabe. Tout cela vit de
cette vitalité hideuse des choses qui se sont organisées
dans la désorganisation.

Maintenant, depuis quand l'horreur exclut-elle
l'étude ? depuis quand la maladie chasse-t-elle le médecin ? Se figure-t-on un naturaliste qui refuserait d'étudier la vipère, la chauve-souris, le scorpion, la scolo-
pendre, la tarentule, et qui les rejetterait dans leurs
ténèbres en disant : Oh ! que c'est laid ! Le penseur qui
se détournerait de l'argot ressemblerait à un chirurgien qui se détournerait d'un ulcère ou d'une verrue.
Ce serait un philologue hésitant à examiner un fait de
la langue, un philosophe hésitant à scruter un fait de
l'humanité. Car, il faut bien le dire à ceux qui l'ignorent, l'argot est tout ensemble un phénomène littéraire et un résultat social. Quest-ce que l'argot proprement dit ? L'argot est la langue de la misère.

Ici on peut nous arrêter, on peut généraliser le fait,
ce qui est quelquefois une manière de l'atténuer, on
peut nous dire que tous les métiers, toutes les professions, on pourrait presque ajouter tous les accidents
de la hiérarchie sociale et toutes les formes de l'intelligence, ont leur argot. Le marchand qui dit : *Montpellier disponible ; Marseille belle qualité,* l'agent de change
qui dit : *report, prime, fin courant,* le joueur qui
dit : *tiers et tout, refait de pique,* l'huissier des îles
normandes qui dit : *l'afficeur s'arrêtant à son fonds*

2. Argots divers.

3. Français [1].

ancien, moderne, populaire

1. Dans ses rapports avec l'ar
got.

5. Résumé bibliographique [1].

Aleman (Mateo), 13, 66.
Ancien Théâtre français, 8, 33, 131, 146, 197.
Archivio di psichiatria, 13, 151, 288.
Arétin, 301.
Ascoli, 15, 156, 159, 254.
Balzac, 13, 118, 296, 298-301, 303.

1. La liste qui suit complète sur plus d'un point l'excellente publication de M. R. Yve-Plessis : *Bibliographie raisonnée de l'argot et de la langue verte en France du XVe au XXe siècle*, Paris, 1901. Nous y renvoyons pour les titres complets des ouvrages mentionnés.

1. Dans leurs rapports avec l'argot.

Abbeville. — Imprimerie F. Paillart.